厦门大学法学院社会法研究所主办

社会法论丛

SOCIAL LAW REVIEW **VOLUME 2**

蒋月　主编

社会科学文献出版社
SOCIAL SCIENCES ACADEMIC PRESS (CHINA)

目录

Contents

Contents

理论探索与争鸣

歧视何以禁而不止？

——干涉反歧视法律实施因素的法社会学观察*

李　成**

摘　要： 法律是规制歧视的重要手段，但是，即使在同一法律环境下，不同歧视也会对法律规制表现出或萎缩或抵制的差异反映，显示其他因素影响规制的效果。这种复杂局面的背后是受歧视群体抗争意愿和群体诉求的差异、刻板印象等大众心理对歧视的庇护、经济理性对歧视的怂恿，以及歧视发生所必需的身份信息在内隐或外显特质上的差别等诸多因素综合作用的结果。非法律因素对反歧视法律实施的干涉表明，消除歧视需要采取疏堵结合的手段，既要依靠法律确立行为的界碑，也要了解歧视产生、发展的社会生态环境，兼以经济的、心理的、社会的多重方法，达到标本兼治、建立公平社会的目的。

关键词： 歧视　集体行动　社会形象　经济成本　身份信息

所谓“歧视”，是指针对特定群体或个人实施的，对其享有、行使或实现其法定权利或合法利益予以不合理的区别、排斥、限制或优待，且为法律所禁止的任何措施。作为人类通向平等道路上的最大障碍，各国莫不为如何消除歧视而绞尽脑汁。进入21世纪以后，我国公民对平等的蓬勃诉求掀起了一次反歧视的小高潮。以2002年蒋韬诉中国人民银行成都分行招录行员限制身高条件案为起点，教育、职业、公共服务等领域的反歧视诉讼不断发生，各位阶禁止歧视的规定也相继颁行。然而，在这股汹涌的反

*　本文是四川大学中央高校基本科研业务费研究专项项目“禁止职业歧视法律进路研究”（批准号：skq201201）的阶段性成果。

**　李成（1982－），男，四川成都人，四川大学法学院讲师，法学博士，研究方向为宪法、反歧视法。

歧视浪潮冲击之下，某些种类的歧视（如乙肝歧视）开始分崩离析。然而，某些种类的歧视（如性别歧视、残疾歧视）仍是一幅让人沮丧的冥顽景象。如果说当初反歧视立法不彰被学界视为歧视横行于世之根源的话，[①]那么在《就业促进法》等法律相继对性别、残疾、传染病病原携带等歧视做出禁止性规定后，[②] 这种差异化的局面当值得深思。面对同样的法律禁令，乙肝歧视缘何节节败退，成为中国步履蹒跚的反歧视实践中相对成功的特例？其他类型的歧视何以禁而不止、压而不绝？本文即拟立足于中国反歧视实践的全景观察和对比分析，尝试解析影响反歧视法律实施的主要因素。

一　受歧视群体的集体行动：歧视分层化引发的差异态度与诉求

为权利而斗争是权利人对自己的义务。[③] 只有受歧视的群体自己才能真正体会到被歧视的切肤之痛，反对歧视也应由受歧视的群体自己主张。社会生活中，不同群体虽然都有可能成为歧视的受害者，但各个群体面临的歧视存在着程度上的微妙差异。这也潜移默化影响到不同群体的成员对歧视的认知态度及其消除歧视诉求的提出。

（一）分层化的歧视在不同程度上激发群体的抗争意识

群体遭受的歧视横向上皆表现为依凭特定分类事由的排斥。在纵向结果上，排斥可能会导致“权利剥夺”与“权利克减”两种程度不同的后果。遭受权利剥夺的个人在诸多领域丧失其他群体成员所能享有的资格和机会。剥夺型歧视的严重后果往往会激起受歧视群体的强烈反弹。而权利克减型歧视主要表现为群体成员权利实现的困难度上升、完整度受限，但通常不会出现权利完全无法兑现的境况。相对而言，后一群体更易对歧视

① 关于我国反歧视立法和实施中间问题的讨论，参见蔡定剑主编《中国就业歧视现状及反歧视对策》，中国社会科学出版，2007，第 38 ~ 40 页；刘小楠主编《反就业歧视的策略与方法》，法律出版社，2011，第 239 ~ 251 页。

② 《就业促进法》第 27 ~ 31 条禁止基于性别、民族、残疾、传染病病原携带、户籍五类事由的歧视。

③ 〔德〕鲁道夫·冯．耶林：《为权利而斗争》，胡宝海译，中国法制出版社，2004，第 23 页。

采取忍让的态度。

在中国最近十年的反歧视实践中，乙肝群体尤为活跃。近十年来我国发生的涉及身高、性别、残疾、乙肝、年龄等12类歧视的92起反歧视案件中，针对乙肝歧视的诉讼占到总数的44.6%。[①] 乙肝群体的活跃与该群体主要面临的权利剥夺型歧视有着紧密的关系。

1985年到1995年，《托儿所、幼儿园卫生保健制度》《传染病防治法》《食品卫生法》等法律通过反复暗示乙肝对公共健康的威胁，在社会中成功营造起了谈乙肝色变的恐慌氛围，奠定了乙肝歧视的基调。从歧视的涉及面来看，针对乙肝群体的排斥涵盖教育、职业等多个对于个人发展至关重要的领域。乙肝病毒血清学标志物检查（即俗称的“两对半”）在公权力的保驾护航下，以维护公共卫生安全的正当名义进入各级各类入学、入职体检的必查目录。不仅在幼儿园、中小学、大专院校等的入学体检中不可或缺，也普遍见于职业领域中入职体检和入职后的福利体检。2007年中国肝炎防治基金会的调查报告显示，96%的跨国外企公司入职招聘要进行乙肝检测，近八成的跨国外企公司明确宣称拒绝乙肝病毒携带者。[②] 从排斥的后果来看，乙肝病毒携带者的身份将导致权利的完全丧失。因为携带乙肝病毒而被学前教育机构拒绝接收，[③] 被初级中学、高等学校等勒令休学或者退学，[④] 乃至不予录取的现象在我国一度非常普遍。[⑤] 同样因为被查出携带乙肝病毒而在公务员招录、企事业单位雇佣中被拒绝，[⑥]

---

① 周伟：《从身高到基因：中国反歧视的法律发展》，《清华法学》2012年第2期。

② 《乙肝病毒携带者就业报告发布，近八成外企拒绝乙肝病毒携带者》，中国肝炎防治基金会，网址：http：//www.cfhpc.org/detail.asp？id=65，访问日期：2014年6月22日。

③ 参见王俊秀、谢洋《12位乙肝儿童妈妈致信全国妇联》，《中国青年报》2008年3月10日，第7版。

④ 有关勒令携带乙肝病毒的学生休学或退学的报道，参见曾鹏宇《55名新生入学体检时被发现携带乙肝病毒，学校要求学生休学引发集体诉讼》，《北京青年报》2005年5月19日，第A19版；《新疆19初中生因乙肝被退学》，《现代快报》2006年10月11日，第A19版。

⑤ 有关拒绝录取携带乙肝病毒学生的报道，参见韩俊杰《高考招生乙肝歧视案在郑州立案》，《中国青年报》2005年10月11日，第6版。

⑥ 如2003年的周一超杀人案和张先著诉安徽省芜湖市人事局案皆因在公务员录用中拒绝乙肝病毒携带者。其他类似案例可以参见周立耘、贺广华、盛若蔚《湖南：国税局公务员招考起波澜》，《人民日报》2005年6月9日，第5版；李冀、王钦钦：《武汉首例反就业歧视昨开庭，拒录乙肝病毒携带者成被告》，《武汉晨报》2008年10月14日，第A10版。

甚至强迫解除劳动关系的事例也屡见不鲜。[①] 再加上现有医疗技术无法彻底清除携带者体内的病毒，这一群体不得不终生承受来自社会的歧视，被隔离于主流社会之外。

其他一些群体，如女性、外来务工人员等，也经常成为歧视的对象。但与乙肝群体承受的剥夺型歧视相比，这几类群体在当下中国面对的主要是权利克减型的歧视。在教育领域，性别、户籍等因素对个人基本受教育机会获得的影响已经式微；在职业领域，性别、户籍等因素可能加剧个人求职难度、降低就业质量、限制个人未来的职业发展空间，但劳动力市场的梯次化需求决定了几类人群不可能被绝对地隔离在市场之外。不带感情色彩地讲，女性、外来务工人员等群体面对的主要问题是如何打破限制其向上流动的“玻璃天花板”,[②] 而非获取最基本生存发展机会的困难。事实上，任何教育机构皆无权单以性别或者户籍为由做出拒绝接收适格生源的决定。随着可雇佣劳动者数量下降、全民教育水平快速提高、新生代农民工求职期望的升高以及内地与沿海竞争性用工需求形成等因素的影响,[③] 劳资之间的天平开始向包括女性在内的外来务工人员倾斜。除此以外，女性和外来务工人员等人群还有望通过教育、培训等人力资本投资手段提高议价能力，削弱乃至摆脱劳动力市场对自己的束缚。

生存与发展不是同一层面上的问题。因歧视而面对发展瓶颈的群体与因歧视而受困于生存难题的群体，对待歧视的态度不可能完全一致。只要群体成员实现权利的可能性没有完全丧失，对路径的惯性依赖就会促使其在体制内寻找一条上升通道。针对歧视的愤懑在某种程度上（取决于该群体参与公共资源分配可能性及可期待分配份额的大小）会被群体内对资源竞逐的关注所取代，削弱群体以集体行动变革现行制度的意愿。[④] 权利克

① 卢勇刚：《重庆首例“乙肝歧视”案开庭，员工索赔 12 万》，新华网：http：//www.cq.xinhuanet.com/news/2008－10/10/content_ 14598642.htm，访问日期：2014 年 7 月 2 日。

② “玻璃天花板”（glass ceiling）现象最早在 1991 年被定义，系指因为态度或者组织上的偏见，导致适格个人无法向上流动，进入其所在组织管理层的人为障碍。See L. Martin，*A report on the glass ceiling initiative*，US Department of Labor，1991.

③ 卢万青、李未无：《沿海城市“用工荒”的成因及演变趋势》，《现代财经》2010 年第 8 期。

④ 例如，在《就业促进法》颁布 4 年以后，方有女性依据该法提起针对职业领域中性别歧视的反歧视诉讼。参见李秋萌《女子挑战巨人学校“只聘男生”》，《京华时报》2012 年 7 月 12 日，第 A14 版。

减型的歧视以一副更加温情脉脉的面孔成功削弱了某些群体的抗争意识，拖住消除歧视的前进步伐。

（二）分层化的歧视在不同程度上凝练受歧视群体的群体诉求

受歧视群体在社会中间因为受到打压而蒙受苦难，也恰恰在共同的苦难中勃兴出群体的自我意识，勾勒出群体的自我形象。陷个人于困境的共同特征（如是否携带乙肝病毒）会因为遭受的歧视而凸显出来，成为连接彼此的强力纽带，识别“自我”与“他者”最重要的身份标签。正如柔软的石墨可以在足够的压强和温度之下转化为坚硬的金刚石，足够严密的歧视也会拉近受歧视群体成员之间的距离，强化群体成员之间的认同，统一群体成员之间的行动而诱发形塑群体身份的化学变化。

群体身份的成型有两个重要作用。首先，群体身份的形成是歧视问题由私领域跨进公领域的关键步骤。个体获得的集体成员新身份使得社会针对个体的歧视不会再被视为偶然发生的个案，而是上升到具有象征意义的针对群体的排斥。个人对歧视的反抗不仅是对本人权益维护的个人主义行动，更带上了为群体谋求利益的集体主义色彩。一旦某个问题具有了普遍性，这个问题也就有资格进入公共议题的目录，在民主机制之下得到社会的关注、反思、对话、协商与解决。更为关键的是，群体身份的形成能够凝练群体的诉求。歧视给予群体的苦难越深重，群体身份获得的认同度越高，基于此身份生发出的抗争要求也会被梳理得愈发一致，形成高度同质化的群体诉求。群体身份如同凸透镜的聚光效应一般将杂乱的个体诉求过滤、整合成纯净的群体诉求，集体合力被汇聚起来，集中力量实现突破。乙肝问题能够迅速获得公众关注、取得反歧视的阶段性成就，正是源于该群体在力量整合和议题选择上的成功。

其次，相比较而言，其他承受权利克减型歧视的群体，虽然也能够将问题带入公共领域，但其群体身份相对则要模糊得多，甚至因为缺乏最显眼的身份标志而导致多种身份互相竞争，内耗不断。身份的多重化牵连出群体内部诉求的多元化，破坏了同质诉求的形成，直接妨碍该群体在特定议题上形成合力。一个较为典型的例子是女性内部关于男女应否同龄退休的争论。早在 1989 年有关男女同龄退休的议题就已经进入国家政治生活的视野，但多年以来依然是“但闻楼梯响，不见人下来”。反对男女同龄退体的不仅是男性，女性内部也出人意料地形成了意见迥异的两派：公务员、事业单位工作人员以及国有企业管理人员等大多将现行男60周岁，女55周岁退休的政策视为性别歧视，力挺男女同龄退休的主张；身处生产一线的产业工人以及国有企业的退职、退养人员等则对男女同龄退休表示激烈反对。[①] 原本为维护女性利益而提出的主张却遭到来自女性的批评与反对，让这项主张的正当性、代表性饱受质疑。女性群体分裂的背后是共同的性别身份受到不同的阶层身份的冲击，部分女性倾向以阶层而非性别视角审视退休年龄问题，意图作为草根抵制中上阶层的利益扩张而非立足于女性身份批判男性特权。不同内容、不同指向的诉求在女性内部交汇冲击，一致化的集体合力成为遥不可及的目标。这不能不说是女性作为一个整体在退休年龄议题上长时间无所作为的重要原因。

因此，歧视的分层化会影响受歧视群体的抗争意愿及群体诉求的凝聚，进而加强或者削弱该群体的集体行动能力，影响反歧视法律的实施效果。

二　歧视事由的社会形象：大众心理对反歧视实践的牵制

（一）事由负载的刻板印象划定了特定群体的社会活动范围

歧视事由是用以区分不同群体的标准。个人的性别、种族、宗教信仰、健康状况等通常都是受到决策者青睐的区分标准。这些事由既表征着个人具备或者不具备某些生理/文化特征，也折射出社会在长期演化进程中对该群体形成的基本看法和认识——女性往往被认为是温柔、顺从、细心、感性等的代名词，男性则常常倾向于被描述为强壮、果敢、理性和克制。在社会心理学上，这种对特定群体抽象出的固定观念和看法被称作刻板印象（Stereotype）。

刻板印象形成于不同群体在长期社会实践中复杂的群间互动，它能够辅助个人有效率地认识周遭环境，但也经常因为以偏概全而有失准确。虽

① 有关女性群体内部在该议题上的争论，参见退休年龄问题研究课题组、刘伯红、郭砾、郝蕊《她/他们为什么赞成或反对同龄退休？——对选择退休年龄影响因素的实证研究》，《妇女研究论丛》2011年第3期。

然如此，印象本身异常稳定，即使当群体成员的行为举止与刻板印象的预告不一致时，人们也会通过再分类法（subsyping）将偏常的个体作为例外处理，很少质疑印象本身。①

刻板印象对群体特征的固定看法会衍生出对该群体行为模式的期待：女性温柔、细心，因而宜于从事幼教、护理、家政等工作；男性强壮、果敢，容易在工程、管理、采矿等领域有所建树。当面对反刻板印象的个体时，人们还会采取针对性的措施限制和阻碍该对象的反刻板行为进一步发展，进而维护自己的刻板印象。② 由此观之，刻板印象之于社会的影响可谓沦肌浃髓，甚至受累于刻板印象的个体也会在潜移默化之中主动调试行为以迎合刻板印象为自己设定的角色。③ 在教育和职业等领域，女性、残疾人等被期待选择与其刻板印象相符的专业和职业，不得“觊觎”男性或者健全人的专属特权。任何越线的企图都将招致外群体甚至本群体的攻击。

刻板印象→偏见→歧视是歧视由内而外，从心理到行为的一条重要发生机制。法律可以阻吓外化的歧视，但却很难穿透刻板印象筑起的心理壁垒，甚至，当刻板印象根深蒂固之时，法律可能沦为傀儡，以一副父爱主义的温情面孔为歧视披上合法的外衣。④ 只要针对一个群体的刻板印象没有从根本上得到改观，歧视就会在印象的刺激下反复发作，陷入铲除－复生－再铲除－再复生的循环当中。在西方国家，性别歧视、种族歧视等议题经过百年斗争已是上至达官显贵下至草根白丁皆不能触碰的政治红线，⑤

① 〔美〕戴维·迈尔斯：《社会心理学》，侯玉波、乐国安、张智勇等译，人民邮电出版社，2006，第270～271页。

② 刘晅、佐斌：《性别刻板印象维护的心理机制》，《心理科学进展》2006年第14卷，第3期。

③ See CR Lawrence III, “The id, the Ego, and Equal Protection: Reckoning with Unconscious Racism”, *39 Stanford Law Review*, 1987.

④ 如以保护女性为由禁止女性上夜班或者以保护母婴健康为由，禁止女性从事接触铅等重金属以及其他有毒有害物质的工作。

⑤ 例如，哈佛大学第27任校长劳伦斯·H·萨默斯（Lawrence H. Summers）因在任期间公开声称男女性别差异阻碍了女科学家和女工程师和男同行一争高下，最终被迫辞职。参见“哈佛大学校长竟称‘女子先天不如男’”，新华网：http://news.xinhuanet.com/world/2005－02/07/content_2557936.htm，访问日期：2014年8月11日。德国中央银行、联邦银行董事会成员蒂落·扎拉青（Thilo Sarrazin）也因为发表有关穆斯林移民以及犹太人种族的不当言论而引咎辞职。参见中国日报网“德国央行高官因发表种族言论引咎辞职”，网址：http://www.chinadaily.com.cn/hqgj/2010－09/10/content_11285535.htm，访问日期：2014年8月11日。

但歧视的幽灵仍然游荡其间，间或现身张牙舞爪一番，[①] 刻板印象对歧视的庇护作用不可小觑。

（二）事由关联的道德标准迫使特定群体对歧视噤声

艾滋病毒携带者群体和性病群体（包括有过性病病史者）与乙肝群体类似，也不存在固定的刻板印象，但其身份若被揭晓，社会对此类群体的排斥可谓有过之而无不及。[②] 将艾滋和性病群体与乙肝群体区分开的是社会对个人道德水准的期待和评判。个人所患疾病既是健康的指示器，也能成为本人道德的风向标。某些疾病特殊的传播途径牵连出个人的道德形象——沾染性病意味着可能有过不洁的性行为；携带艾滋病毒除了在两性关系方面的混乱以外，或许还存在被社会视为异类的同性性行为以及吸食毒品等不被接受的行为。[③] 作为道德性越轨的典型，性病群体和艾滋病毒携带者被标定为道德败坏的恶例，牢牢钉在道德光谱的阴暗端。在大众朴素的是非观念中，因为行为本身不道德而应当受到的谴责与因之而遭受的歧视往往被混为一谈。不道德的个体不值得同情，受到排斥是其咎由自取。排斥性病群体和艾滋病毒携带者不仅是对自身健康和公共卫生的必要

---

① 2002 年法国总统大选期间，鼓吹民族沙文主义、排外主义和种族主义的极右翼政党“国民阵线”主席让 - 玛丽·勒庞（Jean - Marie Le Pen）在首轮投票中得票率仅次于时任法国总统的希拉克，击败社会党候选人若斯潘进入次轮投票，一时间震动法国乃至欧洲政坛。在伦敦奥运会期间，《自然》杂志网站上也刊载了一篇题为“Why Great Olympic Feats Raise Suspicions”的文章，以充满种族主义色彩的口吻质疑我国游泳选手叶诗文在女子400 米混合泳中取得的成绩。该事件最终以《自然》杂志在其网站上公开道歉告终，参见网址：http：//www. nature. com/news/why-great-olympic-feats-raise-suspicions-1. 11109，访问日期：2014 年 8 月 11 日。

② 例如《公务员录用体检通用标准（试行）》第 7 条将排除肝炎的乙肝病毒携带者视为体检合格，第 18 条则将性病和艾滋病规定为体检不合格。在实践中，有过性病病史和携带艾滋病毒但并未实际发病的情形均按不合格处理。参见方可成、雷磊《梅毒一次，终生当不了公务员?》，《南方周末》2010 年 8 月 19 日，第 A03 版；李光明：《因体检艾滋阳性求职被拒，安徽一大学生起诉教育局》，《法制日报》2010 年 8 月 27 日，第 7 版。

③ 截至 2011 年，性途径业已取代注射吸毒成为艾滋病传播最主要的途径，占到传播途径构成比例的 63.9%（其中异性传播比例为 46.5%，同性传播比例为 17.4%。在异性传播中，3/4 约为非配偶间性传播），经注射吸毒传播占 28.4%，两者合计 92.3%。其他途径，如母婴传播、血传播以及传播途径不详等情形所占比例很小。参见卫生部、联合国艾滋病规划署、世界卫生组织《2011 年中国艾滋病疫情估计》，网址：http：//www. moh. gov. cn/publicfiles/business/htmlfiles/mohjbyfkzj/s3586/201201/53957. htm，访问日期：2014 年 8 月 23 日。

维护，更是对不道德的批判和抵制。歧视的非正当性被群体自身的道德弱点所冲淡。沉重的道德枷锁让这些群体在试图推翻横亘在其面前的歧视高墙之时显得束手束脚，更难以获得公众的理解和支持。

乙肝歧视的治理能够取得突破，受益于该群体尚无类似诸如女性、残疾人等稳固的刻板印象，同时也很少涉及道德问题。社会排斥乙肝群体并非其冲撞了被期待的行为模式，而纯粹是出于对感染乙肝的极端恐惧和对乙肝传播途径的一知半解。从根本上讲，乙肝歧视是因为信息不完整而被妖魔化的结果，公众并没有对该群体做出“超出疾病意义”的否定评价。[①]只要能够确证携带乙肝病毒不会对公共健康造成实质威胁，公众的防卫本能自然会慢慢消退，逐渐从排斥转向接纳乙肝群体。由此可见，刻板印象笼罩下的歧视以及指向负载了对不光彩道德形象群体的歧视通常更能顽固地抵抗法律的规制。

三　消除歧视的成本考量：市场理性与公益目标的博弈

平等的愿景固然引人入胜，但当实现平等的代价太过高昂之时，人类又会在通向平等的道路上裹足不前。如果说刻板印象为歧视的发生提供了感性的驱动，那么市场经济对成本的锱铢必较则成为支撑歧视的理性基石。一个对任何群体皆不抱有情感偏见的雇主仍然可能在市场的诱惑下采取歧视性的雇佣政策。

长期以来，市场一直被想象为歧视水火不容的死敌。按照芝加哥经济学派代表人物加里·贝克尔（Gary S. Becker）的理论，歧视意味着成本上升和收入减少。[②] 排斥特定群体无异于压缩可供挑选的雇员范围，要么不能雇佣到最适合的人选，要么被迫支付更高的工资——无论结果为何，都将置雇主于不利的境地。残酷的市场竞争会逐渐淘汰采取歧视性雇佣政策的雇主，进而根除歧视。但令人遗憾的是，理论模型中预想的死敌却成为实践中互相支持的盟友。“如果歧视是合情合理的，那么歧视性行为就会

① 郁晓晖：《解读“乙肝歧视”——关于一项“社会病”的学术再界定》，《社会》2004年第10期。

② See G. S. Becker, *The Economics of Discrimination* (University of Chicago Press, 1971), p. 14.

受到市场的奖励”,[①] 再寄望市场会对歧视痛下杀手不过是天方夜谭般的美好幻想。

歧视性雇佣政策在市场竞争中的合理性表现在以下三个方面。

首先，歧视可以为雇主提供一套经济适用的雇员遴选标准。雇佣决策的本质是对个人未来功绩的预测，评估方案越个性化、越有针对性，评估结果越准确。但雇主同时面临着如何平衡遴选目的与遴选手段间费效比的问题。个性化的评估方案固然精准，成本却太过高昂，难以规模化适用。因此，雇主通常会退而求其次，借助诸如学历、专业、工作经验等若干被公认与个人能力有关的指征，模式化地推定求职者的潜能。这种近似于现代企业标准化流水线作业的人才遴选机制较好地兼顾了效率与精度，因而得到广泛采用。在这种理念的支配下，如果性别、残疾状况等因素同样能够表征个人的工作能力，那么雇主也就没有理由拒绝将其纳入标准化的评价体系中间。虽然学界一再苦口婆心地强调性别等因素与个人工作能力毫无瓜葛，雇主在劳动力市场多年累积的用人经验可能恰恰与之南辕北辙。女性在传统两性社会分工模式下更容易受到家庭义务的牵累，无法全身心地持续投入工作。残疾员工缺乏无障碍环境的支持，工作效率备受限制，可能成为团队的短板。将性别、残疾等与工作能力捆绑起来的正是经年累月的歧视，但对雇主而言，性别等背负的原罪无关紧要，重要的是在人力市场中能够经济地提示劳动生产效率。性别歧视、残疾歧视由此构成合乎市场规律的有效率的歧视。

其次，歧视可以阻断部分运营成本的实际发生。比较典型的例子是劳动力市场中对女性、残疾人等的歧视。女性因为怀孕需要调整岗位，因为分娩必须休假待产、哺育幼儿可能分散精力，无一不会推高雇主的人力成本。虽说女性生产是人类作为自然界物种得以延续的必要条件，但人类社会存续的整体利益却在市场这个特殊的场景中与雇主的个体利益构成一对不可调和的矛盾。即使雇主对女性不持有任何先入为主的偏见，单是压缩人力成本的冲动也足以诱使其理性地排斥女性。事实上，2011 年国务院就《女职工特殊劳动保护条例》以下简称《条例》公开征求意见期间，即有

---

① 〔美〕凯斯·R·孙斯坦:《自由市场与社会正义》，金朝武、胡爱平、乔聪启译，中国政法大学出版社，2002，第 210 页。

众多女性对《条例》好心办坏事的后果表达了担忧。在她们看来，《条例》善意强化对女性员工的保护，[①] 但却推高了用人单位雇佣女性的成本，反而可能加剧劳动力市场中业已普遍存在的性别歧视。[②] 类似的情况也可见于残疾歧视，2007 年《残疾人就业条例》第 13 条有关用人单位应当为残疾人职工提供适合其身体状况的劳动条件和劳动保护的规定被认为在我国确立了用人单位合理迁就（reasonable accommodation）的法定义务。[③] 雇主既有不歧视残疾人的消极义务，也负有根据残疾员工身体状况在合理范围内改造工作环境的积极义务，如拓宽办公场所大门、设置坡道以方便轮椅进出等。物质环境的调整意味着额外的支出。在丛林法则盛行、企业社会责任整体缺位的市场中，不歧视残疾人的好名声不会给雇主带来直接收益，反倒是对残疾人敬而远之可以消除成本上升的隐患，将即时利益最大化。

最后，歧视能够迎合带有“歧视品位”的消费群体。对雇主来说，消费者是衣食父母，一切有形无形的产品必须在市场当中交换出去方能实现其价值。如果雇主面对的消费群体本身就是一个歧视性的群体，拒绝接受由特定人群提供的产品，如律师事务所的客户不愿意选择女性律师作为自己的代理人、顾客拒绝进入一家有残疾人担任店员的商场，那么雇主势必在生存压力下顺从消费者的偏好，采取歧视性做法。有趣的是，雇主对消费群体歧视品位的迎合似乎并不总是坏事。歧视品位可能为受歧视群体带来触手可及的好处：在护理、幼教、家政服务等行业当中，消费者倾向接受女性作为产品的提供者。雇主受到消费群体的偏好驱动也乐于大量招募、使用女性，使女性的就业前景一片光明。这种具有欺骗性的虚假繁荣背后是将女性限制在有限的行业中，人为造成行业人满为患的拥挤状况，通过激化竞争强度降低行业平均报酬，最终受害的还是女性。而雇主既满足了消费群体的需求，又降低了人力成本，无论从哪方面看，歧视都是一

① 《条例》在原《女职工劳动保护规定》（1988 年）的基础上将女性产假的休假天数增加至 14 周（第 7 条第 1 款），细化了流产假期（第 7 条第 2 款），规定由生育保险基金或者用人单位（未参加生育保险的）支付生育或者流产的女职工的工资或者生育津贴以及生育、流产的医疗费用，并明确了违反《条例》的罚则。

② 罗娟：《产假延长让人质疑，新政问世不免存忧》，《工人日报》2011 年 11 月 29 日，第 7 版。

③ 李薇薇：《反歧视法原理》，法律出版社，2012，第 320～321 页。

笔相当合算的买卖。

事实上，为了维护长期的社会目标，反歧视规范本身也会对具有经济上合理性的行为加以禁止。[①] 从这个意义上来说，反歧视法是不折不扣反理性的规制措施。然而，法律可以拟定市场规则，但不能改写市场规律。强迫理性的经济人做出非理性的决策注定是一场马拉松似的鏖战。消除性别、残疾歧视等的努力被困在成本沼泽之中而举步维艰的图景正是市场理性与社会公益之间惨烈博弈的真实写照。针对歧视的种种反制措施，成本最小者最有可能取得突破。由于乙肝歧视的内核主要由恐惧、偏见等非理性因素构成，市场理性在催生乙肝歧视中的作用相对较低，消除乙肝歧视的努力得以凭借低廉成本迅速摆脱市场理性的纠缠。因此，越是具有市场理性的歧视越是难以被清除。

四　身份信息的明暗差别：内隐信息之于外显信息的先天优势

影响反歧视法律实施的第四个因素是身份信息之间的差别。身份信息在歧视的发生中间扮演着极其重要的角色，如果说歧视是一系列链式反应的结果，那么身份信息就是居于首位的多米诺骨牌。在反应的全过程中，有以下三个关键节点。首先，决策者通过一定途径获得个人的身份信息。其次，决策者对具备相同或类似身份的个体予以归类合并，确定两个以上不同身份的对象群体。最后，在归类的基础上，有针对性地对不同群体做出区别对待。不难看出，歧视的生成以归类为前提，归类的成败又取决于个体身份信息的占有。沿着歧视发生的这条逻辑路径，衍生出两种规制策略：在行为生成阶段介入，以处罚为后盾，迫使决策者惮于做出法律禁止的行为，是为“行为阻吓”模式；在身份信息的获取阶段干预，阻止相关信息流向决策者，达到釜底抽薪的效果，是为“信息遮蔽”模式。

理论上，所有类型的歧视皆可双管齐下进行规制。但诸如性别、残疾等显露于外，通过观察、推断即可获取的身份信息事实上无法得到有效遮

① 〔美〕凯斯·R·孙斯坦：《自由市场与社会正义》，金朝武、胡爱平、乔聪启译，中国政法大学出版社，2002，第210页。

蔽，只能倚重阻吓尽可能编织绵密的法网，抑制歧视发生。那些需要凭借中介手段方能外显的内隐身份信息，如是否携带乙肝病毒等，则可以在阻吓的同时，凭借遮蔽手段的巧实力得到法律的双重保护。

从实施效果看，主动的信息遮蔽对歧视的抑制作用要明显强于被动的行为阻吓。关闭决策者获取信息的通路等同于蒙上决策者的眼睛。即使是对某一群体持有最极端偏见或者最有经济动力做出规避选择的决策者也无法在不能识别对象的情况下实施歧视。法律通过控制呈递给决策者的信息，实现对决策行为的调控。以乙肝歧视为例，消除乙肝歧视的破冰之旅始于2003年的张先著案。2004年公布的《公务员录用体检通用标准（试行)》与2008年颁行的《就业促进法》均有条款禁止乙肝歧视，但真正重击乙肝歧视是2010年教育部办公厅、卫生部办公厅《关于普通高等学校招生学生入学身体检查取消乙肝项目检测有关问题的通知》（教学厅〔2010〕2号）和2011年人力资源和社会保障部、教育部、卫生部《关于切实贯彻就业体检中乙肝项目检测规定的通知》（人社部发〔2011〕25号）两份规范性文件。两通知能以较低的法律位阶撬动乙肝歧视，关键即在于规制模式从行为阻吓到信息遮蔽的转换。教育机构、企事业单位等被明令禁止在入学、公开招聘的体检中进行乙肝项目检测，致使决策者无法获得能够进行群体区分与归类的身份信息，强势排除了乙肝歧视发生的可能。

内隐信息须得经由中介才能外显的特征赋予其在司法实践中另一个可观的优势——信息的外化将为歧视的存在提供有力证明。

歧视表现为区别对待，但并非所有的区别对待都构成歧视。处置歧视的前提是要能在林林总总的区别对待行为中精准区分合法的区别对待与非法的歧视。如果处置对象不能有效识别，要么是宁枉勿纵的严苛治理，要么是束手无策的姑息放纵，无论哪一种情形都会导致灾难性的后果。

然而，法律意图禁止的歧视与法律许可的区别对待却不似脸谱化了的电影人物一般好坏立现。主张受到歧视的个人不能仅仅证明自己承受了不利后果——拒绝女性、残疾人或者少数民族行为本身不足以昭示歧视的存在，当事人还需确证不利后果与法律禁用事由之间的因果链条，亦即决策者在做出不利决定之时确实将法定禁用事由纳入考量范围。

在各国的反歧视司法实践中，证明歧视存在的最终责任皆由原告承担，[①] 中国也不例外。[②] 任何一个稍有头脑的决策者都不会愚蠢到公开承认歧视的存在。另一方面，原、被告之间力量对比悬殊。原告既不能参与被告的决策过程，直观确定在其中发挥作用的因素，也无法接触到被告拥有的供决策使用的信息，证明歧视的能力受到极大限制。为了平衡当事各方的力量对比，许多国家设立具有强制调查权的专门机构辅助个人处理反歧视事务。[③] 此外，为最大限度地收集证据，法律也严厉禁止对举报或者协助他人举报歧视施以报复性歧视（retaliation discrimination）的行为，鼓励知情者提供线索。[④] 即使是这样，要想拨开围绕歧视的重重迷雾找到勾连不利后果与身份信息的因果链条也绝非易事。

内隐信息的优势在于，信息的外显会在因果链条上涂抹一层发光材料。既然个人的身份信息是在被告的特别要求之下外显出来的，那么被告很难就不利后果与外显信息无关这一关键问题做出令人信服的辩解。法院完全可以综合全案情况合理推定歧视成立。决策者对标识身份内隐信息的探求会在无意中亲手为自己套上法律的绞索。在已经发生的多起针对乙肝

① 国内学界一直主张建立专门的反歧视诉讼规则，并模仿美国在诉讼中实施举证责任倒置，即除非雇主能够证明自己没有实施歧视，否则应推定歧视成立。但事实上，美国联邦最高法院通过 *McDonnell Douglas Corp. v. Green*【411 U. S. 792（1973）】，*Texas Department of Community Affairs v. Burdine*【450U. S. 248（1981）】等系列案确立了美国审理职业歧视案件有关举证责任分配及证明责任转移方面的三个基本规则，即（1）原告应当提出证明歧视存在的初步证据（prima facie case）；（2）被告须得以合法的、非歧视的理由进行抗辩。如果被告不能提出适当的抗辩理由，原告的指控即获法院承认；（3）如果被告提出了相应理由，则原告有责任证明被告提出的抗辩理由是其歧视行为的托词（pretext）。可见，即使在美国，证明歧视存在的责任仍由原告承担，国内学界有关美国反歧视诉讼举证及证明责任的认知出现了偏差。See B. LINDEMANN, et al. , *Employment discrimination law* (BNA Books: American Bar Association, Section of Labor and Employment Law, Equal Employment Opportunity Committee, 2007), pp. 11 - 12.

② 在因公务员招录体检引发的公务员录用行政诉讼中间，有关拒录行为是否构成歧视的争议被转换为拒录行为是否合法的争议，依法由行政机关负责证明行为的合法性，因而在行为合法性问题上实行的是举证责任倒置。

③ 例如，英国有平等和人权委员会（Commission for Equality and Human Rights），法国有反歧视促平等高级公署（High Authority to Combat Discrimination and Promote Equality），美国有平等就业机会委员会（Equal Employment Opportunity Commission）等。有关各国反歧视机构设立情况及具体的职权可以参见王春光《平等就业——部分国家和地区就业歧视的立法与实践》，知识产权出版社，2011，第 105 页以下。

④ 参见美国《民权法案》第七编第 704 条第（a）项规定。

歧视的诉讼中，受诉法院正是沿着这一思路做出有利于原告的决定。[1] 在现阶段我国反歧视诉讼的专门规则尚处于空白的窘况中，若能让被告“自证其罪”，无论对受到歧视伤害的个人抑或缺乏审理反歧视案件经验的受诉法院而言，都具有重要的参考意义。

不难看出，影响反歧视法律实施的第四个因素寓于歧视本身：基于内隐身份信息的歧视因为外显环节的存在更易受到法律的控制。

五　结语

庖丁解牛须得手有利刃，仰仗的却不只是利刃。在不断完善反歧视法律制度，让法律的刀口日益锋利的同时，要想在应对歧视问题之时真正做到游刃有余，离不开对歧视全方位的透彻了解。不能掌握受歧视群体的诉求，反歧视可能成为富有正义感的精英阶层的独舞。不了解大众心理、经济理性对歧视的庇护，难保不会碰得刀口卷刃，忽视歧视自身的内在规律，也许会走上事倍功半的弯路。

纵观全球，反歧视法律制度比较成熟的国家无不在加强法律规制的同时，注重经济引导、社会政策等手段的配套使用，铲除歧视滋生的土壤。已经得到全球认可的“社会性别主流化”（gender mainstreaming）运动着眼于改变社会对女性的刻板印象。挪威、瑞典等国为男性提供父母假（parental quota）意在鼓励两性合理分摊生育成本，舒缓雇主对人力成本的焦虑。[2] 美国等禁止雇主探究个人的基因信息则是信息遮蔽模式在反基因歧视中的一次成功运用。经济学、社会学、心理学乃至自然科学的智慧结晶深深地浸入反歧视法律体系，为反歧视法律注入新的活力。

法律禁止歧视只是消除歧视、实现社会公正的第一步。从这个意义上

---

① 参见丁国锋《苏州开出全国首个“乙肝歧视”行政罚单》，《法制日报》2010 年 9 月 20 日，第 6 版；李松、黄洁、薛晓：《北京乙肝歧视案劳动者胜诉》，《法制日报》2008 年 5 月 26 日，第 6 版。

② 在挪威，依据《性别平等法》（Gender Equality Act）的规定，夫妻双方可以享受 42 周的全薪产假或者 52 周八成薪酬的产假；其中 9 周为女性专有（产前 3 周、产后 6 周），4 周为男性专有，剩余 29 周由夫妻自由分配。到 2004 年，89% 的挪威男性选择休产假。See International Labour Office Bureau for Gender Equality, *Gender Equality and Decent Work: Good Practices at the Workplace* (International Labour Office, 2005), pp. 85 – 86.

说，中国的反歧视之路任重而道远！

Why Does Prohibition of Discrimination Fail to be Fully Observed

——On Observation of Legal Sociology About Factors Against the Implementation of Anti – discrimination Laws

Li Cheng

Abstract: Law is an important means against discrimination. However, even under the same legal environment, different discrimination will reflect differently—atrophy or boycott, which suggests that other factors are affecting the regulatory effect. This complex situation is the combined result of many factors, such as the difference protest will and aspirations of discriminated groups, the shelter provided by stereotype and other mass psychology, the instigation of economic rationality as well as implicit/explicit characteristics of the necessary identity information that discrimination against. Non-legal factors' influence on the implementation of anti – discrimination laws shows that comprehensive measures should be taken to eliminate discrimination. It is necessary to rely on laws to regulate behavious, also to understand the social ecological environment in which the discrimination generate and develop. We must take multiple methods of economy, psychology, society, to solve the problem completely and establish a fair society.

Key words: Discrimination; Collective Action; Social Image; Economic Cost; Identity Information

劳动法研究

论《劳动合同法（修正案）》实施：任重而道远

刘金祥　张　翊*

摘　要：2013年7月1日起生效的《劳动合同法（修正案）》，其实施到位可谓任重道远。在劳务派遣问题上，法律条文规定本身的冲突、同工同酬的落实与救济难、总量控制的强制性与用人单位经营自主性的冲突等都并未解决。劳务外包、无固定期限劳动合同以及行政机关对劳务派遣的介入等问题都有待在实践中考察。

关键词：劳动合同法　劳务派遣　同工同酬　无固定期限劳动合同

我国亿万劳动者和千万被派遣劳动者期待的《劳动合同法（修正案）》（以下简称《修正案》）于2013年7月1日起施行。《修正案》的颁布实施，是促进经济发展和社会进步的重要举措，对坚持党的全心全意依靠工人阶级的指导方针、保护劳动者的合法权益、发展稳定和谐的劳动关系、推动构建社会主义和谐社会，具有重大的现实意义和深远的历史意义。法律的生命在于实施，《修正案》的实施到位，可谓任重而道远，这里面既有立法技术的问题，更有诸多社会现实和用人单位守法的问题，不能不引起人们深思。笔者试图对实施中可能存在的若干问题进行分析探讨，以期抛砖引玉。

一　法律条文规定的本身冲突如何衔接

《修正案》第66条规定，“劳动合同用工是我国的企业基本用工形式。

*　刘金祥，华东理工大学法学院教授、博士生导师；张翊，华东理工大学法学院经济法硕士研究生。

劳务派遣用工是补充形式，只能在临时性、辅助性或者替代性的工作岗位上实施。前款规定的临时性工作岗位是指存续时间不超过六个月的岗位”。而《劳动合同法》第 58 条第 2 款规定，“劳务派遣单位应当与被派遣劳动者订立二年以上的固定期限劳动合同”。一方面，用工单位能接受劳务派遣用工的只有不超过六个月的临时性、辅助性或替代性的工作岗位。另一方面，又要求劳务派遣单位（用人单位）必须与被派遣劳动者订立二年以上的固定期限劳动合同。如果是这样，劳务派遣单位就同一劳动者必须在二年中向用工单位至少派遣四次，与用工单位至少四次签订劳务派遣协议。既然规定临时性工作岗位不能超过六个月，为什么不相应地修改与之冲突的《劳动合同法》第 58 条第 2 款？这样的立法是否科学可行还值得商榷。这种冲突如何衔接，只能拭目以待。

二　同工同酬如何有效落实

（一）同工同酬的有效落实

同工同酬的有效落实需要很长的一段时间，理由有三，一是选择源于成本，企业选择聘用派遣员工；一方面是为了省事和省钱，另一方面则是为了规避风险，避免劳务纠纷或工伤带来的麻烦。二是就算同工同酬，隐性差异很难消除。如很多国企，对劳动派遣工的社会保险费就低不就高，逢年过节没补贴，终止合同补偿低，这些招数在同工同酬后还可能继续用。三是我国的地区经济差异大，实施需要逐个地区缓慢推进。

（二）同工同酬的救济途径

《修正案》确认了劳务派遣中的同工同酬原则，同时明确了“相同分配制度”的重要性，即可能在劳动监察、劳动仲裁诉讼实务中审查是否存在“不同劳动报酬分配方法”（如用工单位的“奖金福利制度”）等，预计司法实践中仍以形式审查为主，实质审查为辅。《修正案》同时要求在劳务派遣协议和劳动合同中载明同工同酬条款，可能只具有倡导意义。同工不同酬问题指望劳动者通过仲裁诉讼或劳动监察救济途径来予以纠正，目前的准备是不足的。

要实现同工同酬的根本途径是通过集体协商，在现行的情况下是要加大工会的责任，让工会参与到工资集体协商、集体合同的订立中来，通过工会谈判来推进同工同酬原则的实现。但《修正案》并未提及工会在劳务派遣中应承担的责任，一个更重要原因是工会职能转变不到位，集体协商制度不完善，因此，同工同酬的完全实现缺乏基础条件，难以真正有效落实。

三 "总量控制"下如何平衡强制介入、强制落实与用人单位的经营自主权

《修正案》新增"劳动合同用工是我国的企业基本用工形式。劳务派遣用工是补充形式"，"用工单位应当严格控制劳务派遣用工数量，不得超过其用工总量的一定比例，具体比例由国务院劳动行政部门规定"。即在总量上控制劳务派遣的规模。但"总量控制"遇到两个平衡难点。

首先，《修正案》将辅助性岗位调整表述为"辅助性工作岗位是指为主营业务岗位提供服务的非主营业务岗位"。然而"辅助性"本来就是一个仁者见仁、智者见者的问题，再加上现实生活中公司运营构架和公司业务也都千差万别，因此辅助性岗位的认定，难以用统一标准来确定。是否是"辅助性"，究竟是交给劳动行政部门判断、司法部门判断还是企业自行确定？由于企业组织结构、管理方式的复杂性导致主营业务岗位可能随时发生变化，并且系用人单位的自主权范围，如加以行政强制介入或司法介入，则势必会与用人单位的经营自主权相冲突，也不具有可操作性。可以预见《修正案》实施后，"辅助性"可能会成为用工单位的避风港。

其次，"三性"如何界定与"总量控制"有直接关系。这次修正主要是试图限定劳务派遣应用的范围，从而规范化这个行业。比如虽然《修正案》规定了劳务派遣只能应用在临时性、辅助性、替代性工作岗位，但这三性如何界定呢？比如说，电子行业的流水线工人，安排生产这个产品，分配了一批工人，做六个月换了下个不同的产品，工作内容不一样了，那算不算临时性的呢？再谈谈辅助性，什么样的才是辅助性的呢？对于很多企业来说，除了业务人员其他全都可以当成辅助人员，而业务人员一般不用派遣形式。还有替代性岗位，员工因某些原因无法继续工作的一定时间

内可以采用，那该员工辞职导致岗位空缺，在新招聘完成前是否也可以采用派遣呢？那企业如果以员工一直在招聘中为名义，聘用派遣人员也是符合规定的了？另外，外国公司代表处不具有用工主体资格，其是否需要强制落实“三性”？国家机关、事业单位的公务员、专业技术人员不受《劳动合同法》调整，如何强制落实“三性”？这样看来，《修正案》落实中对三性进行界定的难度很大。

四　如何防范劳务派遣转变为劳务外包的风险

企业要盈利，就会想方设法灵活用工、弹性用工，如果以注册资金和行政许可来限制劳务派遣，很可能会出现大量劳务外包的情况。如果出现大量的劳务外包，比劳务派遣还要麻烦。毕竟劳务派遣单位尚有责任所在、有法律的约束，而对于劳务外包这种用工形式，《劳动合同法》中还没有规范，这会带来新一轮的更多的劳务者权益受损的问题。前几年一些企业将劳动者整体打包给劳务派遣公司，将正式用工变为劳务派遣，或者以外包承揽等方式伪装派遣，规避建立劳动关系的例子比比皆是。在日本的情况就是如此，劳务派遣规范收紧了，雇主纷纷向劳务外包转移；劳务外包收紧规范了，雇主又向劳务派遣转移，循环轮回。日本的劳务派遣转变为劳务外包风险的前车之鉴和我国劳务派遣转变为劳务外包风险的例子必须引起相关部门足够的重视。

五　如何化解劳务派遣签订无固定期限劳动合同的难题

劳务派遣这种用工方式，被不少单位认为是降低成本、规避无固定期限合同的渠道。我国《劳动合同法》第 58 条第 2 款规定了劳务派遣单位应当与被派遣劳动者订立二年以上的固定期限劳动合同。有人据此理解，派遣员工只能签订固定期限劳动合同，而不能签订无固定期限劳动合同。理由是法条对此明文规定排除了无固定期限劳动合同的适用，这属于《劳动合同法》的特殊规定，优先于《劳动合同法》第 14 条的规定。另外，从法理上说劳务派遣是非标准劳动关系，作为一种灵活性用工方式，本身就只能适用临时性、替代性等岗位，因此法律不规定适用无固定期限合同是合理的。

但是，也有学者不认同上述观点，认为《劳动合同法》关于无固定期限劳动合同的制度修改是为了改变劳动合同短期化现象，追求劳动关系的长期稳定是《劳动合同法》立法的目的之一，无论是派遣员工还是非派遣员工，在劳动合同的保护方面不应当有任何不同。而上述条文恰恰突出了对劳务派遣员工的保护，即为防止派遣单位不约定劳动合同期限，任意损害劳动者权益，才规定应签订两年以上的劳动合同。就劳动合同期限而言，立法对于派遣员工的保护标准是高于对非派遣员工的，这里的两年以上固定期限合同应当理解为“合同期限应为二年以上的劳动合同”，也包括无固定期限劳动合同，否则与立法目的不符。至于劳务派遣的临时性是针对用工单位使用劳务派遣的岗位而做的限制，并不是对派遣员工劳动合同期限的限制，派遣员工可以在长期的劳动合同期限内在不同用工单位的各种临时性岗位连续用工，两者是统一的，并不存在矛盾，不能混为一谈。

笔者以为，作为目前劳动力市场无法替代的一种用工模式，《劳动合同立法》应当更多地考虑劳务派遣的实际效果，劳动者与劳务派遣公司之间的关系归根到底也是劳动者与用人单位的关系，应当一视同仁对待，防止因为立法的对待偏差出现后期操作的歧视，在签订无固定期限劳动合同上应当更加开放，将劳务派遣引入无固定期限劳动合同，使其到更加有利于劳动者的轨道上来。2013 年 1 月 15 日江苏省第十一届人民代表大会常务委员会第三十二次会议修订的《江苏省劳动合同条例》第 37 条规定，“劳务派遣单位应当与被派遣劳动者订立二年以上的固定期限劳动合同。双方约定订立无固定期限劳动合同的，从其约定”。这个规定就是一个打破被派遣劳动者不能签订无固定期限劳动合同的先例和有益尝试。

有学者认为，落实同工同酬是抓住规范劳务派遣的“牛鼻子”，但是笔者以为劳务派遣之所以畸形发展，用人单位降低成本固然是一个重要因素，更重要的因素是为了规避无固定期限劳动合同。因此，将劳务派遣员工纳入无固定期限劳动合同保护范畴才是真正抓住了规范劳务派遣的“牛鼻子”，抓住了无固定期限劳动合同的“牛鼻子”，劳务派遣的规范问题才能迎刃而解。

六　如何应对行政许可的双刃剑的负面作用

本次《修正案》拟将劳务派遣公司原本的登记制修改为许可经营，是否符合市场需求不得而知，能否如其所愿实现同工同酬达到保护劳动者合法权益的目的，前景却不乐观。原本公司登记设立即可，《修正案》增设行政审批程序将劳务派遣公司变身为特许经营，试图通过行政机关的介入来规范劳务派遣市场，但依过往经验，特许经营如果过度可能会动摇公平竞争的市场秩序。

正如孟子所言："徒善不足以为政，徒法不足以自行。"立法者的初衷固然是好，只是法律的硬性规定仿佛秤砣粘死在某个刻度上的秤杆子一样，将失去它原本应有的功能。趋利避害人性使然，易被贪欲捆绑和牵制更是人性的弱点，让人自然联想到权力滋生腐败的话题，大权在握的行政机关如何确保权利的廉洁性不受污损？特许经营虽提高了劳务派遣单位的门槛，却也有可能使得派遣单位资源短缺而形成一种市场垄断，倘若那种情形真的出现，则用人单位和劳动者都得仰其鼻息、任其宰割，派遣单位为刀俎，劳资双方为鱼肉，这与保护劳动者利益的宗旨将背道而驰。

七　如何梳理劳务派遣与标准劳动关系之间的关系

《修正案》第66条规定，劳动合同用工是我国的企业基本用工形式，劳务派遣用工是补充形式。而根据劳动法的基本理论，劳务派遣也是劳动合同用工的一种形式。无论用人单位与劳动者采用直接订立劳动合同的标准劳动关系，还是采用劳务派遣这种非标准劳动关系，劳动者与之存在劳动关系是毋庸置疑的。既然建立的是劳动关系，无论是标准的，还是非标准的，根据《劳动合同法》第10条规定，都应当订立书面劳动合同。所以，劳务派遣用工也是劳动合同用工的一种形式。而《修正案》的立法者将其区分而论，这本身是一种非常危险的信号，易于拉大劳务派遣与标准劳动关系之间的距离，将劳务派遣衍生为一种独立的用工制度。

立法者将劳务派遣定位为临时性、辅助性、替代性的工作岗位，这已经是国际上的惯例。但是从近些年我国的实践来看，劳务派遣难以作为劳动者职业发展的唯一保障，而且《劳动合同法》开宗明义地指出其宗旨是“构建和发展和谐稳定的劳动关系”。那么是否应当建立劳务派遣与标准劳动关系之间转化的渠道呢？立法者并没有予以回应。

当前，尽管企业的国家用工形式已经逐步被劳动合同制度所取代，但是我们仍然无法忽略的是双轨运行体制下不同的分配制度导致的国家用工形式对劳动合同用工的影响，例如，每年参加公务员、事业单位等考试的大批队伍。如果形成国家用工、劳动合同与劳务派遣这三足鼎立的用工局面，无疑会给当前的分配制度改革雪上加霜。

逐利是资本的天性，公平是法律的价值。劳务派遣泛滥的根本原因在于“利益”。《修正案》是法律通过平衡利益关系实现相对公平的具体实践。法律修改是国家的重要立法活动，顺应经济社会发展的现实需求，适时修改法律，对于最大限度发挥法律规范社会关系的效用，具有重要意义。《修正案》已于2013年7月1日正式实施。上述几方面的问题，笔者希望自己是杞人忧天，同时笔者期待相关的立法、行政和司法机关不仅要全面落实法律的规定，还应通过相应的行政法规、规章和司法解释，尽可能避免和化解可能存在的问题，另外，还需要法官在司法实践中正确、公允地适用法律，《修正案》的目的真正才能实现。

On the Implementation of Labor Contract Law (2013 Amendment): On the Coming Long Road Under the Heavy Burden

Liu Jinxiang Zhang Yi

Abstract: Labor Contract Law (2013 Amendment) is into force since July 1st 2013. However, its implementation fully is still to shoulder heavy responsibilities. Especially in the matter of labor dispatching, it failed to settle or remove the conflict between clauses related, the difficulty to keep the promise of equal pay for equal work, and conflict between the mandatory of the amount control and autonomy in management in this Amendment. The problems of Labor outsourcing, open - term labor contract, interference of the administrative agencies are all new unexplored territory.

Key words: Labor Contract Law; Labor Dispatching; Equal Pay for Equal Work; Open - term Labor Contract

论劳动关系社会协调机制的构件、制度手段与类型*

谢天长**

摘　要：劳动关系社会协调机制是一个综合体，它以劳工组织的利益表达与抗争、压力组织和自愿组织的斡旋、街头运动的施压、知识精英的社会影响等为主要构件，以集体谈判机制、工人参与机制、企业社会责任运动机制、社会调解机制以及其他社会力量参与协调机制为具体机制，通过行使团结权、参与立法与政策呼吁、谈判、组织罢工或停工、调解、抵制消费等制度手段达成自身目的，劳动关系社会协调机制依据资本主义模式、协调主体、协调范围、协调方式等不同可分成多种类型。全面开展劳动关系社会协调机制的研究，对增进劳动关系的社会自主调解，促进劳动关系和谐稳定发展，具有重要理论和实践意义。

关键词：劳动关系　社会协调机制　制度手段

劳动关系协调机制是以协商与谈判方式解决劳动关系中的问题，由此所依据的政策、法律、程序、方法、机构的总和。① 在劳动关系的协调机制中，存在政府机制、市场机制和社会机制之别。政府作为公共资源的掌管者和分配的决定者，在劳动者利益保护和劳动关系协调中发挥着主导性作用。同时，政府作为公共利益的维护者，又负有维护社会公平和正义的

---

* 本文系笔者主持的福建省社会科学规划基金项目“群体劳动争议治理的法律对策研究”（批准号：2013B048）的研究成果之一。感谢上海财经大学法学院王全兴教授的指导，以及上海金融学院法律系于春敏博士提供的帮助。文责概由本人承担。

** 谢天长，法学博士，福建警察学院法律系教授，福建师范大学法学院硕士生导师，主要学术领域为社会法学和纠纷解决机制。

① Dunlop J., *Industrial Relations System* (*Revised Edition*) (Boston: Harvard Business School Press, 1993), pp. 14 – 15, pp. 47 – 54.

道德责任，应当承担起保护劳动者合法权益、维护劳动力市场秩序的重任。市场则从另外一个利益驱动的角度发挥调节劳动关系的作用。政府和市场在劳动关系协调中具有十分重要的作用和突出的地位。但因为客观上存在政府失灵[①]和市场失灵的情形，以及劳动关系本身所具有的广泛性和社会性特征，社会公众不再纯粹寄望于政府和市场来协调劳动关系，而在政府和市场之外寻求社会力量来弥补它们的不足，并形成相关的协调机制，从劳动关系的社会性特征看，劳动关系的主导协调机制还应产生于社会之中。以工会、行业协会、企业家协会、雇主组织、工商联、经营者协会、公益组织、社会调解组织、社会伙伴组织、劳动公共服务组织等各种形式出现的社会组织，都对劳动关系产生一定的影响和调适作用。如何正确认识这些组织的地位，以及这些社会组织协调劳动关系的方式、方法、机制等，引导它们发挥好对劳动关系的正面作用，形成稳定的劳动关系社会协调机制，从而促进劳动关系的和谐稳定发展，是值得研究的问题。

一　劳动关系社会协调机制的构件

劳动关系的社会协调机制实际也是民意的机制化表达并对劳动关系主体产生压力，进而促使其采取相关的措施的程序和标准。民意是一切社会机制赖以运行的基础。[②] 劳动关系社会协调机制中所展现的民意，一方面为政府所吸纳，从而转化为政策和法律；另一方面则以这种机制排解一定的社会不满，缓解劳雇关系。劳动关系的社会协调机制这种作用，通过一定的具体方式体现出来，这些方式都是作为劳动关系协调机制的具体构件。

（一）劳工团体的利益表达与抗争

劳工团体作为代表劳动者利益组织（其典型形式就是工会），无论是

① 诺思认为：“国家的存在是经济增长的关键，然而国家又是经济衰退的根源。”意即：一方面，国家通过向不同的势力集团提供不同的产权，获取租金的最大化；另一方面，政府还试图降低交易费用以推动社会产出的最大化，从而获取国家税收的增加。这两个目标常常是背反的，这就是著名的“诺思悖论”。“诺思悖论”描述了国家与社会经济相互联系和相互矛盾的关系，也揭示了国家局限之所在。详见〔美〕道格拉斯·C. 诺思《经济史上的结构和变革》，厉以平译，商务印书馆，1992，第25页。

② 张隆栋：《大众传媒学总论》，中国人民大学出版社，1997，第249页。

在境内还是境外，都在一定程度上代表劳动者与资方作利益上的抗争，包括对政府提出吁求、影响立法、集体谈判、罢工等。我国《工会法》确立工会的基本职能就是代表和维护劳动者利益。具体来说，就是要最大限度地保护、调动和发挥广大职工的积极性、创造性；围绕职工合法权益的重大问题进行调查研究，反映职工的思想、愿望和要求，提出意见和建议；参与涉及职工切身利益的有关政策、措施和制度的制定；制定并落实工会组织建设的各项规划和制度，负责工会会员的会籍管理工作，指导和开展工会干部的教育培训工作，指导和推进全市新建企业工会组建工作；负责职工代表大会制度、平等协商签订集体合同制度、厂务公开制度、职工董事职工监事制度等各项职工民主管理制度的贯彻落实，推进劳动关系三方协调工作。工会职能因此被概括为：维护职能、参与职能、组织职能和教育职能。[①]

从我国工会的法律地位看，工会是我国唯一合法的、联合广大职工和代表广大职工利益的工人阶级群众组织，在全国范围内具有统一的组织体系。任何单位和个人都不得在职工群众中另行建立独立于工会组织体系之外的同一类型组织，也不得从事任何分裂工会组织的活动。工会依据《中国工会章程》，在宪法和法律的规定范围内独立自主地开展工作。但工会不是政府的一个部门或附属机构，全国总工会、各地方总工会、产业工会等都具社团法人资格。基层工会具备民法所规定的法人条件，依法取得社团法人资格，基层工会和单位行政在法律上处于平等地位。按民法关于法人成立的规定，各级工会组织自成立之日起，不需进行法人登记就具有法人资格。工会作为法人，依法能够享有包括财产所有权、债权、知识产权、名誉权、名称权等民事权利，并承担相应的民事义务。因而，工会可以签订集体合同，依法进行民事活动，并在诉讼中成为独立的诉讼主体。

工会的职能和法律地位表明，我国工会是政府机关之外的社会组织，独立地代表劳动者与用人单位进行协商和谈判，维护劳动者合法权益。工会以此为立足点所展开的全部活动，都是劳动关系社会协调的一部分。

---

① 王全兴：《劳动法》（第三版），法律出版社，2008，第92~93页。

（二）压力团体和自愿组织的斡旋

在西方，压力团体又称利益团体、利益集团、院外活动集团等[①]，“是指那些为共同的道德信仰所激励，致力于谋求社会公众的利益和参与政府决策，并试图影响政府行为的组织”。[②] 其主要做法有以下几点。第一，通过同国会议员及其助手接触、出席听证会等方式影响决策。第二，影响法院的裁判结果，以是否损害自身利益为标准，阻止或促成某个诉讼。第三，通过评论、宣传、广告、谈话等，争取社会大众支持，形成广泛的舆论压力，进而影响决策。第四，为特定的政治候选人支付“政治献金”，影响选举结果，为未来之直接游说铺平道路。

在金融救市中，美国服务业雇员国际联合会于 2008 年 9 月发出电邮，号召其超过 200 万成员一周内给拟争取连任的参议员打 15 万个电话，说明救市方案会使更多的人丧失就业岗位，并给普通劳动者造成很大的经济压力。同时批评这些竞选者未能采取积极有效的行动以防止救市方案获得，以帮助劳工家庭减轻经济痛苦。许多参选议员因之在救市方案付诸表决前积极调研，访问民众并回应民众的诉求。英国雇主组织也和美国服务业雇员国际联合会一样，扮演着压力团体的角色，游说政府和影响公众舆论，其主要作用不在于集体谈判。以英国工业联合会（CBI）为例，基本上就是一个代表伦敦和布鲁塞尔雇主利益的游说组织。[③] 欧盟的雇主组织和工会也正从利益集团、压力团体向立法参与者转变。[④]

---

① 美国利益集团数目和种类之多，堪称世界之冠。据估计，美国人分别属于 10 万个协会、俱乐部和私人组织。20 世纪 90 年代以来，德国民主进程的一个突出表现是非政府组织或第三部门的发达。现在，德国登记的协会有 60 万个，基金会有 1.5 万个，平均每 1 万人就有 700 个社团组织，60% 的德国人都是这些组织的成员。所有这些形形色色的压力团体，构成了无数大大小小的相对独立的社会力量，成为战后西方民主政治体系中的重要角色。详见〔美〕罗杰·希尔斯曼，劳拉·高克伦，帕特里夏·A. 韦茨曼《防务与外交决策中的政治》，曹大鹏译，商务印书馆，2000，第 318 页。

② 倪艳：《美国公共利益集团与美国政治决策程序》，外交学院硕士学位论文，2008，第 6 页。

③ 黄昆：《劳动法主体体系研究》，湖南大学博士学位论文，2008，第 97 页。

④ Biagi M.，“The Role of Social Partners in Europe：From Dialogue to Parnership”，*Comparative Labor Law and Policy Journal*，1999（Spring），pp. 458 – 469.

（三）街头民主的施压

在欧美国家，普通大众已经把街头示威、游行和抗议等视为常态的民意表达机制，街头民主表达机制已经发育成熟，是观察社会百态的重要窗口和社会心态敏锐的“传感器”。法国和英国均有罢工的传统，街头民主运动经常发生，既有出租车司机、航空业者为争取劳工权益而罢工，也有清高的大学教授们为提高薪水而罢教。① 亚洲的韩国仅有4800万人口，每年却有超过1.1万次的公开示威活动，参加者总计超过300多万人次，韩国因之获得“示威共和国”之称号。②

街头民主运动的组织者和参加者可以是工会或其他社会组织，也可以是非组织化的群体乃至“原子”化的个体。组织化的街头民主表达，通常会显得更有序，规模也相对较大，会有明确、具体、理性的诉求。相对地，非组织化的街头民主表达，可能在规模上相对较小，在诉求上难以形成系统、完整的诉求，更多地就是表达一种意见，并希望引起有关当局的重视。西方街头民主的形式多样，如罢工、罢教、公开集会与演说、抗议等，极端的街头民主表达可能就是暴力事件和武装冲突。但所有国家的法律都严格规制街头民主表达，并尽力避免暴力冲突和事态激化。

（四）知识精英的社会影响

社会精英往往有自己的研究机构、发声平台，他们通过著书立说、发表见解也是民意表达的一种形式。这种民意表达的方式，大量存在于高校、研究机构、咨询公司等机构中，这些机构是学术表达的组织化主体。社会精英自由严谨的学术表达需具备两个重要前提：其一，国家制度环境允许学术专家自由发现和表达不同的意愿，按照自己的真实意愿阐明见解，并平等、无压力地与异议者展开辩论。2008年发生的世界金融危机中，166位经济学家（包括诺贝尔经济学奖获得者）联名致信美国国会领

① 杨丽君：《中国式的“街头民主”》，http://www.stnn.cc/ed_china/200811/t20081124_910494.html，最后访问日期：2012年11月21日。

② 《街头政治冲击多国稳定》，环球时报，http://www.huanqiu.com，2012年12月15日。

导人，反对在急切间通过布什政府提出的7000亿美元的金融业救援计划。这在国会和美国政府中产生了不小的影响，事实上也影响了国会的表决。我国《劳动合同法》出台及生效前后，学界曾对劳动合同法的立法目的、原则和各项具体制度做过广泛讨论，也在企业界和公众中产生了广泛影响，客观上对劳动合同法中的制度设立、制度执行产生了很大影响。其二，作为社会精英的学者和专家已经成为业界坚守的“职业道德良知”。社会精英能以负责任的学术精神，以可靠的实证调研为分析基础，发表其观点，促成当局的重视。相对地，如果学者不能以“独立之精神”来表达意见，而为个人利益之得失所左右，则有失学术精英之良知，其见解和建议就可能逐步丧失社会信任，甚至成为社会笑柄。

在制度层面，学术精英可以作为劳动争议仲裁员、劳动能力鉴定专家、陪审员等参与劳动关系的协调和劳动争议的调处，这是学术精英参与劳动关系协调的形式之一，是学术精英以其独立人格和专业判断参与劳动关系协调的具体方式。这种方式以特定的法律通道为载体，表现为具有法定资格的主体，产生具有法律约束力的结论，是学术精英参与劳动关系的重要形式。

二　劳动关系社会协调的具体机制

（一）集体谈判机制

“集体谈判”一词，是英国学者韦伯夫妇（Sidney Webb，Beatrice Webb）在《工业民主》（1902）中最初使用的。韦伯夫妇对其定义为：“雇主非为劳动者个体并与之订立劳动合同，而根据劳动者集体意志与决定来订立统一的合同，合同成立基于在当时条件下劳动者之集体抉择。”[①] 英国学者吉尔·帕尔墨（Gill Palmer）认为，集体谈判是“专门的雇主工会谈判委员会共同决定有关雇用问题的制度化的协商谈判体系”。[②] 集体谈

① Yasmin Moorman，“Integration of the Core Rights Labor Standards into the WTO”，*Minnesota Journal of Global Trade*，Summer（2001）：71.

② Terry Mellwee，“‘Collective Bargaining’ European Labor Relationship”，转引自程延园《集体谈判制度研究》，中国人民大学出版社，2004，第37～38页。

判是促使劳雇冲突内部化、规范化的一项伟大的“社会发明”，是每一位劳动者都拥有或应当拥有的专门权利。[①] 集体谈判机制是经济条件下劳动关系协调运行的基本制度模式，其核心功能在于：一是作为劳动力价格的协商、斡旋、决定机制。二是作为劳动关系运行中劳资双方陈述意见、沟通分歧、取得共识的表达机制。[②] 对企业来说，集体谈判的目的也不仅仅涉及工资福利问题，更重要的是，集体谈判机制形成了企业劳动关系中的沟通协调平台，是增进劳资双方的理解、信任的重要工具，也是促成相互支持与合作的方式，更是劳资双方陈述意见，弥合分歧、求同存异、解决矛盾、形成共识的一项重要制度。[③] 集体谈判的过程，实际就是劳资双方通过博弈、斡旋、斗争、折中，最终确保均衡各方利益的过程。[④] 国外的集体谈判制度可分成三个层级：（1）企业级，即在本企业内，雇主与工会或劳动者代表进行集体协商与谈判。（2）产业（行业）级，即在产业（行业）内，产业或者行业工会（或劳动者代表）与本产业（行业）的雇主组织所进行集体谈判。（3）中央级，即全国性的劳工组织与全国雇主组织进行集体谈判并签订集体合同，合同的适用面覆盖全国主要行业、工种。

（二）工人参与机制

工人参与机制的出现与企业管理思想的发展有很大关联。19 世纪末上世纪初，西方国家和当时的苏联开始试行工人参与企业管理，企业管理方通过咨询、协商等方式听取劳动者意见，并将劳动者吸引参与到企业管理中来。经济发展的新要求和持续不断的工人运动，使政府采取了更多的产业民主政策，其中最重要的是工人参与企业管理。[⑤]在西方企业，员工参与已经成为一项基本的管理制度，而中国经过几十年的社会主义企业民主

---

① David Kucera, “Core Labor Standards and Foreign Direct Investment International Labor Review”, 2002 (1/2), p. 141.

② Freeman, Richard B, “Union Wage Practices and Wage Dispersion within Establishments”, *Industrial and Labor Relations Review*, 1982, Vol. 36, 1.

③ Delaney, John, “Workplace Cooperation: Current Problems, New Approaches”, *Journal of Labor Research*, 1996, Vol. 17, 1.

④ K. Davis, J Newstrom, *Human Behavior at Work: Organizational Behavior* (7th edition), New York: McGraw – Hill, p. 379.

⑤ Christopher L. Erickson and Sarosh Kuruvilla, “Industrial Relations System Transformation”, *Industrial and Labor Relations Review*, 1998, Vol. 52, 1.

管理制度建设，员工参与仅是一种少数认同，且企业员工参与制度所能发挥的作用为何，仍然值得研究。国有企业的员工参与制度反映了我国民主管理的历史积淀，建立了以职工代表大会制度、民主议事会、厂务公开、职工代表参与董事会和监事会等为主要形式的员工参与制度。[①]约翰·D·洛克菲勒（John·D. Rockefeller）也曾指出，劳资双方都围绕特定企业的经营活动而获得双方所需要的利润或者薪酬，他们在共同的企业中应该是相互合作的伙伴，而非对抗、斗争的敌手，劳资关系中的任何一方都不能也无法以完败另一方的方式来获得自身之全面发展，劳资双方只有互相承认对方利益之所在，并积极协作、发展生产和壮大企业才能实现共同繁荣。[②]

企业管理在实践中的具体任务，不仅需要高效率的组织生产要素与智慧劳动，而且需要发挥劳动者的主观能动性。在这一过程中，如果只是让职工成为被动的受管制者，没有职工的积极、主动参与，必然影响主观能动性的发挥，劳动效率也会大打折扣。现代企业强调以吸引职工参与的做法来调动劳动积极性与提高生产效率，这证明了让职工参与企业管理不仅是现代文明的象征，是企业追求发展的需要。财富的创造离不开劳动，而职工作为人力资本的所有者，虽然不能与企业所有者一样拥有对企业发展的控制权力，但也不能只是被动地接受其监管与约束，因为企业发展的好坏同样与职工的切身利益密切相关，人力资本所有者同样会因企业发展的失败而遭遇投资失败的风险。因此，作为财富的共同创造者，作为人力资本的所有者，职工应当享有参与企业管理并且通过这种参与来维护自身权益的权利与途径[③]。

国际劳工组织先后于1952年和1967年通过了《企业合作建议书》和《企业内部情况建议书》，这两个文件比较系统地阐明了劳动者参与企业管理的作用、主要内容、参与机构、主要形式等，对推动各国劳动者参与企业管理具有很好的促进作用。在发达的市场经济国家里，劳动者参与企业

① 程延园、王爱莲、谢鹏鑫：《澳大利亚集体劳资争议解决机制之借鉴》，《中国人力资源开发》2015年第1期。

② Anton C. Hemerijck. Corporatism Immobility in the Netherlands Organ Industrial Relation in Europe: What Future? *European Labor Relations*, p. 163.

③ 郑功成：《职工参与企业管理具有必然性》，《国企》2012年第15期。

管理的主要形式有三种：一是咨询监督企业事务；二是共同决定有关劳动者利益的重大事项；三是参与劳动者自治管理，[1] 劳动者参与企业管理的核心就是员工有权参与涉及其切身利益问题的决策和管理，主要是参与劳动规章制度的确立问题。但在多大范围和程度上行使权力，也就是确定劳动者及其代表在参与企业决策和管理中的权力分际，是企业民主管理立法的重点，也是难点。通过立法确立符合企业实际的民主管理形式和方法，形成具有特色的企业民主管理运行机制，对调动劳动者积极性和创造性，推动企业发展具有重要意义[2]。

（三）企业社会责任运动机制

企业社会责任（Corporate Social Responsibility，简称 CSR）是指企业经营者在创造利润、履行法定义务的同时，还需承担对消费者权益保障、员工薪酬健康和福利、参与社区公益和环境保护的责任。企业社会责任运动要求不把利润作为企业生存和发展的唯一目标，要求投资人在组织生产的过程中关注人的价值，注重企业对劳动者、消费者、环境和社会的贡献。

社会责任运动肇始于 20 世纪 80 年代。它兴起于欧美发达国家，发达国家的消费者由单一注重产品质量，扩展为关心产品质量、环境、劳动保障和职业健康等多个方面，之后一些非政府组织参与其中，社会舆论也不断呼吁和推动，促使很多欧美跨国公司纷纷制定对社会做出必要承诺的责任守则（包括企业社会责任），或通过环境、职业健康、社会责任认证等应对不同利益团体的需要。到了 20 世纪 90 年代初期，美国服装制造商李维·斯特劳斯（Levi Strauss）利用“血汗工厂”制度生产产品被媒体曝光后，为挽救其公众形象，制定了第一份公司生产守则。在劳工组织、消费者的压力下，许多世界知名品牌公司陆续制定了自己的生产守则，后迅速演变为“企业生产守则运动”，促使企业履行自己的社会责任。当然，这种社会运动要求企业所承担的责任，就企业而言，是为了维护其商誉，便于其促销产品，还是商业目的，实际难以成为企业自觉自愿的行动。社会责任运

---

① 朱斌、林承恩：《国外市场经济国家职工如何参与企业管理》，《山东工人报》2011 年 1 月 11 日。

② 徐振斌：《完善劳动关系协调机制，形成新型劳动关系》，《人民日报》2007 年 5 月 8 日，第 15 版。

动的发展也在逐步完善规则，包括逐步细化社会责任规则、加强监督与检查，促使社会责任运动条款由跨国公司“自我约束”的“内部生产守则”逐步转变为“社会约束”（social regulation）的“外部生产守则”。

（四）社会调解机制

我国的社会力量对劳动关系可以产生很多的影响，这种影响以机制化方式发生作用，主要体现为社会力量对劳动争议的调解。《劳动法》《工会法》等法律法规中都把各种人民调解机制作为协调劳动争议的重要方式。近几年来，随着《劳动合同法》的颁行，劳动者提起劳动争议的热情高涨，劳动争议仲裁机构和审判机关难以应对劳动争议井喷的局面，劳动争议调解的需求增大。立法机关、最高人民法院、有关政府部门、全国总工会等机关和组织，出台了多部法律法规和政策意见，确立了劳动争议多元调解的格局。

2008 年生效的《劳动争议调解仲裁法》调整和完善了调解制度，增加了主持劳动争议调解主体的类型，不仅企业劳动争议调解委员会具调解功能与职责，还规定了依法设立的基层人民调解组织、在乡镇和街道设立的具有劳动争议调解职能的组织可以受理和调解劳动纠纷。最高人民法院先后于 2006 年 7 月、2009 年 7 月出台了《最高人民法院关于审理劳动争议案件适用法律若干问题的解释（二）》和《关于建立健全诉讼与非诉讼相衔接的矛盾纠纷解决机制的若干意见》等司法解释，鼓励社会组织及其他社会力量参与调解劳动争议。

全国总工会也加大了对劳动争议调解的支持力度。先后于 2005 年 8 月、2007 年 6 月、2008 年 7 月发布了《关于进一步加强劳动争议调解工作的若干意见》《中华全国总工会关于进一步加强劳动争议调解工作的若干意见》《关于进一步加强工会劳动争议处理工作的意见》等，对加强与人民法院、人力资源和社会保障、司法行政等部门的协调配合具有十分重要的促进作用，对衔接和贯通基层调解、仲裁调解、诉讼调解和人民调解确立制度根据，扶持形成社会化“大调解”格局，切实发挥调解在劳动争议协调处理中的作用。

（五）其他社会力量的参与协调机制

其他社会力量参与劳动关系协调的形式各异，各国都有其独特的治理结构、法律制度、风俗习惯和传统，形成了各自的独特的协调方式。如，德国联邦议会中是没有工会席位的，立法中工会无法直接地以合法、独立的身份陈述观点和表明主张，只能依靠在政党或议会中的会员来代表劳动者的利益并影响立法。如无法影响立法或通过法案对劳动者不利，工会将会组织游行示威活动给政府施加一定的压力。事实上，一个拥有800万会员的德国工会联合会，对于任何政党和政治家来说都是不容忽视的力量，工人手中的选票，尤其是选票的“组织性”，使立法者不敢罔顾工人的声音而自行其是。①

在美国，雇主通常不会无故解雇员工。为了维护自己在雇员面前的形象，也为了笼络和挽留具有较高技能和技术的员工，雇主一般都能自觉遵守“无理由无解雇”（no discharge without cause）的规则，并逐步形成美国劳雇关系中的一项自发性社会规范（norm）。这个规范首先让雇主预见到，如若违反，会受到来自于劳动者群体的非法律惩罚，诸如严重的负面市场评价，在职员工的任职情绪受到打击，高级雇员难以留任和招募等，从而使雇主蒙受损失。其次，这一规范也让雇员对雇主有合理预期，使雇员获得了依目前法律无法获得的工作保障。“无理由无解雇”的社会规则，弥补了自由雇佣制度的缺陷，有助于劳雇双方维持一个比较稳定的雇佣关系。因为这是一个众所周知的社会规范，并在现实生活中具有效力，因此也有学者主张强化其对于雇主的约束力，把这一规范上升为法律，废弃长期执行的自由雇佣制度。② 可以说，美国现行自由雇佣制度绝不是雇主享有任意解雇劳动者的权利，“无理由无解雇”这一社会规范是矫正的任意雇佣原则，一定程度上限制了雇主的权利，这才保证了自由雇佣制度的平稳运行。这一理性的自律机制，限制了雇主滥用解雇权，也使雇员免受时刻处于解雇风险之中的忧虑。纯粹的自由雇佣原则，完全可能导致雇主滥用法律上的权利，扰乱劳雇关系，破坏劳雇平衡，这就会损害美国经济的稳定性和持续性，影响美国经济的活力，制约美国经济和社会的发展。

---

① 马丙丽：《德国工会协调劳动关系机制借鉴及启示》，《北京市工会干部学院学报》2009年第1期。

② Jesse Rudy, “What They Don't Know Won't Hurt Them: Defending Employment - at - Will in Light of Findings that Employees Believe They Possess Just Cause Protection”, *Berkeley Journal of Employment & Labor Law*, 2002, (23): 2.

英国深具判例法传统，其劳雇关系多依惯例和实践来协调，并逐步形成工会和雇主之间关于权利和责任的分际，双方处理劳动关系所长期形成的惯例，又和市民社会的价值与准则相融合并深深扎根其中。[①] 而日本的劳动关系以其稳定性著称，这和日本人注重团体的习俗有很大关系。传统上，团体成员的加入和退出不仅受到该团体的约束，还受到关联团体乃至整个团体公共利益发展的制约。[②] 但随着日本经济体制的变化，特别是其主银行制度和内部关系人体制的改变，终身雇佣制度出现很大松动，劳动关系灵活性逐步加强。

我国诸如“同乡会”这样松散型联系体也对劳动关系产生一定的影响。实证分析结果表明，农民工参加同乡会对其劳动收入会带来显著的促进作用，即使控制了农民工同乡会参与的内生偏误，这种显著影响依然存在。[③]

三　社会协调机制的制度手段

（一）行使团结权

在劳资关系中，劳动者的个人力量是很有限的。劳动者相对于雇主而言，本身就处于弱势地位。[④] 因此市场条件下协调劳资关系主要有两种途径：一是靠政府颁行劳工标准，以行政力量来强制实施；二是由劳动者依法自行组织，并与资方谈判、交涉来协调劳雇关系。劳动者只有团结起来与资方进行沟通，才能更好地维护自己的利益，谋求经济和政治地位的改善。因此劳动者行使团结权极为重要。在市场经济国家，最基本的方式就是依靠集体劳动合同来规制和协调劳动关系。[⑤]

所谓集体规制，就是由集体劳动法律制度来调整和规范劳动关系。劳

---

① Hugh Armstrong Clegg, “The Changing System of Industrial Relations in Great Britain” Oxford: Basil Blackwell, 1979, 2.

② Takashi Araki, “Changing Employment Practices, Corporate Governance and the Role of Labour Law in Japan”, *Comparative Labor Law and Policy Journal*, 2007 (Winter): 251 - 281.

③ 宋月萍、马腾：《同乡会对农民工劳动收入的影响》，《中国人民大学学报》2015 年第 2 期。

④ 崔楠：《团结权研究》，吉林大学硕士学位论文，2005，第 7 页。

⑤ 张意轩、李玲：《农民工，一个新阶层的崛起》，《新闻周刊》2004 年第 29 期。

动者通过行使团结权把处于原子状态的分散力量组织起来，并以工会这种组织形式和资方进行谈判，依法以协商、谈判甚至罢工的方式来维护自己的利益。这是劳动关系社会协调的基本手段，或者说这是劳动者能够有力地影响和抗衡用人单位的前提，没有行使团结权，劳动者就不能被组织起来，其他协调劳动关系的手段就可能成为空谈。

我国当下的工人组织相当弱小，工会组织发挥作用的空间和能力相当有限。农民工在团结权的行使方面几乎是空白，如若没有组建或形成自己的工会组织，农民工群体基本是分散和无力的。只有建立工会组织，团结起来的劳动者才会有足够的力量与雇主进行对等谈判。[①]劳动关系集体协商等社会协调机制无法在农民工群体中发挥作用，在其他劳动者群体中集体协商机制也没有很好地发挥作用，其首要的原因就在于团结权未得以充分行使。

（二）参与立法与政策呼吁

工会组织和代表职工参与立法，就是工会通过各种途径和形式，参与国家和地方立法机关涉及职工和工会权益法律法规的起草、制定、修改，参与立法解释和司法解释等工作。工会参与立法是由我国的国体及工会的性质决定的，是中国工会的一大特色。工会组织和代表职工参与立法，是人民当家做主，行使管理国家和社会事务民主权利的具体体现和重要实现形式。工会组织和代表职工参与立法是实现科学立法、民主立法的重要途径。[②]

在我国，工会在国家政治经济和社会生活中占有重要地位、发挥重要作用。组织和代表职工参与立法是我国法律赋予工会的责任和权利。《工会法》第33条直接规定，国家机关和各级政府及其工作部门在组织、起草和研究有关劳动者切实利益的法律法规和规章以及相关政策和决策时，应当听取工会意见。我国工会在参与立法方面，既有法律法规的制度保障，在渠道上也是畅通的。如，工会可以通过向党中央、国务院及各级党委、政府及有关部门报送专题报告、调查报告、有关信息等，及时反映情

---

① Rothstein, Bo, *The Social Democratic State* , *the Swedish Model and the Bureaucratic Problem of Social Reform* University of Pittsburgh Press , 1996, p. 6 – 17.

② 吕杰：《中国特色社会主义工会发展道路百问（69）》，《工人日报》2012年10月8日。

况，提出立法建议；工会的人大代表、工会界政协委员，提出立法建议和议案提案；工会法律部门参与拟订法律草案；组织发动职工群众和工会干部对法律草案提出意见和建议；等等。长期以来，工会在劳动立法中发挥了积极作用，使职工意愿充分体现在法律、法规、规章之中，立法参与日益成为中国工会维护职工合法权益的重要途径和手段。

劳动法律直接涉及经济关系和劳动关系的各个方面，劳动关系双方及相关主体的利益差别和利益博弈会直接反映和影响到劳动法律的制定和实施。现实劳动关系中，劳动者与用人单位在各自地位和实力上存在着严重的不平衡现象，工会组织和代表职工参与立法，促进职工利益的确认、保护和发展，使劳动立法一开始就体现出维护职工权益的价值取向，体现劳动法律法规保护劳动者的立法宗旨，通过法律调整和纠正劳动关系双方利益的不平衡，以维护社会公平，保障社会和经济的和谐发展。

（三）谈判

在企业劳动关系当中，双方主体即劳动者和管理者之间始终是一对矛盾，且劳动者在这一矛盾中始终处于相对弱势的地位，在企业工会未产生以前，劳动者的权益很难得到有效的保证。企业工会出现以后，情况发生了根本的变化，劳动者有了自己的代言人，工会代表劳动者集体就工资和劳动条件等问题与企业管理者开展集体谈判，签订集体合同。集体谈判在企业工资事务中起着重大的作用。有工会组织的企业和没有工会组织的企业，它们的工资决定都受到工会力量的影响。前者是直接的影响，后者是间接的影响。这种间接的影响是通过一种“威胁”效应，即无工会组织的企业的雇主害怕工资定得过低会促使自己企业工会化，并在与工会化企业的竞争中处于不利地位。在集体谈判中，工会力图调控资方对工会会员的福利、工会力量及与安全有直接影响的一切行动。工会的压力常常迫使企业管理部门（资方）提高企业效率从而提高其支付工资的能力。

（四）组织罢工或停工

罢工行动简称为罢工，是工人为了表示抗议，而集体拒绝工作的行为。在以集体劳动关系为重的行业，如工厂、煤矿等，罢工往往能够迅速得到雇主、政府和公众的迅速注意，从而工人所提出的要求就更可能获得保证。劳动者通过有组织的罢工或停工行动，对用人单位施加压力，迫使其接受劳动者的工资、福利和劳动条件等方面的要求。当然，这些要求最终应该是用人单位可接受的条件，如果超过用人单位可接受的限度，那用人单位可能选择闭厂或者转移投资等方式，劳动者也会因之而丧失就业岗位，最终损害劳动者的利益。应该说，劳资关系和谐与否，并不在于劳资双方对彼此的满意，而是采取非暴力、无恶意的沟通对话，在满足共同利益的基础上建立相互尊重与合作关系。[①]

（五）调解

劳动争议调解是指调解组织对用人单位与劳动者之间发生的有关劳动关系、工资报酬、休假、补偿金、劳动合同、法律责任等纠纷，依照劳动法律法规、企业规章制度和劳动合同等，通过沟通、协商等方式，推动双方互谅互让达成协议，消除纷争的一种活动。劳动争议调解对适用“以事实为依据，以法律为准绳”的司法原则有相当多的弹性。宪法、劳动法、劳动行政法规、劳动行政规章当然是调解劳动争议的依据，在实践中上述依据更多地运用于宣传教育阶段。以情以理说服当事人互相谅解，是劳动争议调解的优势所在。对劳动争议调解更有实践意义的依据是：（1）企业规章制度；（2）当事人之间书面或口头约定；（3）道德规范与民规民约等。

劳动争议调解是在调解组织[②]或调解人的主持下解决纠纷，其目的是努力把争议解决在企业内部。纠纷的调解者置身于企业内部，对争议过程比较清楚，容易对是非曲直形成判断，也便于调查了解相关事实，若能对争议双方进行正确引导，就比较有利于促进化解纠纷，防止矛盾激化，促进劳动关系的和谐发展。调解虽不是劳动争议处理的必经程序，却是劳动争议处理的“第一道防线”，对解决劳动争议有很大作用，尤其对那些仍希望留在原单位工作的劳动者，通过调解解决劳动争议当属首选。劳动争议调解具有及时、易于查明情况、方便争议当事人参与调解活动等优点，

① 程延园、王爱莲、谢鹏鑫：《澳大利亚集体劳资争议解决机制之借鉴》，《中国人力资源开发》2015 年第 1 期。

② 依照《劳动争议调解仲裁法》第 10 条规定，调解组织包括企业劳动争议调解委员会、依法设立的基层人民调解组织和在乡镇、街道设立的具有劳动争议调解职能的组织。

是我国劳动争议处理制度的重要组成部分。

社会组织实际也在调处劳资矛盾中发挥很大作用。有学者就认为，社会组织劳资矛盾的“减压阀”“缓冲层”“润滑剂”和“助推器”，能帮助政府减轻面对劳资矛盾的压力，有助于缓解劳资关系，预防矛盾爆发或矛盾的进一步激化，推动劳资矛盾走向制度化、法制化解决。①

（六）抵制消费

以抵制消费②的方式来促进相关企业改善劳动者待遇的做法开始于1989年的“清洁成衣运动（clean cloth campaign，CCC）”。1989年，媒体曝光了菲律宾服装加工厂内恶劣的生产条件，以及劳动者所受到的非人道对待，这引起社会公众的强烈不满和担忧。几十个荷兰消费者组织起来，直接到销售该服装厂服装的商场门前抗议，并号召广大消费者共同抵制这些“不清洁”产品，以支持对劳动者的权益保障。抵制消费这一概念一经提出就得到了社会的广泛认可，尤其是在这些产品的品牌国、总部更受关注，由此产生了“清洁成衣运动”并延续至今，目前已经成为有11个欧洲国家参与的非政府组织。该组织不断开展各种抵制运动，旨在对生产商施压并要求相关商家切实遵守在地国劳动法律法规，保障劳动者权益，提高劳动者工资福利待遇。对于不遵守劳动法律法规的厂商，号召有社会良知和正义感的消费者联合起来共同抵制其生产的产品。

由荷兰人引发的消费者运动很快波及整个欧洲，之后传播到美国。1991年美国著名的牛仔裤Levi Strauss制造商位于塞班岛的服装加工厂被曝光，该制造商大量雇佣女工，并让她们在非常恶劣的工作环境中从事生产，该制造商还通过限制劳动者人身自由、超时加班、低于最低工资标

① 曾秀兰、潘晶晶：《社会组织在调处劳资矛盾中的角色与作用》，《劳动经济与劳动关系》2013年第10期。

② 抵制消费（boycott）是非政府组织采取的主要行动方式。Boycott原来是一个在爱尔兰做地产代理生意的英国人的名字，因为不肯把地租降低到被佃户认为合理的水平，而且又在佃户交不起地租的时候将佃户驱逐，成为当时爱尔兰土改运动领导人查尔斯·帕默尔所提出的道德流放的牺牲品。帕默尔说：“如果有人通过把别人赶走占有一块土地，那么你们无论是在路上还是在商店公园、市场，哪怕是在做礼拜的时候再遇见他，都不要理睬他。把他从道德上进行放逐，把他和他家乡的其他人隔离，就像他是一老麻风，你们必须把你们对他所犯罪行的憎恶表现出来。”结果导致Boycott精神失常。转引自董保华《劳动关系调整的法律机制》，上海交通大学出版社，2000，第76页。

准、强迫劳动、侵害劳动者人身权益等多种恶劣方式盘剥劳动者。这引起美国公众的强烈不满。此后，Nike、Nordstrom、Gap、Cutter&Buck、Gymboree 和 J. Crew 等知名品牌公司也接连被曝光，同样引起美国消费者的激烈反对，并导致大规模的抵制消费运动，这场持久的运动中，在校大学生是最为积极的参与者和实践者，他们推动这一运动在越来越多的国家和商业领域展开。2005 年，清洁成衣运动、全球工会（Global Unions）以及乐施会（Oxfam）共同发起了“奥运、公平竞争”（Play Fair）运动，呼吁国际奥委会以及世界著名运动服装品牌，如 Nike，Adidas，Reebok、Puma 等遵守国际劳工标准、保护工人基本权益。

在消费者运动中，“联合抵抗”成为民间力量对抗强大生产商的一种方法，也成为一种集合个人力量的“斗争方法”。对生产厂商而言，每一个个体都是潜在的消费者，且这些个体会影响身边的许多人，在网络发达的当今社会，这种影响力就更为广泛和强大。每一个个体消费者的力量也因其影响力越来越大而对公司的制约力越来越大。这种日益增长的力量以抵制消费这一具体方式迫使生产企业遵守劳动法律法规，保障劳动者在安全、体面的条件下从事生产，[①] 从而推动劳动者合法权益保护的发展。

四　劳动关系社会协调机制的类型

（一）资本主义模式与劳动关系社会协调机制的类型

由于历史、文化、法律传统、经济体制等的不同，资本主义国家在其本质一致的前提下，又表现出很大的差异性，存在着具体制度上的区别，这种差异和区别也反映在劳动法律制度上。确立劳动法律制度的思想、文化差异，以及劳动法律制度中所体现的政府权力、个人自由、社会格局等也要体现到劳动关系的社会协调机制中来。

法国经济学家米歇尔・阿尔贝尔概括了两大资本主义模式之间，即以美国和英国为代表的盎格鲁 - 萨克森模式资本主义与以德国为代表的

① 董保华：《劳动关系调整的法律机制》，上海交通大学出版社，2000，第 77 页。

莱茵模式资本主义之间的巨大差异。[①] 盎格鲁萨克森模式的资本主义包括所有讲英语的发达资本主义国家。盎格鲁－萨克森模式资本主义推崇企业至上的观念，强调金融市场和股东价值应该起到越来越大的作用，在收入分配中强调效率，收入分配不平等程度高。莱茵模式资本主义以德国为代表，还包括莱茵河沿岸的瑞士、荷兰，在某种程度上还包括斯堪的纳维亚国家。莱茵模式具有把经济效率、社会互助和团队精神结合在一起的价值观。它的典型形式是“社会市场经济”，即市场是繁荣经济的工具，繁荣经济的目的在满足社会各阶层的共同需求，即实现社会的均富与公平。

英国著名经济学家罗纳德·多尔则将资本主义模式命名为股票资本主义和福利资本主义，[②] 并从利益分配结构、企业管理方式、政府调控程度等方面分析了两种资本主义类型的差别。多尔认为，从利益分配结构上看，股票资本主义模式中企业股东的利益至高无上，优于雇员利益；而福利资本主义中财产所有者的利益则受到许多因素的限制，除了财产所有者的利益和资本权利的因素外，还必须考虑许多其他“利益相关者”。从公司管理方式看，股票资本主义模式对企业管理的基本出发点有两个标准，一是企业效率以它对投资者的回报为衡量依据，二是经理阶层完全听命于资本所有者。而在福利资本主义模式下，公司管理方式具有三个特点，一是奉行雇员之上的原则，企业与雇员的劳动关系是长期的、合作的。二是企业一般采取扁平化的管理方式，即所谓的垂直领导形式，不存在臃肿的管理层。三是企业工会参与管理，德国公司的“共同决策”和有关工资待遇方面的集体谈判制度保证了工人的权益。

英国经济学家戴维·柯茨根据制度经济学派的观点，把资本主义模式分成市场导向的资本主义、政府导向的资本主义、谈判或协商的资本主义三种模式。柯茨认为，市场导向的资本主义，其积累的决策权主要在私人公司，它可以自由地追求短期利润目标，通过金融市场获得资本。劳动者只能享有有限的法律规定的劳动所得和社会权利。由于大量没有管制的劳

① 〔法〕米歇尔·阿尔贝尔：《资本主义反对资本主义》，杨祖功等译，社会科学文献出版社，1999，第13～14页。

② 〔美〕罗纳德·多尔：《股票资本主义：福利资本主义——英美模式 VS. 日德模式》，李岩、李晓桦译，社会科学文献出版社，2002，第9页。

动力市场存在，劳动者只能从他们的雇主那里领取有限的报酬。人们对社会政治和道德的总体认识就是个人主义和自由主义。传统上，美国一向被认为是市场导向资本主义最典型的代表，当然还有英国，特别是1979～1997年撒切尔主义盛行期间更是如此。有时候人们干脆把这种资本主义模式称作“新美国”或“盎格鲁－萨克森”资本主义，柯茨称之为“自由资本主义模式”。较之于市场导向的资本主义，政府导向的资本主义尽管在积累决策方面仍然依靠私人公司，但决策最终采用与否还必须与公共机构进行紧密协商后才能决定，政府部门和银行对决策具有重要的影响。这种模式的资本主义仍然倾向于削弱劳工的政治社会权利，但比较注意通过公司的福利措施，使劳工与私人公司的关系较为融洽。在这种制度中，主流文化似乎是保守主义与国家主义。韩国和日本近年来多被认为是政府导向资本主义的典型。因此，也有人把这种资本主义的模式称为“亚洲资本主义”。在谈判或协商的资本主义模式下，国家对资本积累的直接干预可能比较小，但政治体制严格地确立了一整套劳工权利和福利措施，使得有组织的劳工拥有直接参与劳资谈判的能力。在这种资本主义模式中，主流文化是社会民主或基督教民主。战后的斯堪的纳维亚国家和西德堪称这方面的典型。所以，这种模式的资本主义又被称为“欧洲福利资本主义”或“莱茵模式”。①

在劳动关系社会协调机制的类型中，也因资本主义的不同类型而产生差异。盎格鲁萨克森模式的最大特点，就是自由市场经济模式，他们的工会组织率和雇主组织率中等；劳资谈判是以公司谈判为主要方式，而不以行业工会或者区域性谈判为主要方式；集体谈判的社会覆盖率低；社会组织类型多样且相对活跃，通过游说、议会外活动等对劳动关系产生间接影响。

而莱茵模式更多地表现为国家导向的经济类型，雇主和工会组织率相对较高，集体谈判则以行业谈判为主，覆盖率较高。社会组织的作用相对受到抑制，活跃程度相对较低，更多存在于特定劳动关系事件中。

除了众所周知的盎格鲁萨克森模式与莱茵模式之间的差别外，实际还

① 〔英〕戴维·柯茨：《资本主义的模式》，耿修林、宗兆昌译，江苏人民出版社，2001，第12～13页。

存在其他的差别，比如北欧国家，他们在劳动关系的协调上接近于莱茵模式，但更加强调国家作用和工会作用，他们的工会和雇主组织率高，集体谈判覆盖面广，且以行业谈判为主。东欧国家因其从社会主义性质转型，工会和雇主组织还没有成为劳动者的习惯，组织率也偏低，集体谈判的覆盖率偏低，更多还是企业谈判。

（二）协调主体与劳动关系社会协调机制的类型

劳动关系的社会协调方式存在着组织化与非组织化的差异，即以工会为代表的劳动者组织，主要通过组织化的集体谈判来争取权益，重点在于在企业内部建立自己的组织，把劳动者的力量从分散的状态整合到组织中来，以组织的方式与资方谈判，谋求利益的集中和一致解决。而在工会之外，实际上还存在协调劳动关系的其他社会机制，比如，韩国就存在工会之外的其他工人组织，他们主要以罢工、停厂等手段，迫使用人单位接受其劳动条件和工资福利诉求。我国劳动关系集体化的现状，也是以罢工为先导，然后迫使用人单位与劳动者协商、谈判，实际上，其协调方式并非集体谈判或者集体协商，劳动争议处于群体争议之中。就劳资纠纷群体事件的解决而言，包含政府、企业代表、劳工代表、媒体代表、网民代表等多种主体……劳资争议群体事件的解决至少包含这些主体，但不限于这些，应根据实际情况增加主体。①

此外，网络、公众人物、学术精英等也通过他们的影响力和辐射力，对劳动关系的协调也有很大的影响。在 2007 年《劳动合同法》通过前后的一段时间里，知名学者、商界名流、其他公众人物对《劳动合同法》的立法原则、具体制度和规范提出了不同的意见，引起了很大的争论。某些专业名家及企业家发表的偏颇意见，实际上对《劳动合同法》的贯彻执行产生了很大的负面作用，某些制度在世界金融危机的助推下被虚置，无固定期限劳动合同制度等劳动法律制度的功能被夸大和妖魔化，劳务派遣和外包用工被不少企业片面化解读和运用，并导致劳务派遣的普遍化。

这些影响通过制度化的方式参与到劳动关系的协调中就属于劳动关系

① 谢志强、吕鹏：《社会治理与和谐劳资关系的体系构建》，《劳动经济与劳动关系》2015 年第 7 期。

的社会协调机制。这个机制是实际存在并发生作用。从《劳动争议调解仲裁法》到《企业劳动争议协商调解规定》都对社会力量参与劳动关系的协调作了明确规定，这些社会力量可以是学术精英、专业人士、热心公益的社会贤达、公众人物等，他们参与到劳动关系的协调中，促使劳资双方放下争端，弥合分歧，合作前行。

（三）企业内部与外部的劳动关系协调机制

作为社会协调机制，有些是在企业内部的，比如企业工会、人力资源管理等，这些协调机制通过与用人单位的沟通、谈判等，促进用人单位逐步改善劳动者待遇和劳动条件，对劳动关系的和谐发展具有重要的积极意义。还有一些是在企业外部的，比如企业社会责任运动、社会组织等，它们给用人单位一定的外在压力，促使用人单位把外在的压力转化为改善劳动者待遇和劳动条件的积极力量，对劳动关系的和谐稳定发展同样具有积极意义。还有一些没有工会组织的企业，企业方以加强企业人性化管理、扩大职工民主、深化与职工的对话交流，并努力改善职工的工资福利，对劳动关系的和谐发展起到了很大的作用。企业内部各种软化劳资关系，淡化劳资冲突的形式，都可以归纳为企业民主管理问题。企业通过一系列的民主管理措施，实际可以把问题消灭在萌芽状态，把疑虑稀释于透明之中，把冲突降低到最小可能，把矛盾消化在企业内部。

（四）运动型协调机制与组织型协调机制

我国劳动关系协调有各种方式，从整体上看，这些方式可分成两种基本的类型，一种是依靠现有的组织体系，包括工会、职代会、三方机制等来实现对劳动关系的协调，并达到缓和劳资冲突与矛盾，促进和谐劳动关系之目的。另一种方式则是劳动者在现有的协调机制之外，依靠自身的力量，包括某些积极分子的发动、网络宣传、现代通信工具联络等，把“原子化”的劳动者组织起来，通过停工或罢工、上访、抗议等行为引起雇主的注意，甚至引起政府和社会的关注，迫使雇主采取相应措施，呼应和满足劳动者的吁求，从而缓和劳雇关系。这两种方式都在结果上达到了协调劳动关系的目的，但在协调的主体、方式等方面存在很大的差异。前者强调了协调机制的组织性，是在现有体制内对劳动关系的协调，为体制所认可和支持。现有的集体协商、企业职工民主管理、调解组织的调解等都属于此类协调机制。后者缺乏严格的组织主体，甚至仅仅依靠若干积极分子的动员，突发性地采取若干行动引起雇主、社会和政府的关注，反过来要求解决劳雇关系中存在的问题。广东发生的南海本田罢工案、重庆出租车司机停运案，甚至富士康连跳案等都属于此类协调方式。我们依据这两类协调机制在组织性方面的不同，把劳动关系社会协调机制分成组织型劳动关系社会协调机制和运动型劳动关系社会协调机制。

五 结语

对劳动关系社会协调机制，理论界多着眼于对集体谈判机制的研究。从当前实际来看，我国并未形成成熟的劳动关系集体谈判机制，劳动关系集体化的走向实际也不明朗，以“停工、怠工”为表现行为的劳动者集体行动在我国法律中并无禁止性规定，也没有因“法无禁止即可为”而有效。[①] 劳动关系社会协调机制的其他方面，尤其是具有中国社会基础、中华文化基因的中国特色劳动关系社会协调机制未得到充分挖掘和受到足够重视，多方研究劳动关系社会协调机制的不同类型、不同构件、不同方式、不同机制，不仅有利于挖掘和发展有利于我国特定国情下的劳动关系协调力量与资源，形成一定的制度特色和优势，也有利于从多方面组织力量参与协调劳动关系，减少社会震荡，为达致劳动关系社会协调合力，也为劳动关系和谐稳定发展创造更为宽松、有利的社会环境。

The Component, System Means and Type of Social Coordination Mechanism on Labor Relations

Xie Tianchang

Abstract: The social coordination mechanism of labor relations is a complex

① 王天玉：《劳动者集体行动治理的司法逻辑——基于2008～2014年已公开的308件罢工案件判决》，《法制与社会发展》2015年第2期。

system, which is mainly composed by the collective bargaining of labor force, the mediation of the pressure and voluntary organization, the pressure of the street movement and the social influence of the intellectual elite. The specific mechanism include the collective bargaining mechanism, the mechanism of the participation of workers, corporate social responsibility movement, social mediation mechanism and the coordination mechanism for the other social forces to participate.

To achieve their own purposes, it is mainly through the exercising of solidarity, participation in legislation and policy calls, negotiations, the organization of the strike or suspension, mediation, boycott and other system means. The social coordination mechanism of labor relations can be divided into many different types based on the capitalist mode, coordination body, coordination scope and coordination method and so on. The comprehensive study of the social coordination mechanism of labor relations has important theoretical and practical significance in promoting the social self mediation of labor relations and the harmonious and stable development of labor relations.

Key words: Labor Relations; Social Coordination Mechanism; Component; System Means

工资集体协商制度实施效果研究

——以福建省厦门市为例*

潘　峰　杨　凌**

摘　要： 工资集体协商是维护劳动者合法权益，平衡劳资利益，构建和谐劳动关系的重要途径。调研发现，厦门市工资集体协商制度推行以来，八成以上的劳动者认同工资集体协商制度的积极作用。工资集体协商在一定程度上促进了劳动者收入增长，改善了企业执行劳动基准的状况，提升了劳动者就业的稳定性，有助于推动企业民主管理，促进劳资关系和谐。但目前的工资集体协商工作仍存在以下问题：在企业工资决策机制中，集体协商尚未起到决定性作用；劳动者工资水平偏低，削弱了工资集体协商的正面效应；工资集体协商存在“重形式轻实质”的现象；劳方在协商中存在“不敢谈”“不会谈”现象；集体合同的履约情况不受重视。为充分发挥工资集体协商对劳动者权益的保障作用，应引导企业经营者转变劳动关系管理观念，并提升企业工会的协商对话能力，使之成为代表职工与企业谈判、博弈的独立权利主体。在国家立法尚未完善的情况下，可以考虑由地方先行出台有关工资集体协商的指引或规范，细化法律法规的规定，推动企业建立规范的工资集体协商机制。

关键词： 工资集体协商　劳动关系　劳资矛盾

目前，我国劳动关系的调整已进入由个别劳动关系调整向集体劳动关系调整的转型阶段。在此进程中，工资集体协商制度取得了快速发展，成

---

* 本文是福建省厦门市总工会委托调研课题“工资集体协商保障劳动者权益效果研究”的阶段性成果。

** 潘峰（1978－），法学博士，厦门大学法学院讲师，西南政法大学博士后研究人员；杨凌（1992－），厦门大学法学院民商法专业硕士研究生。

为劳资对话的重要渠道，对促进劳资关系和谐、消除劳资矛盾起到了积极作用。工资集体合同的签订数量不断上升，覆盖范围也从原有的国有企业扩展至多种所有制的企业。从厦门的情况来看，自2000年《工资集体协商试行办法》颁布以来，工资集体协商工作得到大力推动。2014年2月，厦门市人民政府发布《关于进一步推进企业工资集体协商工作的通知》，要求工资集体协商工作在规范、有序基础上进一步深入开展。截至2014年年底，厦门市共签订综合性集体合同8300多份，覆盖企业57000多家。其中，行业性集体合同29份，区域性集体合同67份，全市已建工会的企业工资集体协商建制率达95%以上，覆盖企业55000多家，职工数达到155万人。在工资集体协商制度已初步建立，集体合同签订率和覆盖率不断提升的背景下，工资集体协商工作有必要从“扩面”转向“提质”，强化其对劳动者权益的保障作用。2014年国家协调劳动关系三方会议发布《关于推进实施集体合同制度攻坚计划的通知》，提出要“着力提升集体协商质量、增强集体合同实效”。为了解和掌握工资集体协商制度的实施效果，我们于2015年1月在福建省厦门市实行专项调研，通过问卷和访谈，搜集第一手数据，研究当前工资集体协商制度在保障劳动者就业权、劳动报酬权、休息休假权、参与权等方面所起到的实际作用，分析工资集体协商制度在实施中存在的主要问题，提出改进工资集体协商工作的意见和建议。

一　工资集体协商制度的必要性分析

（一）工资集体协商制度有助于平衡劳资双方利益

集体协商制度以承认劳资双方的利益差异为前提，在此前提下通过劳资博弈达成双方都能接受的结果。就工资分配而言，劳方希望资方支付尽可能多的劳动报酬，而资方则希望尽量降低劳动力成本支出以提高利润率。在市场经济条件下，如果工资水平完全交由企业单方决定，企业作为自主经营、自负盈亏的市场主体，其行为目标就会转向利润最大化，这就有可能产生抑制工资增长，尽可能压低人工成本的倾向，从而损害劳动者的合法权益。国家的劳动立法仅对工资和其他劳动条件设定了最低标准，在此标准之上则交由劳资自治来决定。在个别劳动关系中，由于劳动者处于弱势地位，通常缺乏与企业平等协商的余地，无法依靠自身力量实现工资正常增长。在这种情形下，唯有劳动者联合起来与资方进行博弈，形成集体的力量，才可能对资方形成有效制约，获得对劳方较有利的工资收入和劳动条件。建立工资集体协商的利益制衡机制，一是使劳动者有机会对其最关心的工资问题发表自己的意见和看法，通过工会和企业双方协商使劳动者和企业及时沟通，消除利益差异，达成妥协。二是通过职工代表参与的协商使工资分配更加合理，保障劳动者的收入和企业利润相适应，在源头上避免了劳资争议的产生。三是经协商确定的工资集体合同具有法律效力，双方都要依法遵守。这使得劳资双方的利益得以平衡，特别是劳动者的合法权益得到了更加充分的保护。

（二）工资集体协商制度有助于改善企业民主管理

部分企业经营者认为，工资分配的决定权在企业，属于企业经营自主权的范畴，劳动者一方缺乏话语权。而工会通过与企业的谈判，订立工资集体合同，使劳动者能够参与与自身利益密切相关的话题进行讨论，不仅有助于保障劳动者的权益，还使企业的民主管理落到实处，成为“看得见的民主”。工资集体协商制度可以在很大程度上消除企业工资分配的随意性，提高劳动者在企业工资决策中的民主地位，为职工民主参与企业管理提供了一个实实在在的切入点。劳动者不再是简单的劳动工具，而成为劳动主体，并且有权参与企业的管理，有利于增进劳资双方的相互了解，形成劳资之间的信赖关系。工资与劳动者的日常生活密切相关，普通劳动者一旦获得与管理者平等协商的权利，必然会被极大地激发起关心企业发展的热情。同时，企业合理分配劳动者的工资也有利于调动劳动者的积极性，使其更加积极地投入工作，进而提高企业的经济效益。

（三）工资集体协商制度有助于减少劳资争议

在西方工业化国家，集体谈判已经成为劳动关系中决定规则的主要手段，它不仅是对劳动者的一种契约保障，而且也成为雇主谋求工业和平和工业利润的手段之一。[①] 工资是劳动者最主要的收入来源，也往往是劳动

① 程延园：《集体谈判制度研究》，中国人民大学出版社，2004，第59页。

争议的焦点。在当前我国所有的劳动争议类型中，劳动报酬争议所占比例最高。近年来，我国出现的劳资群体性事件，也多与企业拖欠工资或劳动者要求提高工资水平相关。工资集体协商制度可以使劳资双方在对抗中寻求合作，消除劳资双方在劳动报酬方面存在的利益差异，为协调劳资间的经济利益提供一条有效的途径，符合双方共同的利益。集体合同可以弥补劳动法律法规原则性规定的不足，更加细致地保障劳动者的合法权益。具体到工资集体协商制度上，集体合同的签订可以因地制宜地从源头上保护劳动者的权益，化解劳资矛盾，避免一些因为企业收入分配不公而导致的停工以及其他群体性事件。

二　厦门市工资集体协商制度实施效果分析

工资集体协商的意义不仅在于工资增长本身，而且对于企业改善人力资源管理，依法用工，促进劳动关系和谐等方面都产生直接或间接的影响。因此，我们除了对工资水平和工资增长幅度进行调研外，还研究了工资集体协商制度在运行中对劳动者就业权、休息休假权、民主参与权等权利的保障作用。

（一）八成以上劳动者认同工资集体协商制度的积极作用

尽管劳动者对工资集体协商制度的内容了解程度不一，也未必实际参与到工资集体协商的过程中，但访谈对象都表示了解企业与工会签订了工资集体合同，均认为工资集体协商对劳动者权益保障具有重要意义。问卷统计的结果也表明，超过八成的劳动者认同工资集体协商机制的积极作用，认为其是维护劳动者合法权益的有效途径。

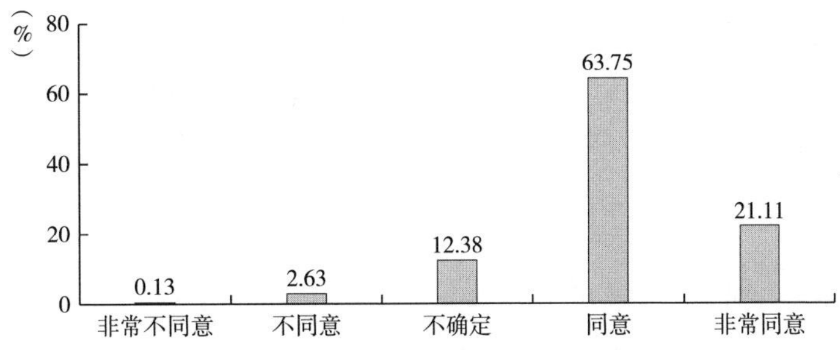

图1　工资集体协商是维护劳动者合法权益的有效途径

（二）工资集体协商制度在一定程度上促进了劳动者收入增长

劳动者的工资收入受到就业市场状况、经济发展水平、行业区域工资水平、当地生活水平等多重因素的影响，因而要从中单独分离出工资集体协商制度所起到的作用相当困难。但从我们调研的情况来看，在有效开展工资集体协商的企业中，劳动者普遍认同工资集体协商促进了工资增长，劳动者的工资增长能够与企业效益提高相适应，甚至在没有盈利或亏损的情况下，有的企业也仍然每年协商提高劳动者的工资水平。根据厦门市人力资源和社会保障局发布的 2014 年企业工资增长指导线，以工资增长 14% 作为工资增长的上线（预警线），以工资增长 3.5% 作为工资增长下线，工资合理增长区间为 7% ~12%。而在调研中，有 69.63% 的受访者表示，工资集体协商制度实施以来，本企业的职工工资有明显增长，并且工资水平能根据企业经营状况进行调整。在增长幅度方面，32.11% 的受访者的工资增长幅度低于 3.5%，26.63% 的受访者表示其工资增长幅度在 3.5% ~5%，16.38% 的受访者工资增长幅度为 5% ~10%，13.88% 的受访者工资的增长幅度在 10% ~14%，还有 4.25% 的受访者表示他们的工资增长幅度高于 14%（如图 2）。在我们访谈的企业，劳动者对于开展工资集体协商后的工资增长均有直观的感受，都能说出每年工资增长的幅度。

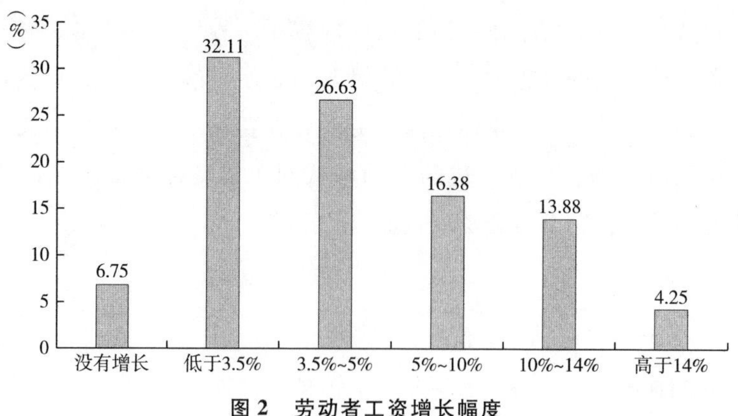

图 2　劳动者工资增长幅度

（三）工资集体协商制度改善了企业执行劳动基准的状况

工资集体协商制度主要针对的是劳动者工资水平和增长幅度，着重在于保障劳动报酬权的实现。但在有效开展工资集体协商的企业，这一制度的运行也对企业在其他方面依法用工、保障劳动者合法权益存在正面的效应。在员工的休息休假方面，75.5%的受访者认为工资集体协商制度实施以来，职工的劳动强度得到有效调整，法定休息休假时间得到保障。80.25%的受访者表示其若被企业安排加班，企业都依法支付了加班费。80.5%的受访者表示企业的劳动安全卫生条件确实得到了改善；75.875%的受访者认为工资集体协商实施以来，企业为职工提供了更多的职业培训机会。78.125%的受访者认为，工资集体协商实施以来，职工在工资以外的职业福利待遇得到了改善。

（四）工资集体协商制度提升了劳动者就业的稳定性

工资集体协商制度搭建了劳资对话的平台，使原来企业经营者单向的人力资源管理转变为由劳资双方共同协商。这一机制使双方能够以较低成本化解利益分配纠纷，进而巩固企业内部用工关系，缩减管理费用，并激励企业加大对稳定下来的员工队伍的人力资本投资，提高生产率，增加资本盈余，为吸纳更多雇员、扩大生产创造条件。[①] 本次调查结果显示，分别有63.63%和63.13%的受访者表示，自从工资集体协商制度实施以来，劳动者的主动辞职和被动辞退的数量有所减少。有效开展工资集体协商的企业，工资水平或许并不比其他企业更高，但企业职工福利较好，劳动者向心力更强，对企业有较高的认同度。这表明通过工资集体协商制度的有效运行，不仅劳动者的工资水平有所提高，劳资矛盾也有所缓和，劳动者的就业稳定性也随之提升。

（五）工资集体协商制度改善企业民主管理状况，促进劳资关系和谐

工资集体协商和企业民主管理之间的作用是双向的。企业重视工资集体协商工作，通常会更加注重平时与劳动者的沟通、对话，听取劳动者的意见，让劳动者在企业事务中拥有更多的话语权。而企业民主管理状况的

---

① 姚先国等：《工资集体协商制度对企业雇佣量影响的实证研究——来自杭州市企业的证据》，《财经论丛》2014年第7期。

改善，也使得工资集体协商更加规范化，成为劳资对话的平台，真正反映劳资双方的意愿，预期目标得以实现。调研结果显示，78.25%的受访者认同，工资集体协商实施制度以来，职工的工作积极性有所提升。74.5%的受访者认为，企业管理层与职工之间的沟通交流增加了。77.38%的受访者表示，企业在制定涉及劳动者切身利益的规章制度或重大事项时，有通过职代会审议或与工会协商。81.88%的受访者认为，工资集体协商制度实施以来，本企业劳动争议的数量有所减少，如图3所示。我们访谈企业人力资源管理人员和普通劳动者而得知，即使劳动者与企业发生争议，一般也会通过协商、调解方式解决，仲裁和诉讼的情况较少发生。

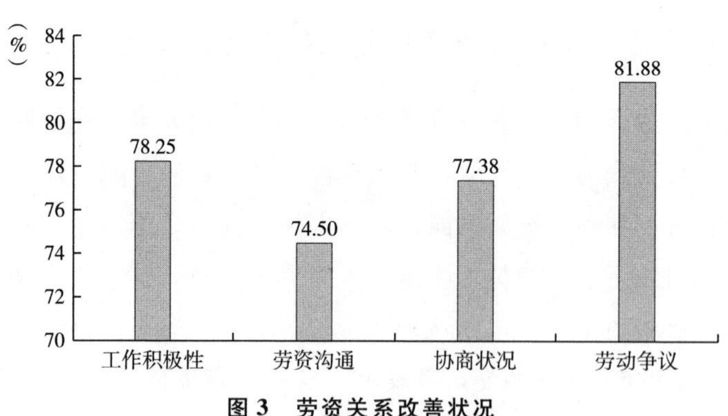

图3　劳资关系改善状况

三　工资集体协商制度实施中存在的问题

（一）集体协商在企业工资决策机制中尚未起到决定性作用

调研发现，企业的工资水平主要由企业单方决定，集体协商制度尚未发挥决定性作用，这跟劳动力市场环境、行业特点、企业文化、高层管理人员的观念等因素都有关系。例如，我们访谈的欧美外资企业均很重视劳资协商和劳工权益保障，但其工资标准及体系往往取决于企业统一规划的薪酬政策，工资集体协商时也只能依据企业薪酬政策确定工资增长幅度，实际上难以发挥劳资博弈的功能。国有企业的工资水平则受到企业工资总额的限制，不能轻易变动，所以集体协商缺乏空间。而在私营企业，企业的所有权力集中于企业主手中，若其仍秉持单向式的劳动关系管理理念，工资集体协商就无法真正发挥作用。部分企业经营者仍将工资问题视为企业经营自主权的范围，认为在符合法律强制性规定的情况下，工资分配方式、工资水平都应企业单方决定，无须与劳动者进行协商。而且，一种典型观念认为，由劳资协商确定工资将对企业产生负面影响，导致企业人力成本上升，削弱企业的竞争力。

（二）劳动者工资水平偏低而削弱了工资集体协商的正面效应

厦门市开展工资集体协商以来，劳动者的工资水平确实有所提高，劳动者得到了实益。但调研数据显示，受访劳动者的收入仍然偏低，平均工资约在3330元，低于2013年厦门市城镇非私营单位职工月平均工资4655元的水平，甚至还有0.63%的职工工资水平低于目前厦门市的最低工资标准（见图4）。进一步分析，劳动者的上述收入，除了劳动者正常工作时间的工资以外，实际上还包含劳动者的加班工资，扣除之后，部分劳动者的基本工资可能刚达到厦门市最低工资的标准。我们在制造业的访谈中发现，即使企业工资每年均有所增长，大部分劳动者对目前的收入仍普遍不满意，认为跟不上物价涨幅。即使是企业的中层干部，在不加班的情况下，收入也很有限。而从每年工资增长的幅度来看，大部分劳动者的工资增长幅度低于5%。依据2014年厦门市人力资源与社会保障局发布的《关于发布2014年厦门市企业工资增长指导线的通知》，2014年的职工工资增长建议，以工资增长率10%作为企业工资增长基准线，工资合理增长区间为7%～12%。以工资增长3.5%作为工资增长下线，工资增长3.5%作为工资增长下线。两相对照，大部分职工工资的增长幅度仅仅达到了工资增长的下限，离7%的目标仍有距离。这说明，工资集体协商在提高劳动者工资方面的作用与预期目标之间尚存一定差距。

（三）工资集体协商存在“重形式轻实质”的现象

工资集体合同的主要作用在于弥补劳动立法和个别劳动合同的不足，提升劳动者权益保障的水平。工资集体合同的签订率和覆盖率是衡量工资集体协商工作推进的重要指标，但这并不能直接反映工资集体协商制度对劳动者权益的保障效果。我国集体合同制度实施过程中最普遍的一个问题

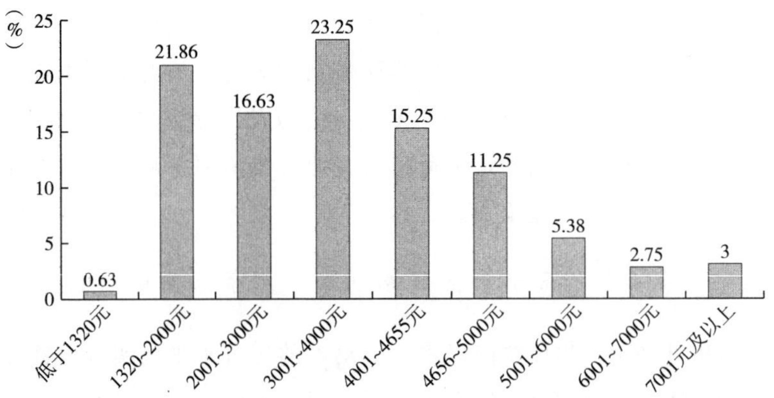

图 4　职工平均工资

就是形式化问题，在很大程度上徒有其名，没有真正发挥实际作用。[①] 我们的调研发现，目前工资集体协商过程中重签约、轻协商的现象普遍存在，有的企业为应付检查，只注重签约，而不注重合同内容，往往照抄照搬法律规定或其他企业的集体合同，因此集体合同未针对本企业实际进行量化细化，缺乏可操作性。合同内容普遍存在“三多三少”现象，即原则性条款多，具体规定少；抄法律条文多，结合企业实际少；虚的多，实的少。不可否认，部分企业在签订工资集体合同时，有结合本企业的生产经营特点对劳动者的工资及劳动条件进行了保障。但我们也要看到，这些企业往往原本就是管理规范、依法用工的企业，劳动者的工资和福利已经达到甚至超过法定的最低基准，集体合同的作用只是“锦上添花”。对于那些本身存在较多违法用工行为、劳动者权益严重受损的企业，工资集体协商制度未起到雪中送炭的作用。而后者正是在推进工资集体协商工作中应予重点关注的对象。

（四）劳方在协商中“不敢谈”“不会谈”

维护职工合法权益是工会的基本职责。我国《工会法》第 4 条规定，工会“依照工会章程独立自主地开展工作”。因此，在坚持党的领导的原则下，工会的运作应当独立于企业的管理、独立于地方行政权力，以客观

① 常凯主编《中国劳动关系报告——当代中国劳动关系的特点和趋向》，中国劳动社会保障出版社，2009，第 402 页。

地维护职工合法权益。但实践中，“强资本，弱劳工”的现状使企业工会在发挥作用上受到较大的影响。私营企业、外资企业以及港澳台资企业等非公企业占大部分，但是非公企业工会建设整体水平不高、难以发挥维护劳动者权益的职能是不可回避的现实问题。我们在调研中发现，大部分工会干部属于兼职，受制于企业的管理者或所有者，工会很难摆脱对企业的依附。如果工会组建情况较好，又与企业经营者的关系较为融洽，能够代表工人利益，企业的工资集体协商就容易开展，也能够取得实际效果。但如果工会依附于企业，缺乏为劳动者维权的能力，难以获得劳动者的认同，工资集体协商往往就流于形式，集体合同此时往往成为企业在政府压力之下的权宜之计。

此外，影响工资集体协商实施效果的一个重要因素是工会干部是否具备谈判能力的问题。工资集体协商涉及宏观经济环境和经济发展状况、相关法律制度、当地物价水平、同行业收入水平比较、企业经济效益、劳动生产率、企业财务状况、企业工资结构等一系列因素，要求劳方代表具备相关的知识和谈判技巧。协商双方必须充分掌握行业信息、具备相应的专业知识和较强的协商能力。而目前企业工会成员大多缺乏这方面的能力，已成为制约工会推动工资集体协商工资的主要障碍之一。

（五）工资集体合同履约情况不受重视

在调研中，我们发现劳方和资方都不太关注工资集体合同的履约状况。对劳动者而言，他们更重视的是在个别劳动关系中自身权益的实现，而目前集体合同的形式化也导致劳动者更多地依靠个别劳动合同主张自身的权益。而对有些企业来说，他们把工资集体协商视为政府的硬性要求，而非基于企业自生自发的调整劳动关系需求，因此双方签订集体合同后，企业就将其束之高阁，至于合同是否得到有效履行就显得无关紧要。从目前劳动争议案件的数量来看，真正的集体合同履约争议相当少见。而在个别劳动争议中，劳资双方也主要以个别劳动合同、企业规章制度作为确认相互间权利和义务的依据，罕有提供集体合同作为证据的，这也印证了工资集体合同在实践中发挥的效果的有限性。

四　改善工资集体协商制度实施效果的建议

（一）引导企业经营者转变劳动关系管理观念

有学者指出，我国工资集体协商的内在动力不足，职工不关注工资协商制度建设，企业也没有意识到工资协商的必要性。[①] 过去，我国工资集体协商制度的发展主要依靠政府自上而下的行政推动，另一方面也与法律规定从“可以”改为“应当”以及越来越多的地方政府将其纳入企业考评体系，使企业实施该制度的强制性明显增强不无关系。[②] 仅依靠法律的强制力以及政府的行政指令，缺乏企业经营者对工资集体协商的充分认同，或许可以在短期内提高工资集体合同的签订率、覆盖率等指标，但工资集体协商势必走向形式化，无法真正发挥协调劳资关系、保障劳动者权益的作用。因而，在推动工资集体协商的过程中，应消除企业经营者的管理观念，引导他们认识到，工资集体协商并非是片面保障劳动者权益的制度，而是劳资双方互利双赢的选择。工资和劳动条件不能仅由劳动关系的一方来决定，而应由劳资双方共同决定。劳动者通过集体协商机制，享有一定的参与劳资关系决策的机会，将促进企业的经济民主和秩序安定。有效的工资集体协商，将扩大企业职工对信息的有效把握，提高职工对企业目标和价值的认同，融洽经营者与职工的关系，发挥团队工作水平，发挥职工的积极性和创造性，改善工作质量，减少内部冲突，提高企业的经济效率。

（二）提升企业工会的协商对话能力

企业工会的独立性和协商能力直接影响了工资集体协商的实施效果。在实践中，虽然存在上级工会代行或参与下级工会开展集体协商的工作机制，但真正要发挥工会的组织性力量还是要靠企业工会自身。[③] 未来应该

---

① 冯喜良、刘杉杉：《企业工资民主制度仍需探索——基于工资集体协商的调查》，《现代国企研究》2012 年第 12 期。

② 周正言：《关于提高集体协商实效的若干思考——从第二次“南海本田”集体协商谈起》，《工会理论研究》2012 年第 3 期。

③ 杨正喜：《地方工会“上代下”与工资集体协商——以南海本田事件为例的研究》，《社会科学》2014 年第 11 期。

将企业工会塑造为自主性更强、更有能力的维护劳动者权益的组织。工资集体协商能有效促进工会自身的转型，而工会的转型反过来又能有效促进工资集体协商的进行。通过工资集体协商的有效运行，劳动者与工会有比过去更强的利益一致性，将使工会在职工中的威信有明显提高。[①] 为了实现良性循环，应对企业工会人员进行工资集体协商基本知识与法规政策、工资集体协商的内容和程序、工资集体协商的相关技术要素、策略技巧等方面的培训。在必要时，可以委派集体协商指导员或专家到企业工会协助指导工资集体协商工作。通过以上措施，逐渐使企业工会走出对企业的依附状态，真正发展成为代表职工与企业谈判、博弈的独立权利主体。同时，为提升工会议价的能力，还应要求企业方为工资集体协商提供必要的条件和所需的信息资料，保障参加集体协商劳动者的休息时间、工资待遇不受影响等。

（三）制定操作规程以规范工资集体协商

由于我国关于集体协商的统一立法尚在制定过程中，而目前与工资集体协商相关的法律法规如《劳动合同法》《集体合同规定》都存在滞后性，难以为工资集体协商提供有效指引，制约了这一制度的有效运行与实际作用的发挥。在工资集体协商工作的推进过程中，其内容、程序和方法等等往往缺乏规范和经验可参考，更没有形成制度予以固化。在立法尚未完善的情况下，厦门市可以考虑先行出台有关工资集体协商的指引或规范，细化法律法规的规定，引导企业建立规范的工资集体协商机制。在这一方面，已有不少地区做出了有益的尝试，值得借鉴。例如，2010 年广东省总工会发布《广东省企业工资集体协商指引》，从协商代表的推选、协商代表的权利和义务、协商要约的发出与回应、协商前的准备工作、协商会议的召开、协商的中止、工资集体合同草案的提交、工资集体合同的签订、工资集体合同的审查、工资集体合同审查的管理、工资集体合同的生效和公布、工资集体合同的有效期、工资集体合同的变更和解除、协商的争议处理等方面进行了详尽的规范，为企业开展工资集体协商工资提供了具有

① 陈伟光：《资劳博弈下的工资集体协商可持续发展之路——基于广州汽车产业工资集体协商现状调查》，《中国工人》2014 年第 2 期。

可操作性的依据，弥补了法律法规的不足，在实践中发挥了良好的作用。2011 年，湖北省总工会、省人力资源和社会保障厅、省企业联合会/企业家协商联合制定《湖北省企业工资集体协商工作标准》，对工资集体协商代表的权利与义务，工资集体协商的程序，工资集体协商的内容和重点，工资集体合同的审查程序，工资集体合同的变更、解除、争议处理及监督检查等做出了明确规定，还详细制定了工资集体协商要约书、工资集体协商专项集体合同等参考文本，有效缓解了企业工会“不会谈”“不敢谈”的局面。2014 年，北京市总工会出台了《北京市企业工资集体协商规范指引标准》，要求工资集体协商做到“六个程序”务必规范，“三项内容”务必协商，“五项工作”记录在案。

（四）重视工资集体合同履约情况的落实

工资集体合同的履行状况是保证工资集体协商制度发挥真正作用的重要因素。应确保工资专项集体合同生效后，企业要向全体劳动者公示，职工能够知晓工资集体合同的主要内容。上级工会要督促基层企业建立集体合同监督检查组织，制定和完善监督检查制度。企业工会要督促监督检查组织和职工代表对集体合同和工资专项集体合同履行情况进行监督，并将检查结果向职工代表公开；对监督检查中发现的问题，应当以书面形式提交集体协商双方首席代表研究处理。人力资源和社会保障部门应通过违约责任追究、劳动保障年检、日常巡视监察和执法检查等方式，对工资集体合同的履约情况进行监督检查，督促劳资双方全面履行合同。

A Survey on the Effect of Implementation of Collective Negotiation System on Wages

— On the Basis of the Practice in Xiamen, Fujian

Pan Feng Yang Ling

Abstract: The collective negotiation system on wages is to safeguard workers'rights and interests, balance the interests between employers and employees, is an important way to build a harmonious labor relations. Since the implementation of collective negotiation system on wages, more than eighty percent of the workers agreed with its positive effect. Collective negotiation system on wages, to some extent, contributed to growth in labors' income, improve the state of the execution of Labor Standards, enhance the stability of employment of workers, impulse democratic management of enterprises, and promote harmonious labor relations. But the current wagecollective negotiations still have the following problems: the implementation of collective negotiation system on wages did not play a decisive role; low wages weakened the positive effects of wage collective negotiations; the wage collective negotiations think much of form than substance; labor "can not talk", "do not talk"; the compliance of the collective contract was undervalue. To protect the interests of workers, the employers should be guided to change labor relations management concepts, and to enhance the capacity of trade union consultation, making collective negotiation systemon behalf of workers, play a independent role in negotiation. Before the new national legislation issued, local government can consider to introduce relevant guidelines or regulations on the collective negotiation system on wage, development detailed norms, to encourage enterprises to establish a standardized wage collective negotiation mechanism.

Key words: Wage; Collective Consultation; Labor Relations; Labor conflicts

我国立法转化国际劳工标准之选择

——以劳动者基本需求为中心

王铀镱*

摘　要： 国际劳工标准的转化应当遵从兼顾本土性和国际性原则，为了实现兼顾，我们需要有选择地批准和遵守国际劳工标准，成员国所处的需求层次即可作为选择的依据之一。处于不同国家和不同职业阶层的劳动者对劳工政策的客观需求不同，按照马斯洛需求层次的分级可将劳动者的需求做出分级。因此，将国际劳工公约按照需求层次做出五级分类，成员国可根据本国劳工主流需求选择相应的国际劳工公约进行批准或实施，使国际劳工标准与国情匹配，提高公约的实效性。在具体实施时可根据各国劳动人口比例优先选择符合大多数人需求的劳工标准逐级实施，在较低级需求层次基本满足时即可实施下一层次，而不同层次是否满足的标准则需进一步结合一系列国情指标。

关键词： 国际劳工标准　立法转化　需求层次

为了实现国际劳工标准的转化，我国需要通过国内立法有选择地转化国际劳工标准，而非以全面接轨作为当前的目标，否则只会导致因差距过大而放弃国际劳工标准的后果。客观而言，受到发展阶段的实力限制，我国不可能一次性做到在劳动权各方面的全面达标，因此，我们必须承认这一劣势。但承认劣势不意味着我国应当拒绝遵守所有的国际劳工标准，最可行的途径是，结合本土国情的同时积极考虑与国际接轨。优先考虑我国劳动者的需求层次，可延缓满足层次高的需求，而对于基本需求，则需要立刻着手解决，缓解社会冲突。该立场为我国采用国际劳工标准治理我国

* 王铀镱，女，(1986－)，福建社会科学院法学研究所助理研究员，厦门大学法学博士，主要研究领域：民法、劳动法与社会保障法。

劳动关系领域的问题留下了空间。

一 选择国际劳工标准的原则

（一）有选择地批准和转化国际劳工公约

兼顾本土性与国际性原则是国际法转化为国内法的一般原则，任何法律的移植都必然遵从该原则。坚持本土性指的是立法应当符合国情，坚持国际性指的是及时借鉴国际立法中的先进因素。

法的移植和法的本土化是中国法律近代化的基本路径和客观事实，中国近现代法律从观念到制度、原则乃至术语，几乎都是从西方（大多通过日本）移植进入中国，并逐步本土化的。中国近现代移植的基本上是西方先进国家法律中的精华，代表了人类法律文明的最高成就。[①] 国际法向国内立法的转化，也属法律移植，与外国法相比，由成员国共同投票通过的国际劳工公约具有更高的普适性，转化时的阻力应当更小。

兼顾本土性与国际性原则是指国内立法在本土性的基础上追求达到国际法要求的标准。何勤华认为，实际上，法的国际化（法律移植）与法的本土化是一个事物的两个方面，彼此无法分离，在中国近代大量移植西方法律的同时，法的本土化运动也同时轰轰烈烈地进行着，其表现主要有三个方面。一是一些中国传统的法律理念、制度和原则得以保存了下来，被吸收进了新的法律之中。二是一些中国传统的法律获得了改造，和西方的法律理念、制度和原则相互融合，在新的法律中以新的面貌出现。三是用西方的法学观和法治原理，来说明、解释和指导当时中国社会的实践，并将这种实践纳入到了法律规范、调整的范围之内。该观点解释了法律移植时，本土性和国际性是并驾齐驱的状态。[②] 在劳动立法时考虑国际性也是为国内法的国际化做准备，国际劳工标准被认为是发达国家国内标准的国际化，这意味着，有高度普适性的先进法律将有机会获得世界认同，使国

① 何勤华：《法学观念本土化考：从新中国 60 余年立宪史之视角》，《中外法学》2013 年第 2 期。

② 何勤华：《法的国际化与本土化：以中国近代移植外国法实践为中心的思考》，《中国法学》2011 年第 4 期。

内标准成为国际标准。换言之，国际劳工标准中的立法技术不仅对国内提高劳工标准有参考价值，为本国立法的国际化发展也有参考价值。可见，本土化是法律价值观念甚至立法内容双向流动的过程，应当同时把握本土性和国际性。

兼顾本土性与国际性原则应以适合我国国情为主要目标，其次考虑达到国际标准。盲目追求国际劳工标准未必有益于社会发展，而尊重国情才是符合规律的做法。国内立法与国际劳工标准接轨，不仅是为了完成成员国的履约义务，也是为了提高法律的先进性。应将转化视为中国法律完成现代化的过程，而非屈服于发达国家价值观的过程。换言之，正因为当前立法已无法满足社会发展所需且无法解决社会矛盾，而国际劳工标准恰好给出了明确的方案，借鉴其系统化的立法模式借助国际劳工组织的帮助，正是尊重国情的做法。选择适合我国的国际劳工公约进行批准，并按照公约要求完成立法任务，即能做到同时兼顾本土性和国际性。

国际劳工标准虽然对各成员国一视同仁，但发展程度不同的国家在批准具体公约之前的劳工标准不同，批准公约之后的实施力度也不同。结合国情是立法转化的前提，由于国情差异，各国遵守状况必然也存在差距，即使同样是发达国家之间，各国的劳工标准也不相同，但差异不意味着不同国家间的遵守水平有高下之分。欧盟国家和美国的标准就存在差异。欧盟国家跨国企业常面临在美国合法的行为却不符合其本国的劳工标准，美国对工会行动的保护相对较弱。有时，欧盟国家中的跨国企业的行为已违反国际劳工公约和欧盟的立法，但这些行为在美国却合法且普遍。而另一些情况下，这些跨国企业也会担心发生违反美国法律和国际标准的情况，①这说明美国在某些领域的劳工标准高于欧洲标准，有些则相反。可见，各国在不同的劳工标准领域的成就各不相同，优势或弱项也不同。造成各国劳工标准的区别不仅仅是发展程度，也与各国的产业结构、法律文化、历史背景等息息相关。这也是各国选择批准的劳工标准各不相同的原因。通常成员国批准公约都是批准本国国情可接受的，本国劳工标准可经过努力达标或已经达标的公约。按照该逻辑，可根据不同国家选择批准公约的多

① Keit, Corkanh, "Business, International Labour Standards and Human Rights", *Employment & Industrial Relations Law*, 21, 32, 2011 .

寡和倾向类型来推断各国本土劳工标准在各领域的优劣。如美国批准的国际劳工公约只有14个，其中只有2个核心劳工标准，分别是《1957年废除强迫劳动公约》（第106号）和《1999年最恶劣形式童工劳动公约》（第182号），且除了海员相关公约外没有批准其他的特殊人群适用的公约。美国认为其最关注的劳动条件的改善只需要通过本国的努力就可以完成，因而无须学习国际劳工公约。[①] 欧盟国家以英国为例，批准了87条公约和1个议定书，内容涵盖核心劳工标准的全部8条公约并涉及各劳动权类型或特殊人群的公约。由此可知，英美两国对待国际劳工标准的态度存在许多差异。此外，各成员国看待本国遵守情况和别国遵守情况的态度也存在双重标准。如此看来，并不存在完全统一的遵守模式。但这不意味着不存在全球统一的劳工标准，而是这一标准在各国的表现形式不同。各国以“合乎人道”作为标准，即可解决因各类区别国情导致的法律区别问题，以此为目标也更容易推动劳工标准的有效进步，而不因为目标太过不切实际而停滞不前。以《1964年工伤事故和职业病津贴公约》（第121号）为例，其只要求对工伤事故的适用范围进行确认，却没有直接规定何为工伤事故。诚然，即使同样是发达国家，欧洲各国对工伤事故的范畴也有不同规定，有些国家的保护十分充分，将工伤事故规定为发生在工作时间内。而另一些国家则要求必须发生在履行劳动合同期间。英美法系大多国家会由判例法来规定某种意外是否属于工伤事故的范畴，此外，立法者也会设定一些特殊的举证制度使劳动者更容易证明工伤事实的存在。在大多数国家，发生在上下班途中的意外事故也属于工伤的范畴。另外，见义勇为拯救他人造成的伤害也属于工伤。[②] 此类规定从另个角度看也是该国法律对见义勇为行为的鼓励，由此可见，一个制度总是反映了多种社会系统和法律机制，因此凝结在一个规定之上的国情是十分复杂的，盲目模仿反而有碍本国社会发展。

立法转化的最终目标并非单纯的借鉴之举，而是应该注重如何使借鉴所得适应中国社会。培根说，倘无迫切必需，则不当立法；即便立法，亦当虑及现实的法律权威。立法转化必然涉及法律的制定、修改或废除，而

① 佘云霞、王祎：《国际劳工标准》，北京中国劳动社会保障出版社，2007，第119页。

② Danny Pieters. *Social security: An Introduction To The Basic Principles* (The Netherlands: Kluwer Law International), 2006.

修改法律将面临对法律稳定性的挑战。因此，应当审慎把握节奏，逐步完成与国际接轨的目标。首先，审慎认真地继受可得适用于现有法律权威中的一切；其次，凡此应续予保留，并时常查考。只有在文明和知识已然超越前代的时候，才可操持此业。① 因此，我们需客观看待国际劳工标准，既要择其善而从之，也要择其“适”而从之，我国立法与国际劳工标准间的差异之中，并非全属落后之处，因此，需细细分辨条款先进性。以美国为例，如前所述，其批准的国际劳工公约数比中国更低，因为美国认为本土的劳动法律比国际劳工标准更为先进和符合本国需求，没有必要批准并遵守。美国的观点反映了其对国际劳工标准的态度，即国际劳工标准对各成员国立法起到榜样作用，对于相对本国法反而更落后的国际劳工标准，则失去榜样作用，不必批准。根据英国敕令书 1968 年 9 月第 3765 号内容，英国不批准《1952 年社会保障（最低标准）公约》（第 102 号）的理由是，尽管当时英国制度与受益人相关的条款已经以公约规定方式满足了公约的要求，但是公约在英国政府看来存在部分不清楚且过于刻板的内容，因此没有批准它。② 国际劳工标准一方面被指责灵活性过低，对于经济强国而言，并不愿意受到国际劳工公约的约束和国际劳工组织对本国立法的过多干预，认为本国现有法律更适宜本国国情或高于国际标准。而对于经济弱国而言，由于公约标准相对偏高，是以发达国家的水平和需要为基础制定的，因此在批准和实施公约方面必然出现困难。有的公约被认为由于规定得太过具体缺乏弹性，无法适用社会的新发展和不同国家的各种要求，太多的技术细节和管理细节降低了它的普适性。③

诚然，于我国而言，批准国际劳工公约的目的不仅是以其为榜样，还包括参与国际事务等目的。但批准之后的本土化则是为了习得更先进法律，因此，如美国般务实地选择适当的公约进行借鉴，也未尝不可。作为发展中国家，我国不需以做到全球最优为目标，但作为最大的发展中国家与劳动力大国，我国应将劳工标准定位在跻身发展中国家中的佼佼者之

① 〔德〕弗里德里希·卡尔·冯·萨维尼：《论立法与法学的当代使命》，许章润译，中国法制出版社，2001，第 17 页。

② 〔荷〕彭宁斯编《软法与硬法之间：国际社会保障标准对国内法的影响》，王锋译，商务印书馆，2012，第 74 页。

③ 〔荷〕彭宁斯编《软法与硬法之间：国际社会保障标准对国内法的影响》，王锋译，商务印书馆，2012，第 81 页。

列。根据赫伯特·西蒙的管理学的决策原理，由于不可能做到尽善尽美，因此，决策的目的应该是尽量达到各方满意度最高。关于决策的性质，赫伯特·西蒙认为，绝大多数的人类决策是“满意”的而非“最优”的决策。决策者无论是个人还是组织机构，决策的过程都是寻找和选择合乎要求的措施的过程，即，寻找令人满意的措施，而非寻找最优措施，因为达成后者十分困难也未必有必要。毕竟最优化决策需仰赖完全理性，而现实中的个人或组织都只是具有有限理性。① 有选择地批准公约并非意味着公约所倡导的价值不具有普适性，而是公约所倡导的各类价值有位阶之分，公约也允许同一价值根据各国的实施能力有遵守程度之分，成员国的目标应当是尽本国之力，达到与实力匹配的劳工标准即可。

国际劳工组织已通过 188 项国际劳工公约和 203 项建议书。如此庞大的体量给成员国提供了广泛的选择，而“选择性”即意味着，对不同成员国而言，可按照本国国情选择适合本国的公约批准和参考，而不必照单全收。是否批准一个公约的关键在于：认为本国有实力履行公约义务。而是否参考公约的关键则在于以上提及的三点：提高核心劳工标准是为了遵守国际劳工组织成员国义务；优先发展无关国际贸易中比较优势之劳工标准则是为了提高劳工标准的同时无损本国经济利益；而参考马斯洛需求层次则是为了符合本国社会之需求，尤其是国民的需求，这一点在民主国家尤其重要。毕竟国民需求事关领导者的选票与声誉。公约可为本国提高劳工标准带来极大参考价值，解决燃眉之急。具体的论述将在本章第二节展开。

（二）积极批准和转化符合本国国情的公约

本土化过程是将国际公约与本国法律融合的过程。对于发展中国家而言，由于实施能力的相对弱势，无法一蹴而就地全面达成国际标准，但是，作为国际劳工组织成员国，发展中国家有义务通过一系列措施表达实施意愿。最佳的本土化模式应当是，根据本国所处发展阶段，寻找与之匹配的劳工标准类型和劳工公约进行分析，确定本国相关立法与此类标准的差距，积极缩小差距后进行批准。而对于已经批准之公约，同样应当采取

① 〔美〕赫伯特·A. 西蒙：《管理决策新科学》，李柱流等译，中国社会科学出版社，1982。

措施积极缩小其差距。具体而言，首先需判定公约或公约条款是否适合我国国情，该判断需要建立在一系列数据统计之上，如根据我国劳动者所处的需求层次。所谓积极转化即不因一时不适而放弃，而应积极创造条件后，再转化，保证本国立法的先进性。当立法所依据的经济状况改变时，就需要及时改变法律。寻找发展中国家本土化的模式，既能为其他发展中国家树立榜样作用，又能拥有调整国际劳工公约的话语权。

二　按照需求层次分类和选择国际劳工标准

（一）需求层次分级

亚伯拉罕·马斯洛对心理需求层次的分类揭示了人类的心理需求存在等级之分，换言之，对于基本的需求，即刚性需求，应当刻不容缓加以满足，而对于高层次的需求，则可以延缓。

借鉴马斯洛的人类需求层次理论，将为国际劳工标准的需求层次分类构建理论基础。马斯洛认为，越是低等需求的匮乏，将导致越疯狂的抵御和应激反应。[①] 这意味着，为了社会稳定，人们越基本的需求越应当优先满足。

根据 2002 年中国城市居民社会观念调查报告[②]可知，不同职业阶层的劳动者对社会保障政策的诉求不同。因此，政策的制定需要同时考虑大多数人的需求和不同职业阶层劳动者之间冲突的协调。该调查将劳动者的职业阶层分为：失业下岗救济人员阶层、体力工人阶层、半技术工人阶层、技术工人及自雇人员阶层、政府普通公务员及企业普通管理人员阶层、政府中下官员及中小业主阶层、政府高级官员及大业主阶层。该职业阶层的分类参考了英国当代社会学家高的索普社会阶层分类体系并结合中国社会结构变化的实际情况进行的客观分层，[③] 被调查的社会保障需求包括养老

① 〔美〕亚伯拉罕·马斯洛：《动机与人格：第 3 版》，许金声等译，中国人民大学出版社，2007，第 72 页。

② 李培林等：《社会冲突与阶级意识：当代中国社会矛盾问题研究》，社会科学文献出版社，2005，第 99～101 页。

③ 具体各层包含职业类型可参考：李培林等《社会冲突与阶级意识：当代中国社会矛盾问题研究》，社会科学文献出版社，2005，第 54 页。

保障工作、医疗保障工作、失业保障工作和贫困救济工作（见表1）。

表1　不同职业阶层对政策诉求的冲突

客观阶层	养老保险工作		医疗保障工作		失业保障工作		贫困救济工作	
	不加强		加　强		不加强		加　强	
失业下岗救济人员阶层	446 55.1%	364 44.9%	425 52.5%	385 47.5%	344 42.5%	466 57.5%	643 79.4%	167 20.6%
体力工人阶层	221 54.3%	186 45.7%	196 48.2%	211 51.8%	218 53.6%	189 46.4%	304 74.7%	103 25.3%
半技术工人阶层	837 52.1%	768 47.9%	723 45.0%	882 55.0%	818 51.0%	787 49.0%	1246 77.6%	359 22.4%
技术工人及自雇人员阶层	803 55.5%	644 44.5%	656 45.3%	791 54.7%	776 53.6%	671 46.4%	1121 77.5%	326 22.5%
政府普通公务员及企业普通管理人员阶层	1486 51.1%	1423 48.9%	1239 42.6%	1670 57.4%	1735 59.6%	1174 40.4%	2273 78.1%	636 21.9%
政府中下官员及中小业主阶层	610 49.0%	635 51.0%	516 41.4%	729 58.6%	800 64.3%	445 35.7%	981 78.8%	264 21.2%
政府高级官员及大业主阶层	45 46.4%	52 53.6%	44 45.4%	53 54.6%	62 63.9%	35 36.1%	78 80.4%	19 19.6%
总　计	4448 52.2%	4072 47.8%	3799 44.6%	4721 55.4%	4753 55.8%	3767 44.2%	6646 78.0%	1874 22.0%
X2	17.56***		32.62***		133.26***		5.234*	

注：1. “＊＊＊”，$p<0.001$；“＊＊”，$p<0.01$；“＊”，$p<0.05$

2. 在每个单元格中，上面为频次数，下面为百分比。

资料来源：李培林：《社会冲突与阶级意识：当代中国社会矛盾问题研究》，社会科学文献出版社，2005年5月。

根据该表格可以发现，不同阶层的劳动者对社会保障政策的需求差异较大。如对“养老保障工作”和“医疗保障工作”是否需要加强的问题中，除“技术人员及自雇人员阶层”的数据外，基本上可得出职业阶层越高的劳动者对该保障需求越大的结论。调查者认为，“技术人员及自雇人员阶层”之所以出现例外是因为失业下岗而自谋出路的劳动者也被划分在这一阶层中。实际上，该类人群职业阶层的实际地位和收入或许要低于“体力工人阶层”。[①] 而在“失业保障工作”和“贫困救济工作”的需求中，各个阶层之间的百分比变化趋势则恰巧相反。

根据马斯洛的需求层次动力学理论，[②] 人类只有在基本层面需求得到满足后才出现更高级的新的需求。当基本需要不再匮乏，人们就从基本生理属性需要的控制下得以解放，从而追求更加有社会属性的目标，同时，对追求生理属性目标的动力就减弱了。换言之，已得到满足的需求就不再是需求，基本需求得以满足之人会认为高级需求有更大价值。某种层次的需求一直得到满足之人也最能忍受将来出现的这种需求的匮乏，而一直被剥夺获得某种需求满足之人的反应则有所不同。前述不同阶层劳动者对社会保障政策需求的差异性恰好反映了马斯洛的理论。职业阶层越高的人们通常收入较高，拥有一技之长也更少受到失业的威胁，即使面临失业，也更能忍受这种危机而不急需失业救济。因此该类人群对于“失业保障工作”和“贫困救济工作”的需求并不恐慌，而是更加关心高级的“养老保障工作”和“医疗保障工作”。

（二）国际劳工标准的需求层次分类

第一级是生理需求。温饱问题主宰了人的基本行为。人们劳动的目的之一是为了用自身劳动力换得可以维持温饱的资源，因此，在福利条件较好的北欧国家，就业率偏低的原因正是当地居民不愁温饱，大多数人不需为了谋生而劳动。此时，劳动的谋生意义降低，自我实现意义提高。而在非福利国家的居民，则依旧需要通过付出劳动力以求谋生，或急需国家给

① 李培林等：《社会冲突与阶级意识：当代中国社会矛盾问题研究》，社会科学文献出版社，2005，第 96 页。

② A. H. Maslow, “A Theory of Human Motivation”, Originally Published in *Psychological Review*, 50, 370 - 396, 2000.

予基本的社会保障待遇来维持温饱。因此，更多的就业机会和覆盖面更广、待遇更佳的基本社会保障将是第一级的需求。国际劳工标准中，属于生理需求层次的包括最低工资和失业保障、社会基本保障类标准。确定最低工资保障了劳动人口的基本谋生需求，让其通过劳动可获得基本温饱，维持生存。而确定社会保障的最低标准和失业保障则是为了让非劳动人口也有维持生存的最低条件。因此，该二类国际劳工标准属于生理需求层次。挣扎于贫困线上的人口更迫切地需要此二类标准的保护。最低工资类包括《1970 年确定最低工资公约》（第 131 号），失业保障、社会基本保障标准类如《1952 年社会保障（最低标准）公约》（第 102 号）、《1988 年促进就业和失业保护公约》（第 168 号）。

第二级是安全需求。马斯洛的理论也解释了劳动者甘于忍受强迫劳动或卖淫等恶劣劳动也不愿接受救助的心理。马斯洛认为在法律、秩序和社会权威面临了真实威胁的社会环境中，由于安全需求变得十分急迫，导致大部分人出现需求退化的现象，从尊严等高级需求向更加急迫的安全需求退化，这种现象最常发生在生存在安全线附近的人身上，他们更容易接受独裁或军事统治。[①] 若过低的社会救助福利无法满足整个家庭的谋生需求，家长或许不得不通过贩卖子女或自身的劳动力接受强迫劳动或无尊严的劳动。[②] 显然，在这类社会中，提高社会保障标准的需求比禁止童工来得更加急迫。国际劳工标准中，属于安全需求层次的包括：第一，最低年龄类。该分类只针对有害生命健康的职业，而不包括有害道德的职业。如《1948 年（工业）未成年人夜间工作公约（修订）》（第 90 号）、《1965 年未成年人（井下作业）体格检查公约》（第 123 号）。有害道德的职业类型则属于第四级自尊需求类。儿童由于智力和体力上相对成年人的弱势，更容易受到安全方面的侵害。而未成年人保护是人类社会文明发展到一定历史阶段的内在需要，[③] 它关系到国家未来劳动人口的质量，因此通过限制就业年龄和更严格体检的方式保护其安全。第二，劳动条件和职业安全卫

① 〔美〕亚伯拉罕·马斯洛：《动机与人格：第 3 版》，许金声等译，中国人民大学出版社，2007，第 26 页。

② Henni Hensen, *Compliance with Core Labor Standards* (Saarbrücken: VDM Verlag Dr. Müller GmbH & Co. KG, 2011).

③ 李双元：《儿童权利的国际法律保护》，人民法院出版社，2004，第 4 页。

生类。此类的公约有：《1981 年职业安全和卫生公约》（第 155 号）、《1974 年职业癌公约》（第 139 号）、《1988 年建筑业安全和卫生公约》（第 167 号）等。劳动场所的安全关系到职工的安全需求，达到最基本的安全条件仍属于人类生物属性的要求。因此有必要为劳动者提供最基本的安全保障。第三，医疗、工伤与职业病、养老社会保障类。包括《1969 年医疗和疾病津贴公约》（第 130 号）、《1967 年残疾、老年和遗属津贴公约》（第 128 号）、《1964 年工伤事故和职业病津贴公约》（第 121 号）。医疗、工伤与职业病类社会保障比生理需求为了谋生目的相比更高一层，它的需求通常与劳动场所的安全性相关，因此属于安全需求层次。而不符合养老社会保障资格的劳动者也可由更低端的最低生活保障津贴或家庭内隔代扶养的方式提供救济，因此养老社会保障的迫切程度也属于第二等级。第四，工时休假类。如《1990 年夜间工作公约》（第 171 号）。保障劳动者身体机能所需要的休息权同样是对健康安全的保障。（5）强迫劳动类。如《1930 年强迫劳动公约》（第 29 号）。强迫劳动表面上似乎与择业自由有关，但实践中却与超过一般劳动强度的奴隶劳动相关，伴随监禁和故意伤害的体罚的行为。例如山西临汾洪洞县的"黑砖窑"案中，窑主拐骗劳工就职，日常采取监禁方式看管劳工，当劳工不积极工作或逃跑就施以暴力，甚至致残致死。为追求生产效率在砖块未降温时逼迫劳工搬砖导致多人不同程度烧伤。① 显然这些行为都有害劳动者的身体健康，这也是它被纳入核心劳工标准的原因之一。总之，与保障劳动者生命权、健康权有关的公约都属于此类。生活在安全线附近的人口更重视符合安全需求层次的劳工公约。

第三级是自尊需求。人们有获得自尊自重和来自他人尊重的欲望。这种需要含有两类，一类是对实力、成就、胜任、自信、独立和自由的愿望；另一类是对地位、声望、荣誉、公认、支配的欲望，这是来自他人的肯定。在劳动领域即意味着劳动者希望自己的技能受到肯定，希望用人单位以技能作为评价标准。劳动者希望可以不受技能之外因素干扰，即不受歧视地获得公平的就业权，它需要由反就业歧视等政策加以保障。马斯洛

① 《山西洪洞黑煤窑事件：包工头和打手相互推卸责任》，网易新闻：http：//news.163.com/07/0618/15/3H9F7B20000120GU.html，访问日期：2014 年 8 月 13 日。

将人类需求中的归属与爱的需求排在自尊需求之前。但是，在劳动领域，劳动者应当更需要雇主给予尊重胜过给予爱，更何况，雇主与劳动者的劳动关系中，也没有提供爱与归属感的义务，归属与爱的需求相对于自尊需求而言，在劳动领域中的必要性排序应当靠后。国际劳工标准中，该层次需求的包括：第一，公平就业类。如追求男女平等的《1951 年同酬公约》（第 100 号）、追求全面反歧视的《1958 年（就业和职业）歧视公约》（第 111 号）。此外，打破城乡界限、打破外地人与本地人界限、保护土著和部落居民、生育保护、反对歧视有家庭责任的劳动者等劳动政策都属于该分类，“获得一视同仁的待遇”是自尊需求的核心。将获得就业机会划分为自尊需求层次而非生理需求层次主要考虑的是，此处获得就业不是从提高全社会就业率角度而设立的公约，而是从不受歧视角度考虑。同工同酬作为基本劳工标准之一，却排位为高级标准的理由是，无法获得同工同酬待遇的劳动者若面临失业则将得到基本社会救助或依靠促进就业的劳动政策发挥作用，不至于威胁谋生需求。在未能满足谋生需求、安全需求和渴望融入社会的归属需求时，公平与尊严的需求并不那么迫切。第二，有损道德工作的最低年龄类。如《1973 年最低年龄公约》（第 138 号）第 3 条中提及的工作环境或性质可能有害道德的职业或工作类别，其最低年龄不得低于 18 岁。该条还同时囊括了“有害健康和安全”的工作，但这属于安全需求层次的类型。将有害道德的工作剥离出的原因在于，道德与自尊需求有关，与安全需求关系不大。虽然该公约将健康安全和道德并列，但实际上二者地位并不同。需求层次越高，在极端环境中人们越能放弃，它解释了为何在失业救济和最低生活保障不健全的社会中，如果要求禁止童工来提高劳工标准，反而导致儿童卖淫现象加剧。[①] 相比失去谋生这种基本需求，道德和尊严就显得不那么重要了。因此，在社会基本保障不足以确保失业人员基本生活水准，不能满足劳动人口第一级的生理需求时，就不该采用适合更高需求层次的劳工标准，本末倒置只会导致扭曲的社会现象。第三，保障人格权类。如《1997 年私营就业机构公约》（第 181 号）第 6 条规定：“私营就业机构处理工人个人资料，须以保护这些资料和根据国家法律和惯例保证尊重工人隐私的方式加以处理”。《2003 年海员身份

① Jagdish N. Bhagwati, *Free Trade Today* (Princeton: Princeton University Press), 2002.

证件公约（修订本）》（第 185 号）第 4 条（a）规定："记录中所含的信息须仅限于那些为核验海员身份证件或海员状况所必须、符合海员隐私权并符合所有可适用的数据保护要求的细节"。以上对劳工隐私权的保护就属于对个人尊严需求的满足。此外，防治职场性骚扰的措施也属于此类。

第四级是归属与爱的需求。当生理需求和安全需求被满足后，人们会开始渴望归属和爱，渴望在团体和家庭中获得一席之位。当代社会，随着传统社群瓦解、工业化和社会流动的增强、家庭活动被分散、代沟以及持续的城市化让人们孤独感更强，劳动者趋强的流动性不仅没有摧毁人们的社区情感，反而导致人们对归属感的急迫需求，社团和组织为人们提供了精神家园。[①] 因此，马斯洛认为，人们对结群、加入集体、有所归属的本能也需要得到满足。归属需求在劳动领域的体现即是结社自由问题，参与结社让人们获得加入政治和经济生活的机会。[②]该层次需求在国际劳工标准中表现在以下几个类型中：第一，结社自由类。如《1948 年结社自由和保护组织权利公约》（第 87 号）、《1975 年农村工人组织公约》（第 141 号）。虽然结社自由被视为保障各类劳工权利的手段而纳入基本劳工权利范畴，但历史地来看，弱势群体抱团互助和人性结群本能却是结社自由的根本原因。因此，保障结社自由权利除了其手段作用外，也是目的，其给予劳工归属感的作用不可忽视，结社自由满足了劳工的归属需求。第二，劳动场所中设置娱乐设施类。如《2006 年海事劳工公约》（第 186 号）"规则与守则"部分的规则 3. 1 中第 1 条规定："各成员国应确保悬挂其旗帜的船舶向工作和（或）生活在船上的海员提供并保持与促进海员的健康和福利一致的体面起居舱室和娱乐设施"。对工作场所设置娱乐休闲设施的要求则体现了人文关怀，它让特殊工作场所中的休息权得以真正实现。否则只规定休息时间却无处可去，实际上无法达到放松休息的目的。这种周全的考虑所反映的人文关怀实际上属于人类感情中的广义的爱。第三，外来劳工社会保障待遇类。如追求外国工人国民待遇的《1975 年移民工人公约》（第 143 号）。该公约让外国或外地劳工获得公平就业权是为了保障其不受歧视，属于第四级自尊需求类。但是，该公约提及的社会保障待遇却可以

---

① John Dowey, *The Public and Its Problems*, Athens (Ohio: Swallow Press), 1985.

② Lester. M. Salamon, *America's Nonprofit Sector: A Primer*, (New York: The Foundation Center), 1999.

让外国或外地劳工即使不是劳动者时也能享受当地人待遇，让其有归属感。在实践中，给予异地就业的劳工探亲假的做法也是为了满足其归属需求。

第五级是自我实现需求。即认为正在从事的事情是自己所适合的，忠实于自己的本性，为自己的工作和生活赋予意义。在劳动领域体现为需要进一步的职业培训需求，它是希望获得进一步发展机会和提升自我的需求。在国际劳工标准中体现在以下两个方面：第一，职业培训类。如《1975 年人力资源开发公约》（第 142 号）、《1974 年带薪脱产学习公约》（第 140 号）。正如第 140 号公约第 3 条所言，此公约的目的是帮助工人适应当代要求，利于工人自身、社会和文化的发展。换言之，该类公约致力于为劳工提供自我实现的途径和环境。第二，残疾人康复就业类。如《1983 年（残疾人）职业康复和就业公约》（第 159 号）。此类公约目标有二，一是平等，二是充分参与。其平等目标属于自尊需求层次，而充分参与就是自我实现层次。该公约致力于让残疾人获得融入社会的途径，并提供机会提升前景。

三　按照需求层次实施国际劳工标准的方式

（一）参考多数人所处需求层次实施国际劳工标准

按照国家所处发展阶段和人们主流需求层次，可以预测一国劳动人口对哪些类别的劳工标准有更迫切的需求，选择优先实施的劳工标准。多数人的需求代表了该国社会的发达程度。比如，多数人争取政治权利的国家显然比多数人关注基本谋生机会的国家更加发达，因为国民的主流需求层次更高级必然意味着国家富裕、社会稳定、人们的基本需求已得到满足，这些指标同时也是一国发达与否的标准。职业分层和社会分层都可为此提供参考，占多数的职业阶层人群或社会阶层人群的需求都应当成为主要参考对象。若一国以农业人口为主，或以中下级社会阶层为主，那么显然，值得优先考虑的就应当是温饱和安全需求，而非自尊和自我实现的需求。

（二）按需求层次逐级实施

分需求层次实施并不是指以既有的阶级结构或社会地位、职业地位为基础设计劳动政策方案，方案的设计仍应当坚持以公民身份为出发点全面推进某种福利或就业政策。分需求层次的目的是决定优先推行哪一类别的劳工标准以缓解社会矛盾，而非优先满足哪一阶层的需求。公共服务要有效率地供给公共产品以弥补市场追求效率公平的损失时，可采取罗尔斯“最大最小”原则（在分配的公平上对弱势群体最为有利），追求社会福利的最大化。所以在一国经济没有发达到足够为每一个公民提供足额的公共物品以满足其需求时，政府应该先在满足人基本需求的公共服务上实现均等化，当这个较低层次的需要得到满足之后，再在更高层次的公共服务上实现均等化。[①] 因此，各国可以按照以上需求层次顺序来选择劳工标准的实施。在具体操作中，实施的步骤并非等较低层次的需求百分百完成后才开始实施下一个层次。根据马斯洛对需求满足程度的解说，低级需要满足10%时，对下一级需要的渴望可能还杳无踪影。但当低级需要满足25%时，对下一级需要的渴望就显露出5%。对新需要的渴望不是突然和跳跃的，而是缓慢和逐渐地从无到有。[②] 因此，各国实施劳工标准时虽不宜颠倒等级，但也应当考虑在实施较低级别标准到一定程度时即可开始实施下一级别标准。

社会全体成员的需求倾向是一个非常复杂的问题，值得考量的标准也十分多元难以穷尽，仅举例若干重要指标，但不以列举指标为限。

1. 衡量生理需求是否满足的标准。包括：就业率、衡量贫富差距的基尼系数、收入水平和贫困人口比例以及底限式社会保障措施（社会救助类）的覆盖率等。

2. 衡量安全需求是否满足的标准。包括：非底限式社会保障措施（社会保险、社会福利等）的覆盖率、安全生产事故发生率等。

3. 衡量自尊需求是否满足的标准。包括：歧视现象的普遍性程度、职场性骚扰或侵犯隐私权案件的发生率以及此类案件判决的司法便捷性、被害者胜诉率等。

4. 衡量爱与归属需求是否满足的标准。包括：集体合同签订率、民主组织数量、罢工事件数量等。

---

① 龚金保：《需求层次理论与公共服务均等化的实现顺序》，《财政研究》2007年第10期。

② 〔美〕亚伯拉罕·马斯洛：《动机与人格：第3版》，许金声等译，中国人民大学出版社，2007，第29页。

5. 衡量自我实现需求是否满足的标准。包括：对带薪脱产学习的财政支持状况、职业培训机构的数量与质量等。

以上指标各有其各自标准，达标时即满足该级需求层次之时。如衡量贫富差距的基尼系数的国际标准是以 0.4 以下界定为合理范畴，当超过 0.4 时则意味着贫富差距较大，若同时贫困人口占比较高，则意味着该国多数人口的基本生理需求层次还无法达标。因此应该加大力度解决贫困问题，在劳工标准领域则首先适合采用增加就业机会和提高社会救助待遇或覆盖面的措施。综上所述，不同需求层次可根据不同指标类型来确定是否得以满足，若无法满足，则根据该层次对应的劳工标准类型优先实施。

（三）公约分需求层次实施方法的补充说明

国际劳工公约类别众多，除了以上分类外，有部分国际劳工公约不是针对某一特定需求层次而制定的，而是为了保障其他公约更有效地实施的。如劳动监察、劳动管理、三方协商类的公约，此类公约将不被作为分类对象，它们只是手段而非目的。

此外，同一个公约中也可能包含各个需求层次的类型，如针对特殊人群或特定职业部门的公约《1989 年土著和部落居民公约》同时规定了保障其生理需求的生存权、保障安全需求的医疗卫生、保障其自我实现的职业培训权利等项目。对公约进行归类的目的并非让各国可以精准地选择某一具体公约，而是为了便于直观对应，上文仅对一些特征明显的国际劳工公约进行举例归类。实际上，成员国对国际劳工标准的实施也并非仅指严格遵守或选择具体的公约，而是对宏观的国际劳工标准进行的实施，按需求层次分类有利于明确对照合本国需求，优先实施和提高本国急需的劳工标准。

在马斯洛的理论中除了提及不同行为可能表达的是同一个目的，也认为同一个行为也可能意味着不同的需求。这也是立法者在考察公民需求时应当考虑的。例如，移民希望获得国民待遇、农民希望获得市民待遇，这种需求首先是出于外来劳工希望获得谋生机会的第一级生理需求，还可能包含希望获得归属感的第三级爱与归属的需求，同时也可能出于希望不被另眼相看的第四级自尊需求，另外也是自我实现需求的表达，如外来劳动者希望获得与本土劳动者平等的发展机会和进步空间。因此，一条劳动政策可能同时满足多重需要。但也有的劳动政策却明确表达了某一级别的需求，我们需要对此加以分类。按照马斯洛的理论，高级需要并不易察觉甚至容易被误解，即大多数人并不能辨清自己的需要，尤其是高级需要。因此，当劳动者的实际表达和依照需求层次所示有所不同时，仍应当以需求层次为主要参考对象，才能更准确地通过立法满足国民的需求，保障社会的稳定。

不同的利益集团都有其追求的目标。此时，最佳的选择就是大多数人都接受的内容。根据《中国公民意识调查数据报告（2008）》，受访人对各种公民权利重要性的认识中，认为生存权第一重要的有 56.2%，认为劳动权第一重要的排位第二，占 15.3%，而认为劳动权第二重要的也占 25.0%。对劳动权的总提及率达到 19.85%，仅次于第一的生存权（26.63%）而位列第二。数据显示了中国人最重视的首先是基本人权的核心内容即生存权，其次就是劳动权。[①] 此外，根据《中国劳动统计年鉴－2012》，在我国的劳动人口中，占比最大的是“农林牧渔水利业生产人员”（占 39.4%），其次是“生产运输设备操作人员及有关人员”（占 23.6%），第三是“商业和服务业人员”（占 19.5%），这三部分人员就是我们常称为的“蓝领”为体力劳动者，而“单位负责人”（占 2.0%）、“专业技术人员”（占 9.9%）、“办事人员和有关人员”（占 5.4%）则是所谓的“白领”，为脑力劳动者。[②] 体力劳动者的收入通常低于脑力劳动者。不同的收入水平将导致对劳动保障的需求不同。按照马斯洛的需求等级理论，当劳动者还在为基本的温饱和谋生发愁时，是无法顾及劳动安全的需求的，更不用说参与企业治理等民主权利的争取。这解释了为何从事低端工作的劳动者愿意接受雇主不替其缴纳社会保障费用，而是折算成现金直接支付给劳动者的做法。低端劳动者更需要可直接到手的工资来满足其基本谋生需求，因此，低端劳动者的身影也常出现在无完善保障措施的危险工作场所，如黑煤窑。换言之，低端劳动者为了温饱，愿意抱以侥幸心理，将生命安全的保障需求降到最低。可见，只有收入达到衣食无忧水准，劳动者

① 沈明明等：《中国公民意识调查数据报告（2008）》，社会科学文献出版社，2009，第 167 页。

② 国家统计局人口和就业统计司、人力资源和社会保障部规划财务司：《中国劳动统计年鉴－2012》，中国统计出版社，2013。

才开始考虑安全保障问题，但这仍属于对人类自然属性的满足。从第三到第五等级，才进入人的社会属性的领域。

一个国家大多数的劳动者属于哪个等级，决定了对劳工标准类型的选用。当大多数都挣扎于温饱与生命安全问题时，推行最低工资、劳动安全等方面的劳工标准将更容易。当大多数劳动者属于中产阶级时，结社自由等方面的需求才得以凸显。一份中国城市居民社会心态的调查报告结论也证明了这一点。该调查要求被调查者对所列八项社会发展目标进行排序，调查结果显示“安定的社会秩序”被排在第一的位置，最后两位的则是“充分的个人自由”和“和谐的人与自然的关系”。而作为西方主流价值观的“个人自由”，至今也没有得到充分的认同，这是因为当社会不安定时，自由更是无法得到保障。[①] 这与马斯洛需求层次理论再一次不谋而合，这份 2000 年所做的调查报告显示了国人的价值观，说明在十几年前，国人的普遍需求层次仍位于安全需求这一等级。

有学者认为在生理需求层次上我国还面临很大的挑战，如按照年收入 625 元以下的绝对贫困标准，我国还有 2600 万贫困人口；按年收入 865 元以下的“低收入人口”标准，我国贫困人口将达到 9000 万；按照联合国每人每天收入或消费不低于 1 个购买力平价美元的国际贫困标准测算，我国贫困人口将达到 1.73 亿。生理需求层次的失调影响了第二个层次即安全需求层次的解决难度。如资料显示，我国有 48.9% 的城镇居民和 79.1% 的农村居民还没有任何的社会保障，每年城镇需要就业的劳动力达到 2400 万人，即使我国每年的经济增长速度保持在 8% ~9%，根据现在的经济增长就业弹性系数，每年也仅能解决 900 万左右的人口就业，年度就业缺口高达 1400 万，再加上 2001 ~2010 年的 10 年间，我国农村人口向城镇转移的总规模估计将达到 1.6 亿 ~1.8 亿人，劳动力供大于求的矛盾将十分突出。[②]

和谐稳定的社会应当从解决人们最基本层次的需求开始，由于贫富差距大，我国已有部分人群解决了第一、第二层次的基本要求，开始追求更高层次的需求满足，少部分人以及在追求更高层次的需求。显然，处于低层次的人群追求的是公平，获得一个向上的机会才是其最核心的需求。因

① 郑杭生等：《当代中国城市社会结构：现状与趋势》，中国人民大学出版社，2004，第 121 页。

② 卢雪、李瑾：《“需求层次理论”与和谐社会的构建》，《消费导刊》，2009 年第 4 期。

此应当向此类人群提供公平就业的机会和待遇。而对于相对高层次人群，追求的则是自由。利于劳动力流动的政策显然符合此类人群需求。因此，我们一方面先解决消除贫困和失业问题，随后逐级向上，依次满足。另一方面也要照顾高层次人群的需求，采用不同措施，切忌“一刀切”。

可以确定我国目前应当以生理需求层次和安全需求层次的劳动权类型作为提高劳动标准的重点措施，其中再选择无关比较优势的劳动权类型优先。虽然许多学者和机构都通过研究得出比较优势与国际劳工标准之间不存在此消彼长的关系，或认为就算有影响也不应总牺牲劳工利益。但争议难以因此平息，为了防止因争议未有结论而迟迟不提高劳工标准，可先选择提高与比较优势无关的劳工标准。在生理需求层次和安全需求层次中，与比较优势有关的劳工标准为工时和工资类，无关比较优势的劳动权类型则包括：强迫劳动、童工劳动、劳动安全与健康、基本社会保障。同时应当配合必要的手段性措施来达成提高此类劳工标准的目的，如劳动法领域之外的反腐败措施等。除了当前的重点之外，从承担履约义务而言，还需根据专家委员会评论，改善被认为不达标的立法现状，具体改善之处可比对前文对立法状况之考察和检讨。因此，我国的履约策略应当是一方面改良已批准公约不达标之处，另一方面提高未批准但符合我国需求的劳工标准。需要再次强调的是，避开工资与工时标准的策略只是权宜之计，发达国家经验显示，刘易斯拐点到来后，工资从纯粹由劳动力供求关系决定，转变为由劳动力市场供求机制和劳动力市场制度共同决定，该机制能改善劳资矛盾，缩小收入差距，提高社会和谐水平。提高工资虽不作为硬性规定，但仍旧应当立法促进劳动者工资合理提高，对于其他劳工标准，同样应当保持此种信念，即逐步提高，即使不以西方国家标准为目标，也应当至少与我国经济能力相匹配。

（四）中国所处的马斯洛需求层次

中国目前批准公约集中于安全需求层次，包括 5 个最低年龄类公约、[①]

① 分别为《1920 年最低年龄（海上）公约》（第 7 号）、《1921 年最低年龄（扒炭工及司炉工）公约》（第 15 号）、《1937 年最低年龄（工业）公约（修订）》（第 59 号）、《1973 年最低年龄公约》（第 138 号）——前述公约都被 138 号公约修订。以及《1999 年最恶劣形式的童工劳动公约》（第 182 号）。

1个工时类公约、[①] 6个职业安全卫生类公约。[②] 其次是关注自尊需求层次的3个平等待遇类公约,[③] 以及最基本的生理需求层次，其中包括1个促进就业类公约[④]。总体而言，国际劳工组织对中国履行劳工公约满意度最高的应当为职业安全卫生类公约，专家委员会对16号、32、号45号、155号、170号公约在立法上的表现并无不满，仅是对167号公约未将自雇职业者作为受保护对象，提出应当对其提供保护。我国没有批准生理需求层次的失业保障、基本保障和最低工资类公约。但是，从我国国民的态度来看，却对此类立法表达了需要。根据《中国公民意识调查数据报告(2008)》显示，人们认为当今社会存在问题最多的是贫困问题，其次是就业问题。社会保障和医疗服务问题分列第五和第六。而认为国家安全和国防方面存在问题的受访者最少。[⑤] 根据全国总工会2009年的调查显示，75.2%的职工认为当前社会收入分配不公，61%的职工认为“普通劳动者收入过低”是当前社会收入分配最大的不公平。[⑥] 中国可考虑参考或批准《1952年社会保障（最低标准）公约》（第102号）或同类公约。同时，应当进一步完善我国的社会保障立法。虽然从国民心理需求角度判断，我国处于生理需求型。然而，从我国政府批准的公约类型和国际劳工组织对我国立法实施公约的满意度判断，我国似乎处于安全需求层次。但对于此类立法的实施效果，专家委员会屡次要求中国政府应提交更为详尽的报告，因此，该类立法的实施效果依旧难以获知。换言之，我国倾向批准的国际劳工标准和国民对我国劳工立法的需求存在差异。但我国政府目前也逐渐开始意识到社会保障的重要性。中国共产党第十八次全国代表大会的报告中曾提到关注民生问题，主要任务是：“努力办好人民满意的教育，

① 《1921年每周休息（工业）公约》（第14号）。

② 《1921年未成年人（海上）的体格检查公约》（第16号）、《1932年船舶装卸工人伤害防护公约》（第32号）、《1935年井下劳动（妇女）公约》（第45号）、《1981年关于职业安全和健康的公约》（第155号）、《1988年建筑业安全卫生公约》（第167号）、《1990年化学品公约》（第170号）。

③ 《1925年同等待遇（事故赔偿）公约》（第19号）、《1951年同酬公约》（第100号）、《1958年消除就业和职业歧视公约》（第111号）。

④ 《1964年就业政策公约》（第122号）、《1978年劳动行政管理公约》（第150号）。

⑤ 沈明明等：《中国公民意识调查数据报告（2008）》，社会科学文献出版社，2009，第86页。

⑥ 中华全国总工会职工收入分配专题调研组：《企业职工收入分配存在五大突出问题》，《改革内参》2010年第10期。

推动实现更高质量的就业，千方百计增加居民收入，统筹推进城乡社会保障体系建设，提高人民健康水平，加强和创新社会管理”。① 该目标对就业、收入和社会保障的关注与国民的需求相符。

China's Hierarchy of Needs and the Choice of Legislative Compliance with International Labor Standards

Wang Youyi

Abstract: Legislative compliance with international labor standards should accord to the principle of both localization and internationalization, so that we need to choose some of international labor standards to comply and hierarchy of needs is one of important reference. Workers in different countries and at different levels have different idea about the needs of labor policies and those needs can be classified according to the theory of Maslow' s hierarchy of needs. Consequently, most of international labor conventions can be classified to five types according to hierarchy of needs and states can choose appropriate conventions according to the national condition of labor, which can improve the efficiency of international labor convention. In practice, states can choose the labor standards which meet the most workers' needs at first and compliance the conventions step by step. The implement of labor standard should accord to the related index of domestic situation.

Key words: International Labor Standards; Legislative Compliance; Hierarchy of Needs

① 胡锦涛：《在改善民生和创新管理中加强社会建设》，人民网：http://cpc.people.com.cn/18/n/2012/1108/c350821-19526275.html，访问时间：2014 年 11 月 30 日。

社会保障法研究

《工伤保险条例》实施效果之调查研究*

蒋　月**

摘　要：统计3309份有效调查问卷的结果显示，超过10%的受访劳动者未与其所在单位签订劳动合同；超过16%的受访劳动者认为单位未为其缴纳工伤保险；发生工伤事件后，仅有一半用人单位申请工伤认定；工伤程序烦琐，劳动者获得工伤赔偿所需时间平均长达2.02年；超过17%的受访劳动者明确表示不满意该条例实施的效果。因此，政府、工会都应检查、督促所有用人单位及时与劳动者签订劳动合同，履行工伤保险参保义务。对怠于履行义务的用人单位和监管人员都应当追究相应责任。应当简化工伤认定和索赔程序，节约成本，使不幸遭受工伤的劳动者尽快获得赔付，以免流血又流泪。有必要在立法上完善先行支付，保障劳动者及时获得一定的工伤补偿待遇，满足医疗、生活之基本需求。

关键词：工伤　保险条例　实施效果　存在问题　解决对策

一　调查概况

（一）调查过程说明

自2003年4月27日《工伤保险条例》（2010年12月20日第一次修正）颁布实施以来，已适用近十年。该法案在保障因工作遭受事故伤害或

* 本文是笔者主持的国家社科基金重点项目“我国现行社会立法实施效果研究——以工伤保险条例和职业病防治法为对象”（批准号：10AZD024）之阶段性成果。感谢所有支持、协助本项目调查实施的用人单位和个人，特别是厦门大学法学院研究生张楠、吴晓东、陈欣、连小平、彭亮万、冯源等同学。

** 蒋月，厦门大学法学院教授、博士生导师，主要学术领域：劳动法与社会保障法、婚姻家庭法。

者患职业病的职工获得医疗救治和经济补偿，促进工伤预防和职业康复，分散用人单位的工伤风险等方面是否发挥了应有作用？企业是否全面履行了相关义务？政府是否依法履行了相应职责？企业、劳动者对该法规实施效果是否满意？若法定享有的权益受到侵犯，劳动者是否能依法维护自身权益？带着这些问题，本课题组自 2011 年 7 月到 2012 年 8 月，从经济发展水平、调查的可执行性等因素考虑，选取福建省（福州、泉州、厦门、漳州）和四川省（彭州、南充）作为调查样本地，[①] 并且以福建省为主要调查地开展了实地调查研究；通过问卷调查、企业座谈会等方式深入包括制造、服装、餐饮、交通运输、照明等行业在内的多家企业（包括国企、中外合资企业、私企等多种性质的企业），了解考察相关情况；在当地的劳动力人才市场通过发放问卷、随机访谈等方式开展调研。同时，课题组检索整理了该领域的相关文献资料，统计分析了福建省厦门市法律援助中心自 2003 ~2010 年的部分工伤案例。[②]

本次调查共收回有效问卷 3309 份（其中四川 1255 份，福建 2054 份）。该问卷设定 37 个问题及其备选答案（部分问题的回答可选择多项），以 1 份问卷中出现 15 道以上的题目未作答（占总题量的 40%）的，被判为无效卷。回收的调查问卷利用 SPSS 会计软件进行数据整理和统计分析。访谈记录 38 份，企业工会座谈会 8 场。

（二）受访者基本概况

统计结果显示，受访者中，男性 1484 人，占 44.85%；女性 1785，占 53.94%；另有 40 名受访者的性别不明，占 1.21%。虽然在制造、交通运输等行业从业的男性比例较高，服装业、照明业的从业者中的女性比例较高，但整体上，受访者男女比例相对平衡。

受访者年龄层主要分布在 18 ~40 岁，占 81.8%（人数为 2669，48 人未作答），且分布较为平均。在回答年龄的问卷中，有 32 人勾选“未满 18

① 2010 年，福建省人均可支配收入为 21781 元，由于所调查的四个地区属于沿海城市，经济相对发达，人均可支配收入会比该数字更高；2010 年，四川省彭州市人均可支配收入为 9975 元，南充市人均可支配收入为 13184 元；该数据分别来源于《2011 年福建省国民经济和社会发展统计公报》《2011 年四川省国民经济和社会发展统计公报》，中国经济网，http：//district. ce. cn/zg/201202/27/t20120227_ 23109765. shtml，访问时间：2013 -08 -12。

② 因资料不齐全，有部分案例无法有效统计。实际有效进行统计分析的案例为 105 件。

岁”，这说明少数企业仍然存在违法使用童工的情况，不过，也不排除是某些特种工艺单位使用未成年的在校生作为实习生。

受访者文化水平呈橄榄型分布，除小学（3.79%）和研究生（3.6%）外，初中、高中/中专、大专、本科四类受教育水平者分布比例都较为平均，合占88.13%，未作答者占4.48%。两省各自的数据也大致相同。

关于受访者所在企业的类型，各种性质用人单位都有一定比例。私企员工1335人，占40.3%，比例最高。随后，依次为中外合资（14.8%）、外商独资（11.9%）、事业单位（11.3%）、国企（8.8%）。另有426人所属企业性质不明，占12.9%。受访者任职企业性质多样，有助于问卷调查结论更接近客观真相。

受访者所在行业中，以制造业占比最高，达到38.1%（人数为1242，48人未答），其余的各个行业都有一定比例分布，但所占比例都不高。这是考虑到制造业发生工伤、职业病的概率较高，调查选样时有意以制造业为主，在发放调查问卷、选择企业座谈会时均以制造业的企业为主，所以来自制造业的问卷比例会比较高。其余各个行业调查问卷发放主要是在各地劳动力市场随机进行，所以样本数也相对较少。

二　统计数据分析和问题披露

（一）用人单位是否与劳动者签订劳动合同

用人单位与劳动者在建立劳动关系时是否有签订书面劳动合同，关系到劳动者的切身利益能否得到充分、及时的保障。统计结果显示，有12.9%的受访者表示没有与企业订立劳动合同。而北京义联劳动法援助中心于2010~2011年完成的调查表明，高达49.4%的受访劳动者没有与用人单位签订劳动合同。[①] 虽然《劳动合同法》第7条规定，“用人单位自

① 该报告是北京义联劳动法援助中心于2010年12月至2011年2月所做的职业病调研的成果，调查总体样本如下（抽样框）：1. 媒体报道的典型案例，如在深圳患尘肺病的79名湖南耒阳、张家界工人；2. 义联劳动法援助中心直接接触的职业病人646人；3. 其他民间组织掌握的职业病案例，涉及在广东、浙江、重庆等地中小型企业务工的共301名职业病案例。在1026名职业病患者中抽样调查，受访者主要分布行业为采矿业、加工制造业、电子业、化工业、建筑业，共完成有效问卷172份。详见http：//www.yilianlabor.cn/yanjiu/2012/964.html，访问时间：2013-09-10。

用工之日起即与劳动者建立劳动关系。……”但是，未签劳动合同的劳动者发生劳动争议时，如果用人单位不承认其为受雇职工的，通常需要提供其他证据来证明其与用人单位存在事实劳动关系。这将给劳动者造成很大困难。据《工伤认定办法》第6条第1款的规定，当事人申请工伤认定应当提供劳动、聘用合同文本复印件或者与用人单位存在劳动关系（包括事实劳动关系）、人事关系的其他证明材料。根据《职业病诊断与鉴定管理办法（修订征求意见稿）》第11条第1款的规定，申请职业病诊断所需材料中就要求申请人提供职业史、既往史。如果劳动者与用人单位没有签订劳动合同，劳动者申请职业病诊断、工伤认定时，将会因为申请材料不齐全而被拒。若劳动者申请仲裁和发动诉讼来确认与用人单位之间存在劳动关系，则又会因仲裁加诉讼的救济程序耗时长，劳动者极可能因得不到及时救助而错过最佳治疗时期，对劳动者造成终生不利的影响。

用人单位不与劳动者签订劳动合同的原因，应是基于经济成本考虑为要。基于劳资关系中的劳弱资强的基本特征，不签劳动合同，通常不会是劳动者要求的结果，也不是劳动者“据理力争”所能改变的结果。《劳动合同法》第14条第3款规定，“用人单位自用工之日起满一年不与劳动者订立书面劳动合同的，视为用人单位与劳动者已订立无固定期限劳动合同。”第82条又规定，“用人单位自用工之日起超过一个月不满一年未与劳动者订立书面劳动合同的，应当向劳动者每月支付二倍的工资”。如此强制之下，拒签劳动合同的违法行为成本较高。那么，用人单位为何还要明知故犯呢？答案只能是，“还有更经济的考虑”，用人单位不签劳动合同，是为不将劳动者纳入职工名册，不履行为他们缴纳社会保险的义务。从这个角度看，罚付两倍工资和固化劳动关系这两种处罚规则并不足以威慑用人单位依法履行与劳动者签订劳动合同的义务。

（二）用人单位是否为劳动者缴纳工伤保险费

用人单位是否为劳动者缴纳工伤保险费，关系到劳动者能否及时获得工伤保险待遇。统计结果显示，有16%的受访者表示单位没有为其缴纳工伤保险费；17.8%的受访者表示“不清楚”。比对两省的数据（福建省：

“没有缴纳”占14.5%，“不清楚”占15.3%；四川省：“没有缴纳”占18.5%，“不清楚”占22.8%），发现福建省的缴纳情况略好于四川省，但差距不大，这说明地区经济水平的差异不是其主要影响因素。与2002年完成的一项调查中的工伤保险缴交率仅为41.7%相比较,[①] 本次调查样本显示的工伤保险缴纳率明显上升了。将企业性质与缴纳工伤保险费情况关联起来分析，得到国企缴纳率为72.63%、私企缴纳率为66.61%，外商独资企业缴纳率为84.08%、中外合资企业缴纳率为85.53%；这说明企业性质对缴纳保险费有一定影响。中外合资企业在遵守相关法律时都比其他性质的企业做得更好，其次是国企，最后是私企。究其原因在于中外合资企业有两套机制同时在规范企业的运作，一个是国内法律机制，一般中外合资企业或者是外商独资企业为了避免因违反法律规定而遭受处罚，都会比较好的遵守法律法规，守法意识也比较强。另外一个是市场竞争机制，中外合资企业一般规模都比较大，在国外都有相应的市场份额，为了获得更多的竞争优势或者是外资方的要求，往往会引入一些更高的国际标准（如SA8000国际认证标准），而且在执行环节也做得较好。在企业座谈中根据企业方的介绍，企业获得认证后并不意味着一劳永逸，外资方或认证方会在不提前打招呼的情况下来到企业直接与一线员工座谈，了解员工的加班、薪资、工作环境等情况，如果企业平时没有按照标准来做，则会因此付出很大的代价，如订单减少、外资方撤资等，继而影响企业的经济效益，从长远利益出发，这些合资企业会更加严格地遵守法律法规。

2008年之后，受到全球金融危机影响，我国的私营企业面临着越来越大的生存压力，用工成本不断加大、外资企业的入驻、出口环境恶化等因素让私营企业的发展越显困难。部分企业为谋得生存，实施违法行为。例如，福建泉州地区某服装加工企业，从业员工约5000人，一线员工的主要工作就是操控机器或对已完成生产的成衣进行包装，生产环境相对安全。该公司仅仅为中层以上管理者缴纳了社会保险，却没有为超过4000名的一线员工缴纳社会保险。据知情者透露，每年仅此一项，就节约支出达2000多万元，而该公司近几年的利润一直徘徊在两三千万元。某高管声称，随

① 石强：《〈工伤保险条例〉在实践中存在的问题及对策研究》，《才智》2009年第17期。

着用工成本逐年加大，对于他们这个利润很薄的企业来说，“不违点法根本没有办法生存下去”。这正是私营企业较之其他性质的企业更加不愿为员工缴纳工伤保险的根本原因。同时，为了让企业能存续，一些地方劳动监察部门对这种违法行为采取睁一只眼闭一只眼的态度，导致劳动者社会保险权益被侵犯却不能被及时纠正。

企业作为经济人，实施企业行为时考虑成本与收益，是很正常的情形，然而，这不能成为拒绝履行法定义务的理由。为员工缴纳工伤保险费是企业的法定义务，为节约成本而拒不缴纳社会保险，无论何种情形下，都是违法行为。当一个企业所从事的是容易发生工伤、职业病的高风险行业，企业为尽量减少成本以及在利益最大化的驱动下就会比较主动地为员工购买工伤保险，这与我们所获得的数据相一致，发生工伤、职业病的风险较高的行业，如制造业的投保率为 82.39%、建筑业为 62.1%。而当企业从事不易发生工伤、职业病的行业时，若违法的成本低于收益，企业可能会偏向选择实施违法行为，不为员工缴纳保险费，如租赁和商业服务业的投保率为 36.36%、金融业为 53.4%。这同时得考虑到企业的性质，才可得出比较合理的结论。

从 2011 年 7 月 1 日起实施的《社会保险法》《社会保险基金先行支付暂行办法》明确规定了先行支付制度，在制度上保障未缴纳工伤保险费的劳动者发生工伤时也可以申请社会保险基金先行支付医疗费用，保障劳动者可以得到及时有效治疗。遗憾的是，由于该制度落实程度低、各地尚未有相应的实施细则等原因，导致先行支付制度的施行效果不理想。①

（三）工伤救助实施情况分析

根据《工伤保险条例》有关规定，职工发生事故伤害或者按照职业病防治法规定被诊断、鉴定为职业病，用人单位有义务为劳动者申请工伤认定，从而获得相应的工伤保险待遇。然而，劳动者想要最终获得相应的工伤保险待遇耗时长，在劳动者未与用人单位签订劳动合同的情形下，更是如此。从劳动者因患职业病而申请工伤的程序设计看，劳动者所花费的时

① 杨藜：《北京义联工伤保险待遇先行支付制度 2011 年—2012 年实施情况调研报告》[OL]，北京义联劳动法援助与研究中心网站，http：//www.yilianlabor.cn/yanjiu/2012/1022.html，访问时间：2013-09-10。

间更长。据统计，正常走完全部法律程序（不包括执行程序）的时长可以达到1149天。① 对于患病劳动者，时间是非常宝贵的，如果没有及时获得赔偿，就无法及时获得救治，错过最佳治疗时期，对劳动者及其家庭造成终生不利影响。

1. **用人单位是否有为劳动者申请工伤认定**

统计结果表明，发生工伤事故时，用人单位积极采取措施及时救治员工的用人单位占47.8%，其他情形占52.2%。发生职业伤害事故之后，是否申请工伤及如何解决的统计结果显示，用人单位申请工伤认定的，仅占25%，竟然有2.6%的企业会辞退受伤劳动者，与劳动者私了的占16.5%，只有2.9%的受访者表示其企业会拒绝垫付医疗费用，其他情形占26%。在420名曾患或患有职业病的受访者中，15.2%的受访者表示用人单位每次都有为其申请工伤认定，34.5%的受访者表示“有的用人单位有申请工伤认定，有的则没有申请”，高达33.1%受访者表示“用人单位没有为其申请工伤认定”，未答者占17.2%（见表1）。

表1　420名曾经患有或者现患有职业病受访者申请工伤认定的经历

	用人单位是否为其申请工伤之做法（%）
每次都申请工伤认定	15.2
有的用人单位有申请工伤认定，有的则没有申请	34.5
用人单位没有申请	33.1
未答	17.2
合　计	100.0

在460名有工伤（急性工伤）经历的受访者中，40.7%的受访者表示“用人单位每次都有为其申请工伤认定”；28.7%的受访者表示“用人单位有的有申请，有的没有申请”；22%的受访者表示“用人单位没有为其申请工伤认定”未答者占8.6%。②

① 北京义联劳动法援助与研究中心义联研究部：《北京义联劳动法援助与研究中心职业病调研报告》［OL］，北京义联劳动法援助与研究中心网站，http：//www.yilianlabor.cn/yanjiu/2012/964.html，访问时间：2013－09－10。

② 本课题组同时调查《职业病防治法》的实施效果，因此，在有些题目设计上对职业病和工伤（急性工伤）做了区分。在这两组题目中，有99名受访者选择有过职业病和工伤经历，因此数据会出现重叠。

表 2　460 名有（急性）工伤经历受访者申请工伤认定的情形

	用人单位有否为其申请工伤之做法（%）
每次都申请工伤认定	40.7
有的用人单位有申请工伤认定，有的则没有申请	28.7
用人单位没有申请	22.0
未答	8.6
合　计	100.0

上述两组数据说明，因患职业病而申请工伤认定的比例远低于发生急性工伤而申请工伤认定的比例，其首要也是最主要原因是职业病作为慢性病，潜伏期较长，劳动者往往在更换用人单位后才发现自己患上职业病，导致举证困难。其次，因患职业病而申请工伤认定前，职业病患者应履行经历职业病诊断、鉴定的前置程序，与急性工伤申请工伤认定相比，申请职业病认定的程序更复杂，这在无形中阻碍了工伤认定的申请。在随机访谈中，一半左右受访者表示，在其或工友遇到工伤时，老板会选择私了，原因包括双方未签订劳动合同、用人单位未为劳动者缴纳工伤保险等，同时部分受访者也表示，通过正常渠道申请工伤认定常常会遭遇诸如耗时过长、行政部门互相推诿、态度恶劣、赔偿金额不合理等情况，而这也在一定程度上逆向使得遭遇工伤的劳动者宁愿选择与用人单位私了。

2. 劳动者获得工伤保险待遇所需时间

在 781 位曾经受工伤或者患职业病的受访者中，① 27.4% 的受访者表示获得工伤保险待遇所需时间为 3 个月以下；25.5% 的受访者表示需要 3～6 个月，9.7% 的受访者表示需要 6 个月至 1 年，4.9% 的受访者表示需要1～3 年，6.0% 的受访者表示需要 3 年以上，20.6% 的受访者表示一直没有获得工伤保险待遇，未答占 5.9%。

表 3　781 位曾受工伤或者患职业病的受访者享有或不享有待遇的情况

	3 个月以内	3～6 个月	6～12 个月	1～3 年	3 年以上	合计(%)
获得工伤保险待遇所需时长（%）	27.4	25.5	9.7	4.9	6.0	73.5
没有获得工伤保险待遇	0	0	0	0	0	20.6

① 该题在设计时，没有区分患职业病与其他工伤的情形。

续表

	3个月以内	3～6个月	6～12个月	1～3年	3年以上	合计(%)
未答	0	0	0	0	0	5.9
总　计	0	0	0	0	0	100

经统计门市法律援助中心的2003～2010年期间代理的105个案件，结果显示平均每个案件所需时间为88天，其中有19个案例经过了仲裁、诉讼程序，这19个案例的平均所需时间为280天。①一方面，厦门市劳动保护环境良好，工伤事故发生率低。另一方面，厦门市的法治水平较高，相关当事人依法履行义务的概率大，扯皮、推诿的情况少，受到工伤事故的劳动者的应有待遇能较快获得落实。根据北京义联对212位未参保劳动者工伤赔付情况调研报告，获得赔偿的工伤劳动者中，仅有26.1%是在受伤之日起1年之内获得赔偿的，33.9%的工伤劳动者在受伤后1～2年获得赔偿，18.3%的工伤劳动者耗费了2～3年的时间索赔，21.7%的工伤劳动者则花费了3年甚者更长的时间，为获赔所花费和等待的平均时间长达2.02年。上述数据表明，当劳动者因为未参加工伤保险而寻求工伤赔付时所需时间成本大大增加，对大部分受伤劳动者而言，能否及时获得赔付将极大地影响他们的身体康复以及家庭生活。以上数据也在一定程度上反映出劳动仲裁程序前置的设计对劳动者能够较及时地获得工伤赔付起到积极作用。在随机访谈中，部分受访者也表示赔付期限太长，手续烦琐。

先行支付制度的实施效果差。依据《社会保险法》第41条规定，“职工所在用人单位未依法缴纳工伤保险费，发生工伤事故的，由用人单位支付工伤保险待遇。用人单位不支付的，从工伤保险基金中先行支付”。对于劳动者获得及时救治而言，先行支付是个福音，发生工伤事故的劳动者除了走诉讼程序获得赔偿外，可以通过先行支付制度及时获得赔付。然而，《北京义联工伤保险待遇先行支付制度2011年～2012年实施情况调研报告》显示，在接受调查的246个城市中，表示可以接受工伤保险待遇先行支付申请的城市仅有28个，占11.38%；明确表示“不可以”申请的城

① 但该数据存在一定局限性，如该样本来自法律援助中心，有可能存在以下情形：法律援助申请人在劳动仲裁阶段申请仲裁，由公益代理人代理；而在诉讼程序中，是自己聘请律师，此时法律援助中心的案件资料将不能体现，故无法统计齐全。因此，可以推定所需时间超过88天。

市则多达190个，比例高达77.24%；还有23个城市并“不确定”是否可以申请，占9.35%；有5个城市甚至“不知道”是否可以申请，占2.03%。[①] 可见，该制度的实施效果与立法预期之间，差距很大。

3. 劳动者利用法律法规维护自身合法权益的情况

当劳动者发生工伤或职业病却未能获及时、有效解决时，劳动者会通过什么方式维权？数据统计结果显示，在多项选答中，47.9%的人会“找工会求助”；33.5%的人选择“打官司”；74.1%的人选择“向劳动行政部门投诉”；20.7%的人选择“找媒体反映情况”；11.1%的人选择“上访”；5.5%的人选择“什么都不说，自己承受，实在不行就回家”；3.3%表示“会想办法报复企业管理人员”。虽然在访谈中有些受访者表现出对政府相关部门的不信任，但依然有74.1%的人选择通过向劳动行政部门投诉的方式来维护自己的权益，根据有些受访者自己的表述，他们认为找政府效率高，企业也比较害怕政府来找麻烦，所以效果会好一些，而如果去法院打官司，则跟企业耗不起，他们有的是钱请律师来跟你斗，到头来钱没要回来人已经废了。有将近半数受访者选择“向工会求助”，说明工会的作用较之以往有了很大提高。另外，还有86%的受访者表示企业工会在诸如与用人单位就劳动者反映的职业病防治问题进行协调并督促解决，对用人单位违反法律、法规，侵犯劳动者合法权益的行为要求纠正，发现危及劳动者生命、健康的情形时，建议单位组织劳动者撤离危险现场等方面发挥了积极作用。如果劳动者通过上述这些渠道都无法维护自身的权益，则他们会转而寻求社会媒体救助甚至私人报复。

在发生有关工伤或职业病争议时，劳动者通常都会选择与公司协商解决，寻求最有利于自身的解决方案，因为，若与公司打官司，即使诉讼赢了，也不可能再回公司上班，这意味着收入下降甚至失业，对劳动者非常不利。在访谈中，当问及劳动者如果遇到事情比较小或维权比较麻烦时是否会选择放弃寻求法律的帮助，多数受访者均给予肯定回答。当然，如果出现较为严重的工伤而无法获得赔偿时则均表示会通过法律手段来维护自身的权益。

---

① 北京义联：《工伤保险待遇先行支付制度2011年~2012年实施情况调研报告》，北京义联劳动法援助与研究中心网站，http://www.yilianlabor.cn/yanjiu/2012/1022.html，访问时间：2013-08-11。

（四）劳动者、用人单位满意度调查分析

1. 用人单位对《工伤保险条例》实施情况的满意度

《工伤保险条例》的立法目的之一在于分散用人单位的工伤风险。用人单位通过缴纳工伤保险费而将一定的工伤风险转移给政府，减轻自身的经济负担。但是，在用人单位看来，这样的“交易”并没有让其收益，我国“捆绑式”的社会保险缴纳方式，使得用人单位要为劳动者缴纳大笔社会保险费，这对于劳动密集型的企业来说，更是一种沉重的负担，也在一定程度上削弱了《工伤保险条例》的实施效果。在上述的分析中也谈到，企业作为理性的经济人，在一定程度上总是追求经济利益的最大化，如果工伤保险的制度设计不能使用人单位受益，则其自然会选择规避。当然，对于一些高工伤风险行业的企业来说，工伤保险的制度设计确实为他们的企业经营分散了风险，在课题组的企业座谈会中，部分企业方也对《工伤保险条例》做了积极的肯定。

2. 劳动者对法律法规实施情况的满意度

在“是否听说过《工伤保险条例》该部法”的选项中，有71.9%的受访者作肯定回答，这说明该部法规的普及程度较高。21.88%的受访者表示“满意”；24.72%的受访者选答“比较满意”；有35.66%的受访者选答“还可以”；13.75%的受访者表示“不满意”；3.99%的受访者表示“很不满意”。如果说选择“满意”“比较满意”和“还可以”代表积极、肯定的评价，则为82.26%；选择“很不满意”和“不满意”代表消极、否定的评价，则该部分比例为17.74%；根据课题组在随机访谈中了解到的情况，选答“还可以”的受访者的心理状态可以解读为对《工伤保险条例》仍抱有期望，希望通过完善工伤保险的制度设计让更多的工伤劳动者真正受益。根据调查，导致《工伤保险条例》实施效果的不满意率接近20%，其主要原因有以下几个方面：（1）部分受访者认为通过法律救济的程序太复杂烦琐，时间太久，维权成本太高。（2）部分受访者不信任政府相关部门，认为其存在腐败、渎职的情况，工作人员态度傲慢，办事效率低。（3）根据法律规定获得的赔偿数额无法满足要求。（4）多数受访者未曾经历或其身边未曾发生过工伤、职业病，对这两部法律法规的实施情况的感受并不清晰，因此造成该部分未作答的比例偏高，同时也有可能因此

而存在受访者任意作答的情况。在随机访谈中，部分来自农村的劳动者表示，相比养老保险、失业保险等险种，他们更希望企业为他们缴纳工伤保险，因为对于他们而言，养老保险是需要等待数十年之后才可能享受的，工伤保险更加有实际意义。

从访谈结果看，除对法定的赔偿额、程序烦琐有异议外，导致对法律法规实施效果不满意的更多原因在于执法环节。考虑到时间、财政等成本因素，如要提高民众对法律法规实施效果的满意度，应首先落实严格执法。修改一部法律法规，需要经过调研、论证、起草、修改、表决等多个环节，不仅耗时耗力，而且修改成本也很大。相比于修改立法，执法环节只要能严格执行法律法规的相关规定，改善服务态度、执法手段，在短时间内就可以显著地改善法律制度实施的社会效果。

三　改善条例实施效果的对策与建议

无疑，的确存在部分用人单位未足额缴纳工伤保险费、劳动者获得工伤赔付耗时过长、行政部门之间互相推诿等问题。要改善《工伤保险条例》的实施效果，需要针对上述问题采取改进措施。

（一）监督所有用人单位及时与劳动者签订劳动合同

劳动合同是劳动者从事有酬劳动的基本凭证，是劳动市场上的“身份证”，其重要性不言而喻。鉴于劳动合同文本是较复杂的法律文书，《劳动合同法》第 81 条规定了用人单位提供规范的劳动合同文本的义务，故监督履行签订劳动合同义务，应将监督对象确定为用人单位。应当通过多方途径监督用人单位与劳动者签订劳动合同，以保护劳动者权益。首先，劳动者可以向劳动监察部门或者当地工会投诉。一经查实，劳动行政部门将责令单位改正，并可以给予罚款的处罚。其次，劳动监察机构应当加强对用人单位规范用工的监督管理，主动查找、发现企业的任何违法行为或事实，及时或尽早地予以纠正。再次，地方工会和企业内部的工会组织应当依法维护职工权益。用人单位不与劳动者签订劳动合同，企业内部的工会不知情的概率极低。如果说企业内部工会组织的成员因故不敢为了职工维权而公开与所在企业对话或对抗已是失职，那么，当发现企业未完全履行签订劳动合同义务时不报告地方工会、不请求地方工会监督时，就太失职了。最后，可以考虑加大处罚用人单位作为主要义务主体拒不签订劳动合同之违法行为。

（二）督促用人单位履行为劳动者缴纳工伤保险费的义务

劳动者发生工伤后，如果用人单位没有为其缴纳工伤保险费，则再要求工伤赔付的时间成本将会大大增加，这对劳动者非常不利。用人单位不能以“违法换生存”来作为搪塞理由，企业要想在激烈的市场竞争下获得生存，应该是通过提高生产技术、改善经营管理来得以实现；在现今越来越强调社会责任的市场环境下，企业更应该树立良好的责任意识，充分保障劳动者的合法权益，才能在市场竞争中留住人才，赢得竞争。

（三）完善先行支付制度，为劳动者及时获得赔付开辟新径

当前，有关解决劳动争议仍然实行仲裁前置而致诉讼程序过于冗长、复杂的情况下，完善先行支付制度对于工伤劳动者及时获得赔付极为重要。《社会保险法》实行以来，很多地方仍然将先行支付制度视同“纸上功夫”，少有制定实施细则的，无法保障《社会保险法》顺利实施。针对上述存在的问题，应考虑制定颁布“社会保险法实施条例”，使得相关制度规范更为详细、具体，增加该法的可操作性；各级政府要加大推行先行支付制度的力度，制定本地区配套的先行支付实施细则；同时也应该向劳动者加大宣传力度，鼓励劳动者积极行使法律赋予的权利①。

（四）政府应加强宣导并切实履行执法职责

1. 加强法律法规宣传，普及法律法规知识

劳动者对《职业病防治法》的了解程度不高，对《职业病诊断与鉴定管理办法》、《社会保险法》、社会保险基金先行支付制度的了解程度更低，这在很大程度上应归因于法律法规宣传不到位。对于这些涉及劳动安全、职业病救助的法律法规，政府有责任通过多种渠道对劳动者进行宣传教

① 北京义联：《工伤保险待遇先行支付制度 2011 年 ~2012 年实施情况调研报告》，北京义联劳动法援助与研究中心网站，http：//www. yilianlabor. cn/yanjiu/2012/1022. html，访问时间：2013 -9 -10。

育，提高劳动者的自我维权能力。

2. 规范企业用工制度，加强监督检查

企业不与劳动者签订劳动合同，劳动者因为无法证明与企业存在劳动关系，在争取劳动报酬、职业病诊断或工伤认定等事务上都将处于非常不利位置，导致劳动者权益无法获得保障。因此，有必要进一步规范企业的用工制度。我国《劳动合同法》规定，企业没有与劳动者签订劳动合同的，劳动者可以要求支付双倍工资，但该救济的前提是劳动者能证明存在劳动合同关系，并且在劳动者主动要求救济的情况下才得以实现。对于如今较严峻的就业形势，特别是劳动者对自身权益尚无法拥有足够话语权的情况下，将权利救济的责任分配给劳动者是不合理的。规范用工制度不能仅仅寄希望于企业的自觉履行，国务院劳动行政部门应该加强监督检查。上述调查数据表明，相关执法部门没有履行法定的全部职责。规范企业用工制度，才是从源头上保障劳动者合法权益的根本措施之一。

3. 规定政府相关职能部门及其工作人员不作为、渎职等行为的法律责任

在我国，执法部门的日常执法不尽如人意，往往习惯于“运动式”执法，上级部门下达任务了或是哪里发生了大事故了，相关的执法活动才认真组织开展起来。很多问题的产生不是无法律或者是法律制定得好不好的问题，更多是源于执法部门未严格执法，尤其是在涉及劳动者保护的法律领域，不少地方因担忧严格执法会引发企业主不满，所谓“影响投资软环境”，法律执行过程中睁一只眼闭一只眼，法律的执行效果大打折扣。

为督促政府相关职能部门及其工作人员依法严格履行职责，确保法律实施达到预期效果，立法应就相关部门及其工作人员不作为、渎职等行为设定相应的法律责任，以防止或减少从业者“在其位，不谋其政”之慵懒状况发生。

An Investigation and Analysis on the Effect of the Regulation on Industrial Injury Insurance

Jiang Yue

Abstract: After counting 3309 valid questionnaires by SPSS, it was found that More than 10% of visited workers expressed that their employment was not covered by a written labor contract; more than 16% of the respondents thought that his or her employer did not fulfill payment obligations of the industrial injury insurance for him or her; only half of the employers applied for the identification of work - related injury after an industrial injury accident; the average time for workers to receive compensation for work - related injury was as long as 2. 02 years; and more than 17% of the workers were not satisfied with the implementation effect of the Regulation. Therefore, the Government, trade unions should check, supervise all of employers to fulfill the duty that it is to insure industrial injury insurance for his or her all employees. The employer and the supervisory personnel who are lazy to fulfill their obligations shall be forced to take their responsibilities. The local government and Trade Unions should check and urge all employers to sign labor contracts with laborers in a timely manner. The indentification of Work - related injury and related procedures should be streamlined for saving costs, so that laborers who are unfortunately suffering from work - related injuries receive payment as soon as possible in order to avoid to tears after bloodshed. It is necessary to revise the system of the First Payment to protect workers to obtain a legal compensation timely for work - related injuries, for that it is to meet laborers' basic medical and living needs.

Key words: Industrial Injury; Industrial Injury Insurance Regulation; Implementation Effect; Existencing Problem; Countermeasure to Improve the Effect

工伤认定法定标准的实证研究*

李　萍**

摘　要： 我国现行《工伤保险条例》对工伤认定以“三工标准”为主要原则，穷尽列举式的工伤认定模式。工伤认定范围的扩大以及工伤认定标准的松缓，标志着劳动者在职业风险中能享受到充分的保障，但穷尽式列举的方式以及工伤认定标准的张弛无度和不一致，导致工伤争议诉讼与日俱增。在工伤认定法定标准存在立法问题、实践操作困难的背景下，对工伤认定的法定标准亟待反思。本文通过检索北大法宝中712个涉及工伤认定的司法审判案例，剖析归纳出工伤认定法定标准在2004～2013年10年间引发的实务争议。通过对比新旧《工伤保险条例》有关具体条款，分析新《工伤保险条例》的实施状况。针对司法实务纠纷，总结出“上下班途中”的界定、非本人主要责任的理解以及48小时抢救无效死亡的合理性等几个司法实践中涉及工伤认定标准的疑难问题，进行法律分析。要完善我国工伤认定法定标准，应该合理划定工伤认定范围、以工作原因作为首要认定标准，并构建“宽严相济”的理念。

关键词： 工伤认定　法定标准　改善建议

引　言

工伤，即职业伤害，指企业职工在工作岗位上，从事和生产劳动相关

---

* 本文是在作者获得厦门大学法律硕士学位的论文基础上修改而成，也是蒋月主持的国家社科基金重点项目“我国现行社会法实施效果研究——以工伤保险条例和职业病防治法为对象”（批准号：10AZD024）之阶段性成果之一。

** 李萍，女，厦门大学法律硕士，现任职于合肥京东方医院有限公司法务部。

的工作，或因劳动条件、工作环境等引发的人身伤害事故或者职业病。[①] 1921 年国际劳工大会制定的公约较为规范地定义了“工伤”，即无论直接或者间接，只要劳动者是因工作原因引发的事故即构成工伤。[②] 我国的立法将工伤界定为工作过程中所遭受的事故伤害或患职业病。职工与企业之间的关系是确定某种伤害是否适用工伤保险条例的前提。劳动关系，是劳动者与用人单位根据劳动法律法规，实现社会劳动中形成的权利和义务关系。[③] 工伤认定，是对和企业存在劳动关系的劳动者受到的伤害是否构成工伤进行判断。近些年来，工伤认定纠纷的增多、工伤类型的多样化与复杂化一直困扰着司法实务，也成为工伤保险实施过程中的难点。关于工伤的构成，理论界有业务相关性、因果关系说、必要条件说等理论。在我国的司法实务中采取以“工作时间、工作地点、工作原因”为内容的“三工标准”。

立法上的“三工标准”为工伤认定初步提供了法律意义上的可参考规范。1951 年《劳动保险条例》对工伤进行了初步规定，1996 年《企业职工工伤保险试行办法》，2004 年《工伤保险条例》《工伤认定办法》（以下分别简称《条例》《办法》）均通过列举方式明确了构成工伤的情形。实践中，劳动关系的多元性和复杂性决定了工伤认定的难度。工伤认定的实体标准存在着制度设计的不合理、制度本身与现实的差距等问题，而“三工标准”的理解、“上下班途中”的内涵界定、“48 小时之内抢救无效死亡的合理性”、“非本人主要责任的认定”等问题一直存在争议，理论界更是在工伤认定的法定标准上处于“百家争鸣”的状态，司法审判不统一已成为常态。为了应对现实中出现的问题，《条例》《办法》同时进入法律实践，为工伤认定标准提供了新的依据，缓解了部分矛盾，但一些问题依旧存在，至今理论界、司法界仍然没有统一的观点，造成了理论界的困扰与司法界审判的无奈，也给劳动者的权益造成了一定的损害，有损法律的权威。工伤认定标准是工伤认定的前提，法定标准上的混乱及不合理会损害工伤保险制度，引发司法效率低下，迟到的正义最终不能为劳动者带来公平。为了明确工伤的法定标准，还原司法正义，本文着力于从实践出发，

---

① 蒋月：《社会保障法》，厦门大学出版社，2004，第 176 页。

② 孙树菡：《工伤保险》，中国人民大学出版社，2000，第 2 页。

③ 董保华：《劳动关系调整的法律机制》，上海交通大学出版社，2000，第 43 页。

发现司法实践中工伤认定标准存在的难题，提出具体对策，力图为司法实践提供解决之策。

学术界关于工伤认定法定标准的研究已久，并逐渐成为劳动法学界研究的热点。近些年来，学术讨论主要针对列举式的法定标准形式是否合理、“三工标准”如何运用、“上下班途中”这一概念如何界定、48 小时之内经抢救无效死亡规定是否公正及非本人主要责任如何认定等问题进行探讨。其一，针对我国的法定标准形式，多数学者认为我国对工伤认定的条件主要采用列举方式，而列举往往难以穷尽。[①] 具体说来，列举式的立法技术并不能涵盖所有的情形，较为僵化、缺少弹性。[②] 其二，在“三工标准”的现实运用方面，法律文本意义上的工作时间、工作地点、工作原因过于简单，并未给复杂的现实提供合理的解决方案。多数学者认为要对具体的“三工标准”进行具体考查。其三，在上下班途中这一概念的理解问题上，学界存在争议较大。既有劳动法理论多数认为合理时间与合理路线的双重标准虽模糊了法律条款，但判断标准明确，仍具有一定的科学性。理论家们主张用概括性界定及列举的方式界定“上下班途中”的概念，定义其为“合理时间内经过的合理路线 ”，并用列举方式规定应包含职工往返于工作和经常性住所、经常用餐地等情形。[③] 从公民基本保护主义理论视角看，对于牵涉工伤认定的案件，须坚持工伤概念的本来含义，探究“途中工伤”范围宽窄的社会影响，逐步扩大工伤的覆盖层面，在劳动者伤亡事件界限不清晰、既可以认定也可不认定为“工伤”的情况下，应按照《劳动法》和《条例》等相关法律规范所确定的基本权保护义务及“劳动权本位”基本理念，对事件进行工伤认定。[④] 其四，在“48 小时内抢救无效死亡”的合理性问题上，学者认为工伤认定中 48 小时的规定缩小了工伤认定的范围，使工伤认定对死亡时间过分偏重，可能引发道德与法律的两难抉择，用人单位对缴纳工伤保险存在误解，而且其立法初衷与

---

① 董保华：《工伤认定和处理中的法律问题》，《劳动保护》1992 年第 11 期。

② 张娜：《对近因原则处理工伤认定的思考——过劳死应该纳入工伤范畴》，《知识经济》2009 年第 18 期。

③ 梁三利：《职工上下班途中事故伤害工伤认定的探讨》，《学术交流》2009 年第 11 期。

④ 杨曙光：《论工伤认定中“途中工伤”条款之适用研究——以公民基本权保护主义为视角》，《行政法研究》2013 年第 2 期。

现实相违背。[①] 其五，对于非本人主要责任事故的探讨，学者们首先从社会保障管理部门是否拥有事故责任认定所具备的权力、交通事故认定与工伤认定之间的冲突，提出关于非事故主要责任的思考，认为工伤认定中“非本人主要责任”的规定并不成功[②]。

迄今为止，我国关于工伤认定法定标准的研究主要集中于理论探析，实证研究极少。本文立足于北大法宝上2004～2013年的712个司法案例与裁判文书，[③] 通过对司法案例的整理归纳，总结每一个案例关于工伤认定实体法定标准的争议焦点：属于工作时间、工作地点或工作原因。对“三工标准”中每一种标准进行具体分类。首先，工作时间包含上下班途中、因公外出期间、提前或推迟上下班、外出就餐期间、公休期间及其他。其次，工作地点包括单位厕所、食堂、出差地、串岗地、单位多场所之间所在地、团体活动地及其他。再次，工作原因包含履行工作职责受到暴力伤害、从事预备性或收尾性工作、职业病、单位组织的集体活动、外出就餐、从事非本职工作及其他。最后，其他相关的法定标准，包括48小时抢救死亡、国家公共利益活动、犯罪、违反治安管理处罚条例、军人旧伤复发、醉酒、自残或自杀以及非本人主要责任事故。针对工伤认定司法实务的争议焦点所在以及十年来争议焦点的变化，通过对2011年新修订《条例》前后个别具体条款的司法实务进行对比，分析新修订《条例》的运行效果。借助于对司法实务的研究，梳理出工伤认定的主要争议难点及现行相关工伤认定法律的运行状况，寄希望在实证研究基础上能够更清晰地辨析工伤认定存在的现实问题，结合实际情形对工伤认定法律制度进行完善。

一　工伤认定裁判案例统计分析

（一）工伤认定法定标准十年（2004～2013）施行状况

1. 关于“工作时间”的争议

（1）法定的工作时间及其理解

工作时间，一般指劳动者处于工作状态的时间。在法律意义上，《中

① 陈宏寿：《刍议工伤认定48小时的合理性》，《昆明学院学报》2011年第1期。

② 于欣华：《商榷：工伤认定中“非本人主要责任”的判断》，《中国劳动》2011年第11期。

③ 样本案例中以存在明确的劳动关系为前提。

华人民共和国劳动法》（以下简称《劳动法》）第 36 条规定：“国家实行劳动者每日工作时间不超过八小时、平均每周工作时间不超过四十四小时的工时制度”。第 38 条规定：“用人单位应该保证劳动者每周至少休息一日”。另外，《劳动法》限制工作时间的延长。[①]《条例》中对于构成工伤的工作时间，除了法律文本上和用人单位明确规定以外，还将一些特殊的情形如“上下班途中”拟制为工作时间。

在法律文本上，关于工作时间的规定浅显易懂，但利益相关者由于利益不同，其认识不一定一致。劳动关系参与者包含用人单位和劳动者，在用人单位眼中，单位规章制度下规定的时间属于正常的工作时间；对于劳动者，工作时间除了正常规定的工作时间外，还包括其他为单位谋取利益或者由于单位原因而耽搁的时间。用人单位与劳动者在工伤的角度上并非利益共同体，特别是对于未为职工缴纳工伤保险费用的单位，职工的工伤与单位的利益相斥，矛盾突出。工作时间的认定呈现复杂性，需要在司法过程中借助实践去理解。

（2）司法实践中工作时间争议的统计分析

表 1 统计的 712 个工伤认定典型案例中涉及工作时间的案例占 50.56%。其中涉及上下班途中的争议最多，占 46.39%，其次是涉及因公外出期间，占 11.11%，提前/推迟上下班的争议占 4.17%，工作时间外出就餐的争议占 0.83%，关于工休期的争议占 1.94%。

表 1　2004～2013 年关于“工作时间”争议的案件

单位：件

年　份	2004	2005	2006	2007	2008	2009	2010	2011	2012	2013	合计
上下班途中	4	1	6	7	6	14	30	23	38	38	167
因工外出期间	2	4	2	1	2	4	3	9	6	7	40
提前/推迟上下班	4	1	1	0	0	0	3	3	3	0	15

① 2008 年《中华人民共和国劳动法》第 41 条规定：“用人单位由于生产经营的需要，经与工会和劳动者协商后可以延长工作时间，一般每日不超过一小时；因特殊原因需要延长工作时间的，在保障劳动者身体健康的条件下延长工作时间不得超过三小时，但是每月不超过三十六小时。”第 42 条规定了限制延长工作时间的例外情形：发生自然灾害、事故或者其他原因，威胁劳动者生命健康和财产安全，需要紧急处理的；生产设备、交通运输线路、公共设施发生故障，影响生产和公众利益，必须及时抢修的。

续表

年　份	2004	2005	2006	2007	2008	2009	2010	2011	2012	2013	合计
工作时间外出就餐	0	0	0	0	0	1	0	1	1	0	3
工休期	0	0	0	1	1	1	1	2	0	1	7
其他	2	5	3	2	6	14	18	21	18	39	128
合　计	12	11	12	11	15	34	55	59	66	85	360

资料来源：北大法宝数据库。

纵观表1，可以发现从2004年到2013年，在被统计的司法审判案件中，涉及工作时间的工伤认定案件越来越多，2008年以后增长速度较快，2004年有12个案例，2009年有34个，比2004增加22个，增长率为183.33%。2013年达到85个案件，比2004年增加73个，增长率为608.33%。

2. 关于“工作地点”的争议

工作地点，也称工作场所，相对于工作时间，工作地点相对比较固定，工伤发生地是明确的，是否属于工作地点属于简单的事实判断问题。然而，理解的偏差往往引发纠纷。实践中，“工作岗位”和“工作场所”往往被混为一谈。工作岗位，指职工从事日常性工作时的岗位，既包含常规性工作岗位，也包含受用人单位指使进行工作的岗位，还包括单位为职工提供的解决工作中需要的合理生理生活的工间休息场所。[①] 工作场所，是和劳动者的工作有直接或间接联系的住所。[②] 可见，工作场所的外延大于工作岗位。但在实践中，一般会把工作岗位误认为工作场所。

对司法实践关于工作地点争议的统计分析。表2显示，在检索的典型案例中，涉及工作地点的案例占21.49%，说明工伤认定司法实践中关于工作地点的争议小于工作时间。在涉及工作地点的纠纷中，串岗地占9.15%，出差地占5.88%，多个场所之间所在地占5.23%，单位食堂与单位厕所的争议均占2.61%，团体活动所在地占1.31%。

① 任志忠：《特殊情形下工作岗位的认定》，《人民司法》2012年第14期。

② 杨曙光：《试论工伤认定中“工作场所”的涵义》，《法学杂志》2010年第2期。

表 2　2004～2013 年关于“工作地点”争议的案件

单位：件

年　份	2004	2005	2006	2007	2008	2009	2010	2011	2012	2013	合计
多个场所之间所在地	1	1	0	0	0	1	4	0	1	0	8
单位厕所	0	0	0	0	0	1	2	0	0	1	4
团体活动所在地	0	0	0	0	0	0	0	2	0	0	2
单位食堂	0	0	0	0	0	1	0	2	1	0	4
出差地	1	1	1	0	0	0	0	1	3	2	9
串岗地	0	1	0	2	0	4	3	2	2	0	14
其他	2	5	4	2	8	12	11	16	19	33	112
合　计	4	8	5	4	8	19	20	23	26	36	153

资料来源：北大法宝数据库。

表 2 显示，在 2004 到 2013 年 10 年间，在搜集的 712 个典型司法审判案例中，涉及工作地点的案例逐年增多，2004 年仅为 4 个，其中 2008 到 2009 年间，增长较快，一年增加 11 个涉及工作地点的争议案件，2013 年此类争议案件达到 36 个，比 2004 年增加 32 个，增长率为 800%，大于工作时间案件的增长率。

3. **关于“工作原因”的争议**

工作原因，即由于履行工作或者其他涉及工作的事由而导致的伤害，其中，工作是主要因素。关于工作原因的认定涉及因果关系的判断，而因果关系较为复杂，所以在工作原因的定性方面较为困难。工伤认定中，工作原因是一个关键因素，工伤认定的“因果关系说”理论中，工作原因更是核心。但司法实践中，关于“工作”的定义，用人单位与劳动者的理解时常出现差异。对于用人单位而言，工作是其安排给劳动者的具体工作。而在劳动者的观念中，工作是在单位从事的为了用人单位利益、合理需求的，以及接受用人单位组织安排的一切活动。笔者在此把职业病归为工作原因，主要是因为职业病是因为工作环境引起的。观念的出入导致纷争，《劳动法》虽本着对劳动者倾斜保护的理念，但在司法正义面前，必须结合现实判定是否由于工作原因导致伤害。

司法实践中关于工作原因争议的统计分析。表 3 显示，在笔者统计的

712 个典型案例中，涉及工作原因的案例高达 359 个，占 50.42%，可见工作原因判定的复杂。从表 3 中可以看出在所有工作原因中，因履行工作职责而受到暴力伤害占 10.86%，职业病占 9.19%，从事非本职工作占 6.96%，单位组织的集体活动占 1.67%，从事预备性或收尾性工作占 1.39%，外出就餐占 0.84%。

表 3　2004～2013 年关于“工作原因”争议的案件

单位：件

年　份	2004	2005	2006	2007	2008	2009	2010	2011	2012	2013	合计
预备性或收尾性工作	0	0	1	0	0	0	2	0	2	0	5
因履行工作职责受暴力伤害	0	0	1	3	1	1	5	8	8	12	39
职业病	0	0	1	0	0	2	9	9	4	8	33
单位组织的集体活动	0	1	0	0	1	0	0	1	1	2	6
外出就餐	0	0	0	0	0	0	0	1	2	0	3
从事非本职工作	1	3	0	0	0	4	4	4	2	7	25
其他	26	19	5	6	9	27	42	29	31	54	248
合　计	27	23	8	9	11	34	62	52	50	83	359

资料来源：北大法宝数据库。

在纵向上，关于工作原因争议的案件数量出现了不规律的发展趋势，2003 年、2004 年出现的案件数量分别为 27、23 件，但 2006 年、2007 年、2008 年三年仅分别为 8、9、11 件，2006 年与 2004 年相比，案件数量减少 19 件，降低 70.37%。但从 2009 年开始，案件数据剧增，2009 年比 2008 年增加 23 件案件，增长率达 209.09%。到 2013 年，涉及工作原因的案件数量达 83 件。整体来看，从 2004 年到 2013 年，涉及工作原因的案件明显增多，2013 年比 2004 年增加案件数量 56 件，增长率达 207.41%。

4. 其他相关争议

我国工伤认定的法律规定采取列举式的方式，《条例》中所列举的除了可以明确归为工作时间、工作地点、工作原因外，其他相关因素也直接影响工伤的认定，如一些视同为工伤的情形及工伤认定的排除情形。

表 4　2004～2013 年其他相关争议的案件

单位：件

年　份	2004	2005	2006	2007	2008	2009	2010	2011	2012	2013	合计
48 小时抢救	0	0	0	1	1	0	2	0	2	0	6
国家公共利益	1	2	0	0	0	0	0	1	0	1	5
犯罪	0	0	0	0	0	2	0	0	0	0	2
违反治安管理处罚条例	0	1	3	4	4	9	6	9	6	5	47
军人旧伤复发	0	0	0	0	0	0	1	0	0	0	1
醉酒	0	1	2	0	3	2	4	1	4	6	23
自残或自杀	2	6	0	0	2	2	2	3	4	7	28
非本人主要责任	0	0	0	0	0	0	0	0	10	5	15
合　计	3	10	5	5	10	15	15	14	26	24	127

资料来源：北大法宝数据库。

表 4 显示，涉及其他工伤认定的相关因素的案件数量有 127 件，占案件总数量的 17.84%，可见“三工标准”之外的其他相关因素在工伤认定中同样起着举足轻重的地位。其中涉及违反治安管理条例的有 47 件，占 37.01%；自残或自杀的有 28 件，占 22.05%。酒驾也涉及违反治安管理条例，在此单独列出是因为在实践中很多工伤认定事件是涉及员工醉酒之后违反单位规章所致，从表 4 看出，涉及醉酒的有 23 件，占 18.11%。非本人主要责任的有 15 件，占 11.81%。除此之外，突发疾病经抢救无效死亡中关于是否是 48 小时之内的争议案件有 6 件，占 4.72%。是否属于维护国家公共利益的案件有 5 件，占 3.94%。关于犯罪与军人旧伤复发的极少，共 3 件，占 2.36%。

纵向观看，工伤认定争议中涉及这些相关因素的案件数量总体增加，2004 年仅为 3 件，2013 年为 24 件，增加 21 件。值得注意的是，关于是否违反治安管理处罚条例与自残或自杀的争议一直存在，但 2011 年 1 月 1 日起实施的修订后的《条例》中，违反治安管理处罚条例不再作为工伤认定的排斥要件，但 2011 年、2012 年、2013 年的司法审判案例中，相关争议不断，可见相关法律规定并未被用人单位与劳动者完全理解并贯彻实施。另外，新《条例》修改了原来的关于“上下班途中事故伤害”的规定，新的法律规定，只有发生非本人主要事故才可以被认定为工伤，是表 4 中

2012年、2013年关于是否非本人主要责任争议案件存在的缘由。

（二）新旧《工伤保险条例》若干规定之比较

1. 关于“上下班途中”争议之比较分析

劳动关系中，存在着劳资双方的博弈。工伤认定中，用人单位与劳动者之间各自利益的纠葛也无法避免。作为工作时间的合理延伸，定性“上下班途中”发生的交通事故为工伤符合劳动法倾斜保护劳动者的原则。但对用人单位来说，此规定无形中加重了他们的负担，是另一种不公平的体现。早在2009年7月国务院法制办征求修改《条例》的意见中，有意见主张删除“在上下班途中，受到机动车事故伤害的应当认定为工伤”① 的规定，争议较大。

根据表1及表4显示，2004年到2010年关于上下班途中的工伤认定争议案件共68件，年平均案件9.71件。2011年到2013年此类案件合计为99件，年平均案件33件，平均每年比《条例》修订前多23.29件。其中涉及非本人主要责任的案件，在修订法律之后的2011~2013年有15件相关案件。可见，《条例》修订后引起的此项争议有增无减。②

《条例》修订前后，“途中工伤”案件的争议存在以下相似之处。一是劳资双方的争议大多集中于劳动者所受伤害事故是否处于合理的上下班途中，即时间是否合理。路线是否合理；二是对于受到的伤害是否是机动车伤害存在质疑，关于机动车的具体含义及外延如何理解一直是法律的盲点所在。新的《条例》把原来的“在上下班途中，受到机动车事故伤害的”改为“在上下班途中，受到非本人主要责任的交通事故或者城市轨道交通、客运轮渡、火车事故伤害的”。③ 两者之间的差异主要表现在以下几个方面：首先在于非本人主要责任，关于是不是主要责任或者次要或同等责任，在责任认定上，应该属于公安机关交通管理部门负责，如果他们对此置之不理，那么工伤认定如何进行存在难点。其次，新的法律中没有对机动车事故硬性规定，改换为交通事故及具体的交通工具事故情形，在一定意义上，减少了此类争议。关于修订《条例》之后，“上下班途中”争议

---

① 参见2004年《工伤保险条例》。

② 以北大法宝上搜集的案例数据为准。

③ 参见2004年、2011年《工伤保险条例》。

的增多，一方面可能是由于非本人主要责任认定的难度增大，另一方面可能是因为人们法律意识的增强，在工伤认定问题上，劳动者在维权方面从台下走到台上，懂得利用法律为自己争取利益。

2. 关于“违反治安管理”争议的比较分析

2011年颁布的《条例》中，工伤认定的一个革新之处即把原条例中规定的不得认定或者视同为工伤的“因犯罪或者违反治安管理伤亡的”的情形修改为“故意犯罪的”，删除了有关违反治安管理的规定，违反《治安管理处罚条例》不再是否定工伤的一个因素。

在统计意义上，根据表4，2004年到2010年七年间，涉及违反治安管理的争议案件共有27件，年平均3.86件。2011年到2013年的三年间，涉及违反治安管理的争议案件达20件，年平均6.67件。在理论意义上，新的《条例》实施后关于治安管理处罚的争议应该较少甚至不存在，因为法律已经排除了此项规定，现实与理论的差距使法律必须着眼于法律实践。

关于违反治安管理的争议，集中表现在以下几个方面：一是无证驾驶是否属于违反“治安管理处罚条例”的情形；二是工伤认定部门如何判断是否违反“治安管理处罚条例”；三是违反“治安管理处罚条例”和伤害事故之间是否存在因果关系。[①] 一般认为，在《道路交通安全法》实施后，作为普通法的《治安管理处罚条例》应当尊重特别法的要求，无证驾驶不再被视为违反“治安管理处罚条例”。另外，作为出具交通事故认定书的机构，公安机关道路交通部门应该是事故认定的权力部门。在因果关系上，违反治安管理应该与伤害事故存在因果关系，否则不影响工伤的认定。新《条例》实施后，关于是否违反“治安管理处罚条例”的争议仍然不断，这一方面反映了用人单位与劳动者对于法律规定认识的不清晰，新的《条例》需要扩大宣传力度。另一方面，可能是由于违反“治安管理处罚条例”在一定意义上被认为是排除了工作原因的认定因素。以上两点造成法律的更新与实践的守旧之间的矛盾。

① 梁三利、柳涛：《工伤认定中“违反治安管理”之法律适用》，《中国就业》2006年第7期。

二　工伤认定标准适用中的主要疑难问题

（一）“上下班途中”的内涵界定

1. 学术争议

现代生活中，劳动关系中劳动者的居住地一般在单位以外，从居住地到单位上下班途中发生的事故即上下班事故。“上下班途中”作为工作时间的合理延伸已被学界公认，但关于“上下班途中”的具体内涵一直缺乏统一的认识。

对于“上下班途中”的内涵，一直未有明确的界定。在国家行政法规位阶上，1996 年《企业职工工伤保险试行办法》中以“规定时间”来限制。[①] 2002 年《关于如何理解〈企业职工保险试行办法〉有关内容的答复意见》从字面含义上给上下班途中进行了定义。[②] 2004 年《关于实施〈工伤保险条例〉若干问题的意见》中把加班加点的上下班途中纳入工伤保护范围。[③] 2010 年《条例》中的“上下班时间”显然扩大了现行法规的工伤适用范围，更贴合“上下班途中是劳动者工作时间的必要延伸”这一普遍认知。但关于“上下班途中”的内涵，《条例》未给予明确解释。在地方政府层面，如河南省劳动和社会保障厅颁布的《关于对工伤认定中上下班途中如何掌握的复函》规定，“上下班途中”应理解为直接从居住的场所（包括固定性的居住场所和临时性的居住场所）到工作的场所或者直接从工作的场所到居住的场所途中。江苏省人力资源和劳动保障厅颁布的《关于实施〈工伤保险条例〉若干问题的处理意见》指出，“上下班途中”应是在合理时间区间内经过合理路线。所有规定都只是笼统性地概括何为“上下班途中”，对法律精神层面的含义避而不谈。学术界关于“上下班途中”理解不一，有的认为是合理时间内经过的合理路线，有的认为上下班途中应予扩大解释，只要在上下班途中即可。

---

① 1996 年《企业职工工伤保险试行办法》第 8 条第 9 款规定：“在上下班的规定时间和必经路线上，发生无本人责任或者非本人主要责任的道路交通机动车事故的”。

② “职工上下班途中”系指“职工从居住住所到工作区间的路途”。

③ “上下班途中既包括职工正常工作的上下班途中，也包括职工加班加点的上下班途中”。

2. **实务纷争**

司法实践中，关于“上下班途中”的争议主要存在以下四个方面：一是迟到、早退的上下班途中是否属于“上下班途中”；二是上下班的时间上是否合理；三是上下班的具体路线是否合理；四是上下班途中劳动者进行了私人事务，是否割断了其与工作的联系。与学术争议相比，司法实践争议更为关注劳动者受伤的时间、地点和与工作的联系。

广东省佛山市高明锦丰有色金属轧延厂与佛山市劳动和社会保障局等单位的工伤认定纠纷上诉案中①，第三人李国强为上诉人的一名驾驶员，驾驶员上班时间是上午 7 点到 12 点，下午 14 点到 17 点，且在等待车辆时须在工作场所，所有员工都不许迟到、早退或旷工，规章制度中也有此规定，且有事需要请假。2004 年 7 月，李国强到工作地点后已有工作安排，但因其他司机外出，要等其他司机返回后才能工作，而李国强未按规定，反而是早退回家而发生机动车交通事故。上诉人称未请假的情况下，外出办理私事属于早退，不属于正常下班，因无法证明是在下班的途中，也不在下班的时间内，不属于上下班途中的工伤。社保局对此进行了认定为工伤的决定，一审法院予以支持。二审中佛山市中级人民法院认为《条例》中“上下班途中”指职工在合理上下班时间内从住所到单位或从单位到住所的合理路线上，本案中的李国强是在非正常下班时段自行提前离厂，早退的行为并不符合“上下班途中”的内涵，判决撤销一审判决与社保局的工伤认定决定。

在该案中，就“早退”是否属于法律意义上的“上下班途中”，原审法院与佛山市中级人民法院持完全不同的认识。原审法院称，“早退”符合法律中“上下班途中”的规定，二审法院却坚持“早退”行为违反了“上下班途中”的应有含义。受害者李国强仅仅因为司法机关法官对上下班途中理解的不同，在工伤的认定与不认定之间挣扎徘徊。

而在“河北省新武安钢铁集团烘熔钢铁有限公司等诉邯郸市人力资源和社会保障局不服工伤认定纠纷再审案”中，② 邯郸市中级人民法院认为

① 广东省佛山市高明锦丰有色金属轧延厂与佛山市劳动和社会保障局等单位的工伤认定纠纷上诉案，2006 佛中法行终字第 75 号，网址：http：//www.pkulaw.cn/，最后访问日期：2014 年 9 月 11 日。

② 河北省新武安钢铁集团烘熔钢铁有限公司等诉邯郸市人力资源和社会保障局不服工伤认定纠纷再审案，2013 邯市行再终字第 10 号，网址：http：//www.pkulaw.cn/，最后访问日期：2014 年 9 月 11 日。

“上下班途中”是职工以上下班为目的，在合理时间往返工作单位与住所的合理路途中，在合理时间内的迟到、早退路途中，应属于法律上的上下班途中。认定早退职工在回家途中的伤害是工伤。两个案例的对比说明“上下班途中”的含义在司法实践中未统一。引致劳动者的权益保障并非完全靠法律实现，而是悬于法官对于法律精神的理解及倾向。同案不同判的情形之多引致司法的不公。

3. **小结**

要厘清上下班途中的具体内涵，需要对其时间概念和空间概念做出梳理。笔者认为，首先，在时间维度上，上下班是以上班、下班为目的的，其目的性决定了其与工作的联系，在迟到、早退问题上，笔者主张，无论迟到还是早退，其目的皆为上下班，是一种工作时间的合理延伸，虽然劳动者违反了单位的规章纪律，但工伤认定和单位管理缺乏直接相关性，用人单位可以规章制度为依据对劳动者处罚，但并不能以此否定“工伤”的法律性质。在具体时间上，要考虑到劳动者的正常工作时间、加班加点时间以及由于交通原因等从单位到居住地的合理的时间范围。在此之外，道路交通情况、路况、天气以及一些偶发性事件由于在劳动者控制范围以外，需要对其加以考虑。关于途中从事了个别私人事务，如买菜、接送孩子上学放学等行为，是生活中必需，并不因此而隔离与工作的关联。但是，如果在下班途中从事了诸如看望朋友、进行娱乐活动等其他非日常必需活动，其与工作的相关性被割裂，之后的路途不属于“上下班途中”。另外，在空间维度上，法律强调的“途中”是指单位与居住地的路途，由于在此路程中，劳动者的目的性很强，是为了工作。但由于路途的多样性，劳动者可以自由选择，法律并未规定劳动者一定要选择路程最短、最便捷的路线。只要在单位和居住地之间，都应该属于法律意义上的“途中”。所谓合理路线，只要劳动者选择的路线不要明显偏离上班、下班地点即可，没有硬性要求。法律的目的是为了给司法实务一个参考，在司法实践中，不应该硬性地理解文本上的含义，更应该发挥司法能动性，秉承法律精神，坚持法律理念，适时而动。

（二）“非本人主要责任”的理解

1. **学术争议**

“非本人主要责任”是对上下班途中交通事故的一种立法限制，初衷是为了劳动者上下班途中的交通安全，减缓无证驾驶、醉驾等现象，明确并非所有上下班途中的交通事故都可以认定为工伤。并且除了特殊工种外，作为完全行为能力人，劳动者要对自己的行为负责。此规定在某种程度上也为用人单位减轻了责任。

法律实践很难严格按照立法初衷前行。首先，此规定主观性强，难以客观界定。另外，关于劳动保障行政部门是否有交通事故责任认定的权利，学界理解不一。有学者主张，法理上要求行政部门“法无明文规定不可为”，劳动保障部门不应该享有此权利，但另一种观点认为，依照法律精神，道路交通管理部门无法对事故做出责任认定时，劳动保障行政部门可依据事实进行认定。面对实践中出现的争议，在“非本人主要责任”的立法问题上，于欣华教授指出：法律的实施效果与立法者的初衷背道而驰，“非本人主要责任”并没有完全排除无证驾驶造成本人伤亡认定工伤的可能。增加“非本人主要责任”的规定，虽可能排除无证驾驶等违反《中华人民共和国道路交通安全法》（以下简称《道路交通安全法》）行为认定为工伤事故，但在一定程度上又会致使劳动者因过失而被剥夺享受工伤保险的权利，这与工伤保险无过失补偿原则是背道而驰的。[①]

2. 实务纷争

司法实践中，关于“非本人主要责任”的争议主要在于是否属于“本人责任”认定的权力部门上。关于工伤认定中道路交通事故的责任认定存在两种争议，一是认为根据《道路交通安全法》第 73 条、第 77 条的规定，[②] 公安交通管理部门是唯一的法定处理交通事故的机构，劳动保障行政部门应严格依照公安机关道路交通管理部门的认定决定。另一种则主张于工伤认定领域中，劳动保障行政部门对交通事故中责任大小有自由裁量权，可根据调查核实情况，做出是否属于“非本人主要责任”的认定结果。

---

① 于欣华：《商榷：工伤认定中“非本人主要责任”的判断》，《中国劳动》2011 年第 11 期。

② 中国 2011 年《道路交通安全法》第 73 条：“公安机关交通管理部门应当根据交通事故现场勘验、检查、调查情况和有关的检验、鉴定结论，及时制作交通事故认定书，作为处理交通事故的证据。交通事故认定书应当载明交通事故的基本事实、成因和当事人的责任，并送达当事人”。第 77 条，“车辆在道路以外通行时发生的事故，公安机关交通管理部门接到报案的，参照本法有关规定办理”。

在赵某某等诉无锡市人力资源和社会保障局工伤认定纠纷案[①]中，赵某某的妻子陶琴是原审第三人炳法公司的职工，2011 年 8 月，陶琴发生交通事故，抢救无效死亡。同年 9 月 27 日，锡山交警大队道路交通事故证明，称无法查证事发时陶琴相关交通事实。无锡市人社局受理工伤认定申请后，因无法确认陶琴在交通事故中的责任，终止工伤认定。原审法院和上诉法院也同时认为市人社局的决定程序合法。

在上述案例中，原审法院和上诉法院依据同样的理由无法认定炳法公司职工陶琴在事故中的责任大小而支持人社局终止工伤认定的合法性。法院以法律条款中的“非本人主要责任”无法认定而做出裁判认为其不符合受理条件，在法律意义上似乎是严格遵循了法律规定，[②] 体现司法的公平正义。本案中受害者陶琴仅仅因为公安机关道路交通部门无法做出事故责任认定，由于法律规定的冰冷生硬而得不到应有的正义，不符合法律实质正义的要求，更无法对司法能动性进行很好的诠释。事实上，作为已故者，陶琴有可能对交通事故负次要责任，这样就完全符合工伤的条件，应该得到工伤保险赔偿。即使其负主要责任，也应该给其家人一个公正的答案，无锡市人社局以不符合法律规定的受理条件，终止受理是对受害者的严重不负责。陶琴的事例充分反映出我国工伤认定法律制度的不健全促使现实法律适用的逃避，劳动者的诉求得不到公正判决，实质正义得不到保障。

3. **小结**

在实践中，很多交通事故是无法认定的，陶琴的案例即是其一，如果完全交由公安交通管理部门，则劳动保障行政部门无法发挥自己的职责，也会造成行政效率低下。在劳资双方力量存在实质悬殊的情形下，《劳动法》给予劳动者的保护使得劳动者在与用人单位的纷争中拥有相对平等的话语权，符合实质公平正义的要求。“非本人主要责任”虽然并不能完全排除道路交通的违法现象，甚至造成无证驾驶等依旧可以认定为工伤，但其可以起到缓解作用。法律的力量是有限的，成功与否的关键不在于其立

① 赵某某等诉无锡市人力资源和社会保障局工伤认定纠纷案，2013 锡行终字第 0019 号，网址：http：//www.pkulaw.cn/，访问日期：2014－09－11。

② 2005 年《江苏省实施〈工伤保险条例〉办法》第 16 条规定：“劳动保障行政部门受理工伤认定申请后，对不符合受理条件的，应当终止工伤认定”。

法目的的完全实现，而在于其是否在立法者的有限预测内实现其功能性。另外，除了劳动法规定的特殊工种外，一般劳动者均是完全行为能力人，有能力预见自己行为的可能后果，需要对自己的行为负责，工伤认定中采用“非本人主要责任”可能因为劳动者的过失而否定工伤的认定，与劳动法律法规相冲突。《劳动法》实现了对劳动者的保护，并且工伤保险采取的是无过错责任原则，由于过失而可能承担不能被认定为工伤的后果不符合《劳动法》的立法理念以及工伤保险的基本原则。在这方面，“非本人主要责任”的规定有待进一步商榷。

在交通责任事故的认定方面，公安交通管理部门是法定的道路交通事故处理部门，对事故责任进行认定是其法定权力。但在工伤认定领域，鉴于工伤认定关系着劳动者的人身权益，当公安机关管理部门可以对交通事故做出认定时，劳动保障行政部门应该依照其处理决定。但当无法做出处理决定时，劳动保障行政部门可以发挥自由裁量权，在详细考察交通事故的基础上做出判断，从而做出工伤认定的结果。公安交通管理部门与劳动保障行政部门相互配合，既维系了公安机关道路交通管理部门的职权，也为工伤认定的法律规定的不健全提供了另一种解决途径。

（三）“48 小时之内经抢救无效死亡”的合理性质疑

1. 学术争议

《条例》第 15 条第 1 款规定了被视同工伤的情形，①表面上看量化了标准，简化了程序，在实践操作中为司法机关提供了明确的参考标准，实际上却引发诸多争议，尤其是关于“48 小时之内经抢救无效死亡”。学者们质疑“48 小时”的存在依据，劳动者的身体状况不一，所患疾病不同，统一使用 48 小时的合理性有待商榷。

关于“48 小时之内经抢救无效死亡”的规定经历了一系列立法沿革。从我国工伤认定的发展历程看，工作中因疾病死亡能否认定为工伤，我国经历了从狭窄到宽泛，再到狭窄的转变过程。② 1994 年，劳动部办公厅《关于在工作时间发病不作工伤处理的复函》明确了在工作场所发生与工

① 2011 年《工伤保险条例》第 15 条第 1 款：“职工有下列情形之一的，视同工伤：（一）在工作时间和工作岗位，突发疾病死亡或者在 48 小时之内经抢救无效死亡的”。

② 于欣华：《工伤保险法论》，中国民主法制出版社，2011，第 117 页。

作无关的疾病不能被认定为工伤，[①] 1996 年《企业职工工伤保险试行办法》把在工作岗位突发疾病丧失劳动能力纳入到认定范围，[②] 同年的劳动部办公厅《关于在工作时间发病是否可比照工伤处理的复函》对因工作原因突发疾病的情形予以认可，并排除因患有疾病突发死亡的情形。[③] 2004 年，《条例》对工作岗位突发疾病死亡与工伤认定的关系加入时间的考量因素。[④]

在立法上，1996 年的两个法律文件对 1994 年工伤认定的情形进行了扩大解释，但对于与工作无关的疾病不做工伤处理。《条例》进一步扩展了工伤认定范围，无论疾病是否与工作相关，只要在工作时间、工作岗位突发死亡或 48 小时内抢救无效死亡，都可视同工伤。这种规定对劳动者是一种福音，但现实中，理解上出现偏差导致某种程度上与立法初衷的背离。首先是对于“48 小时”这一固定时间段的合理性的质疑，个体体质及病情的不同一律以相同标准使人不解。另外，对于 48 小时内没有死亡，而是丧失劳动能力，是否可以作为工伤处理，学者们认为按照此条款的理解，丧失劳动能力同样是劳动者在劳动过程承受的一种风险，工伤保险应该将其纳入保障范围。并且，非因工作原因的疾病可以获得工伤认定的权利，按照劳动法律精神，过劳死应该被纳入工伤范围。法律在认可一种权利的同时，偏离其精神实质，舍弃比此权利更应该保障的彼权利，不符合立法目的。

2. **实务纷争**

“48 小时之内经抢救无效死亡”在实践中亦引发诸多纠纷，主要在于两个方面。一是关于“48 小时”的计算问题，有人认为应该从劳动者病发

---

① 中国 1994 年《关于在工作时间发病不作工伤处理的复函》：“目前，我国仅将月经期女职工的高处作业列为禁忌工种。高血压病为一种常见病，发病原因及发病时间很难确定，现行政策也没有按工伤处理的规定。我们认为，即使在工作现场、工作时间内发病，也不应作工伤处理，而应按因病或非因工负伤处理”。

② 中国 1996 年《企业职工工伤保险试行办法》第 8 条第 4 款的规定：“工作时间和空间内，不安全因素造成的意外伤害，工作紧张引发疾病造成死亡，或者经第一次抢救治疗后全部丧失劳动能力的，都应当被认定为工伤”。

③ 职工在正常工作活动之中，确实因为患有疾病造成死亡的，原则上不应按照工伤死亡处理。但是对于个别情况，例如因为加班加点突击任务（包括开会）而突然发生疾病导致死亡的，可以当作个别，予以照顾，比照因工死亡待遇处理。

④ 2004 年《工伤保险条例》第 15 条第 1 款：“在工作时间和工作岗位，突发疾病死亡或者在 48 小时之内经抢救无效死亡的，视同工伤”。

时计算，有人则主张应从医生的初次诊断开始。二是劳动者或家属原因中断治疗造成 48 小时之内死亡，是否可被视同工伤的问题。

倪红娟等诉上虞市人力资源和社会保障局确认案①中，原告倪红娟等是郑永山的家属，郑永山在滨田热力有限公司从事电焊工作，2012 年 11 月 5 日上午，工作时突然晕厥、呕吐，家属将其于 13 时 30 分送至医院就诊，11 月 6 日 20 时 30 分郑永山出院，出院诊断时患者病情严重，患者家属了解病情后要求自动出院，返回途中郑永山死亡。被告上虞市人社局做出《不予认定工伤决定书》。倪红娟等起诉上虞市人社局，称郑永山符合视同工伤的认定条件。上虞市人社局声称郑永山家属存在于 48 小时之内了解郑永山病情后要求自动出院的事实，属于因放弃对郑永山抢救而致其死亡，不符合法律上视同工伤认定的条件。对此，郑永山家属回应院方告知病情严重，积极治疗病情预后效果极差，家属了解病情后，考虑到火化及人在家中死亡对死者是一种慰藉的习俗等，主动放弃了治疗。浙江省上虞市人民法院判决支持原告的诉讼请求。

劳动者在工作时间、工作岗位突发疾病，家属在积极救治无望的情况下，48 小时之内主动放弃治疗，劳动者死亡是否属于《条例》中规定视同工伤的情形？法律只对时间概念简单规定，并没有考虑生活中的具体情形，关于患者家属主动放弃治疗的情况，一些观点认为不符合立法目的，患者家属的主观上放弃治疗，剥夺了患者 48 小时抢救的时间，不符合工伤的认定情形。但还有观点认为患者与家属之间存在特殊关系，家属不可能无端放弃治疗，只有在患者生命救治无望时才被迫接受，法律是为了解决生活问题，应理解人的生物属性与社会属性。在对“48 小时”的合理性解释上，很多观点倾向于认为 48 小时是抢救的最佳时间，如果按此含义，在医院下达病危通知书之后，理论上可以认为劳动者生命存活概率甚微，最佳时间的抢救没能挽回劳动者的生命，此时即使家属放弃治疗，也属于“48 小时”的法律内涵。但很多人认为，如此理解存在风险，法律不可能保证所有人都能严守法律，恪守道德，这样会致使一些人为了获得工伤赔偿，在 48 小时之内主动放弃对患者的医治，在利益面前，亲情伦理丧失。

---

① 倪红娟等诉上虞市人力资源和社会保障局确认案，2013 绍虞行初字第 15 号，网址：http：//www.pkulaw.cn/，最后访问日期：2014 - 09 - 12。

3. 小结

首先，按照《条例》的精神，“工伤”的法定标准应该是对因工而受到的伤害进行赔偿，虽然有些疾病与工作无关，但劳动者在工作时间、工作岗位上，按照“业务遂行性”理论，[①] 应该认定为工伤。但“48 小时”的时间限制让人难以理解。为了司法便捷，司法实践需要一个具体参考标准，但简单划定时间让劳动者与用人单位都备感无奈。仅差一秒钟的死亡，劳动者的死亡性质、待遇天壤之别，这不符合法律所倡导的公平理念。在孙笑侠看来，法制实际上是这样一种制度模式：法律创制强调法的目标或者实质合理性——体现了自然法观念；在法律执行上强调法的自身品质或形式合理性——反映实证法观念。[②] 在合理性上，我们应该回归以前，突发疾病造成劳动者丧失一定的生活能力，也应按照工伤处理，严格遵循“三工标准”。

其次，“48 小时”的起算点一般会被认为从突发疾病那一刻开始，但法律的目的是要求在 48 小时之内经抢救无效死亡，所以 48 小时的起算时间应从医生的初次诊断开始，若患者因为突发疾病，从工作岗位上回家处理必要的私人事务，致使未及时治疗死亡，也应被认定为工伤。

再次，对于间断治疗的问题，一些观点认为，间断治疗是人为耽搁患者的治疗时间，不符合工伤认定的条件。还有一些观点认为，间断治疗应该只计算治疗的时间。但笔者主张是否认定工伤关键在于间断治疗的原因，如果间断治疗是出于有益于患者的目的，那么 48 小时之内死亡，可以认定为工伤。如果明知间断治疗会延误治疗时机而有意为之，48 小时之内死亡不应该被认定为工伤。

最后，有关劳动者在工作时间、工作岗位突发疾病，致使劳动者丧失劳动能力与过劳死的问题。丧失劳动能力等同于剥夺了劳动者独立生活的权利，把其排除在工伤保险范围之外等于否认劳动者劳动能力的丧失与工

① 业务遂行性理论起源于日本，指劳工依据劳动契约在雇主的支配状态提供劳动，劳工于罹患职业灾害时，必须处于雇主的指挥监督下的状态。灾害发生具有业务遂行性大致可归纳为三种状态：（1）在雇主支配管理下从事工作（例如一般在雇主指挥监督下提供劳动）；（2）在雇主支配管理下但未从事工作（例如待机时间）；（3）虽在雇主支配下（受雇主命令），但未在雇主管理下（现实的监督）从事工作（例如受雇主命令出差）。

② 转引自牛忠诚、牛忠江《我的工伤谁做主——“48 小时内抢救无效死亡”之工伤认定条款的合理性检视》，《现代人才》2010 年第 1 期。

作的关系。事实上，劳动者从与用人单位建立劳动合同起，就与用人单位建立起一种特殊的人身保护关系，劳动者在工作过程中遭遇的事故应该由用人单位负责，法律也应该为劳动者提供可参考规范。关于过劳死的问题舆论讨论不断，然而，法律也一直没有给出明确答案，普华永道的潘杰、华为的胡新宇、百度的林海韬等一个个因工作压力过大而丧失生命的个体，得到的只是大众的同情与法律的冷酷。在法律面前，他们并没有得到公正对待，因为过度劳累并不属于工伤的认定范围。《劳动法》对加班时间明确限制，而市场的竞争使企业失去理性，变态的工作任务机制造就了变相的加班，员工在用生命为企业赚取利润，因为企业的违法造成了死亡的结果却不被法律认可，何等讽刺？在此，呼吁应把过劳死归入工伤认定范畴。

三 完善工伤认定法定标准的对策

（一）工伤认定范围合理化

1. 改进立法模式

从 1964 年《劳动保险问题解答》到 1996 年《企业职工工伤保险试行办法》，再到现行《条例》，我国关于工伤的认定，一直采用列举式，即用法律条文的形式穷尽可以认定为工伤的情形。当法律上这种应然之物遭受现实中实然之事时，司法操作无从进行，恪守法律条文只会带来司法不公，是对劳动者的不负责，对立法目的的漠视。《劳动法》以及《条例》都是为了平衡劳资关系，保护劳动者的应有权利，尽力使劳动者在风险社会中遭受的职业风险获得救济。法律具有滞后性，穷尽列举式的工伤认定范围在现实生产、生活中更是前所未有的不足。为了维持法律的相对稳定，立法部门用各种复函的形式对工伤认定范围的缺失进行弥补，1997 年劳动部办公厅对《关于职工在上下班途中发生非本人主要责任交通事故后待遇享受问题的复函》，2000 年劳动和社会保障部办公厅《关于职工在工作中遭受他人蓄意伤害是否认定为工伤的复函》，2001 年劳动和社会保障部《关于蓄意违章的复函》等。工伤认定中各种新旧问题的触发，一个个复函文件，使工伤认定法律显得杂乱无章，缺乏统一的标准。借助复函来解决实践问题，只会使问题更显复杂。当全国目光聚焦于2004年《条例》时，在工伤认定范围上其依旧保持了固有模式，虽然采取了“三工标准”的认定形式，但在立法上依旧不足，并且对之前《企业职工工伤保险试行办法》以及各种复函的工伤认定的传统有所改变。鉴于在适用上存在纰漏，面对层出不穷的工伤认定纠纷，对《条例》进行修订，即现行的2011年《条例》。新《条例》对实践及理论上出现的一些争议进行了修改，缓解了部分矛盾，但是其并未解决根本问题，法律无法穷尽现实中出现的情形，实践证明，种种被认定为工伤的列举情形在现实面前只是徒然。

法律是一种规则，在劳动关系领域，因现实中有很多单位未为职工缴纳工伤保险，直接参与者是劳动者与用人单位，在这个游戏中，劳动者往往必须在规则边缘或者规则之外行走，而用人单位紧守规则，对处于边缘之上及以外的劳动者置之不理。实际上，劳动者并没有游离于规则的精神之外，是规则圈定的范围太小。列举式的工伤认定范围浅显易懂，易于实践操作，但法律不能仅仅因为实践操作的困难而逃避实质正义，在列举主要情形之余，法律可以设定一个兜底性的工伤认定的原则性规定。另外，我国虽然不是判例法国家，但判例的作用是对实践的一种最直接有效的指导。指导性案例制度目前也在展开，通过承认指导性案例的效力，可以缓解工伤认定中的争议，对劳动者与用人单位而言起到了直接的指导作用。

2. 认定范围合理化

除了列举式工伤认定范围模式，在工伤认定的四种具体情形中，《条例》的有关规定不尽合理。

（1）关于“在工作时间工作岗位，突发疾病死亡或者48小时之内经抢救无效死亡”。48小时的时间限制，毫无依据。工伤保险强调的是工作因素，不应该过分强调抢救时间而影响是否属于工伤之判断。突发疾病致使劳动者丧失劳动能力或者生活自理能力的，应该认定为工伤。

（2）关于单位组织的集体活动中劳动者受到的伤害是否属于工伤的争议。1964年《劳动保险问题解答》明确了因单位因素而参加的集体活动中受到的伤害可以认定为工伤。① 但1996年《企业职工工伤保险试行办法》

① 1964年《劳动保险问题解答（摘录）》第54问第9条：“职工参加本企业所组织的（不包括车间一级）各种体育活动比赛、劳卫制测验或者正式代表本企业参加上级机关举办的各种体育运动比赛时负伤、残废或死亡者。有可靠证明，可以比照因工待遇处理”。

以及《条例》中均没有把单位组织的集体活动或者因单位而参加的集体活动中受伤的情形划入工伤认定的范围。

实践中，关于此问题的争议颇多。单位组织的集体活动虽然不是工作范围，但是集体活动是为了锻炼职工的身心健康以及单位内部的团结、凝聚力，使员工在工作中能够发挥出自己的能力，最终有益于单位，是职工工作的另一种形式。与此类似，为了单位而参加的集体活动是为了单位的荣誉或利益，也是工作范围的延伸，均应属于工伤认定的范围。争议较大的是一些工作应酬场合，员工因为工作原因醉酒而发生伤害事故。醉酒是被排除在工伤认定范围之外的，但是在一些特殊的岗位，如销售等，喝酒应酬是工作的一部分，因工作原因而喝醉不是故意行为，是为工作而为的行为。这种情形下是否应该被认定为工伤争议较大：一种观点认为应严格依照法律规定。醉酒是一种原因自由行为，法律具有预知性，在明知法律规定的情形下，即使是出于工作原因，也不应该认定为工伤。另一种观点则认为，工作性质决定表现，员工为了取得工作业绩，为单位谋取利益，不惜牺牲自己的身体健康，受到伤害时，不被认定为工伤，不符合法律保障劳动者合法权益的立法目的。笔者认为，作为工伤认定的排斥条件，醉酒是不应该被认可的，但员工喝酒是因为工作原因，按照“业务起因性”理论，员工的醉酒行为应该符合工伤认定的要件。但关于单位组织的集体活动或为单位而参加的集体活动应该属于工作的一种，现行《条例》应该把其纳入工伤认定范围。

（3）“在抢险救灾等维护国家利益、公共利益活动中受到伤害的”的视同工伤的情形。学术界不乏对此规定的贬斥，主张为了国家利益的行为与工作无关。劳动法是一种社会法，但是劳动法的领域限定在劳动关系领域，把关系国家、公共利益的活动纳入工伤保险范围，缺乏合理性，加重了对用人单位的负担。笔者认为，关于抢险救灾等国家公共利益的行为，不可以一刀切地认为其不属于工伤认定范围。工伤保险保障的是劳动者因工作而发生的意外伤害，按照“自然灾害”理论，由于不是因工作原因，不应该进行工伤赔偿。但按照“业务遂行性”理论，如果劳动者进行国家公共利益活动是在工作时间、工作场所，那么这种活动应该认定为与工作相关，应该被认定为工伤。在工作时间、工作场所之外的抢险救灾等活动应被排除在工伤认定范围之外。

（4）过劳死应该被纳入工伤。过劳死源于日本，指因过度工作死亡。在市场竞争体制下，一些企业为了达到赚取利益的目的，盲目让劳动者从事超负荷工作。《劳动法》以及《劳动合同法》尽管对加班进行控制，而且利用加班期间超额支付工资的方式进行限制，但仍然不能控制加班现象。一方面，雇主为了高额利润，把加班与绩效挂钩，诱使劳动者加班。另一方面，雇员面对高额的加班工资以及为了迎合雇主的需求主动加班。此外，在中国，“法不责众”是一种根深蒂固的观念，劳动执法部门面对此种情形也无能为力，力不从心。过劳死的事例一个个触目惊心，但至今未被纳入立法层面。1996 年《企业职工工伤保险试行办法》① 在一定程度上承认了部分过劳死现象，但只限于工作时间和工作场所。现行《条例》甚至完全剔除之，使过劳死现象无法得到法律保护。过劳死是在现行市场体制下的与工作紧密相关的一种现象，由于工作环境引起的职业病可以被认定为工伤，因工作原因而死亡的过劳死应该被法律保护，被划定在工伤认定的范围之内。

综上，工伤认定范围是工伤认定的前提，目前我国工伤认定的立法模式采取列举式，笔者建议首先应该增加兜底性的原则性条款，通过承认一些指导性案例的效力来指导实践操作。其次，在工伤认定的具体范围上，对 48 小时之内经抢救无效死亡的相应规定应该删除，突发疾病造成劳动者丧失劳动能力或生活自理能力的也应该认定为工伤。再次，应该把单位组织的集体活动或为单位而参加的集体活动中受到的伤害纳入工伤认定范围。最后，抢险救灾等为了国家公共利益的活动被认定为工伤应限制在工作时间、工作岗位上。另外，过劳死应该被纳入立法层面，认定为工伤。

（二）以工作原因为首要标准

1. 工伤认定理论

目前，关于工伤认定标准的理论主要有相当因果关系说、业务相关性说以及必要条件说。相当因果关系说源于日本的“业务遂行性”与“业务起因性”理论。“业务遂行性”指劳动者在劳动契约下受雇主支配下的状

---

① 1996 年《企业职工工伤保险试行办法》第 8 条第 4 款：“在生产工作的时间和区域内，由于不安全因素造成意外伤害的，或者由于工作紧张突发疾病造成死亡或经第一次抢救治疗后全部丧失劳动能力的”。

态。"业务起因性"指职务与灾害之间须有因果关系。部分学者认为此学说把工伤认定的范围限制得很窄，不利于保护职工的权益，因而不符合社会发展理念。[①] 业务相关性说则延伸了工伤认定的范围，认为所受伤害只要与工作存在相关性，即可以被认定为工伤，扩大了劳动者权益的保障范围。必要条件说是着重对受伤原因的强调，从工伤认定的标准出发，分析受伤的原因是否与用人单位有关系，如果受伤时因为工作，则可以认定为工伤。

在我国，工伤认定遵循"三工标准"，在构成要件上，原则上实现在工作时间、工作场所因工作原因受到伤害。现实生活的难以预料使法律在某些方面呈现出不足，但一部法律的颁布不只是为了使受众按图索骥，它确立的是一种基本精神，司法能动性要求在理解法律精神时，运用法律知识，结合现实因素进行考量。如为了履行工作职责，在下班后几分钟内在工厂遭受暴力伤害，是工伤吗？在（2009）穗中法审监行再字第 4 号的案件中，受害人李雍即是在中午打卡下班之后几分钟因为履行工作职责遭受打击报复，一审法院认定为工伤，二审法院认为其受伤害是在工作时间以外，不应该被认定为工伤。再审法院以被害是由于工作原因为由认定为工伤。案例说明在工伤认定中，并非一定要工作时间、工作地点、工作原因同时具备。在具备工作原因的前提下，工作时间和工作场所要素可作为辅佐性要素。[②]

工伤，是指因工而受伤，工作原因是其本质。从若干域外法有关工伤认定的规定，大多数采取的也是以工作原因为核心的认定模式，强调伤害"与工作相关"。[③] 工伤保险的立法目的是为劳动者因为工作而受到的伤害提供社会支持，为劳动者及其亲属提供生活保障。我国现行的工伤保险法律，原则上过分强调了工作时间、工作地点、工作原因的三体合一，在司

---

① 李国胜：《论上下班途中工伤的界定》，中国政法大学硕士学位论文，2011，第 4 页。

② 林睿君：《工伤认定不必同时满足工作原因、工作场所、工作时间三个要素》，《人民司法》2010 年第 12 期。

③ 国际劳工大会 1921 年《关于工人赔偿（包括农业工人）公约》对工伤事故的界定是"由于工作直接或间接引起的事故为工伤事故"。在德国，工伤认定采用单纯的因果关系理论。在美国，各个州都实行不同的法律，但是大部分州的法律对工伤的规定是相似的。"工作过程"是美国认定工伤的首要标准。在中国台湾，"执行职务"是职业灾害的前提条件。

法审判中，常常因为工作时间、工作地点的不确定而产生纠纷，如突发疾病是否是在工作时间、工作岗位上，职工因工作原因遭受暴力伤害是否在工作时间内等，具备工作原因的情形下，工作时间和工作场所的因素可适当放宽。

2. 建立以“工作原因”为首的工伤认定标准

以工作原因为工伤认定的首要标准，具有以下几个优势。

（1）符合工伤保险的立法目的。以工作原因作为首要的工伤认定标准，更大程度上保障了劳动者的权益。时至今日，对工伤认定标准的重构和完善，更应该确立好社会法理念。大陆法系国家最先起用“社会法”这一概念，当政治、经济和整体社会开始蜕变，分工趋向成熟时，竞争也越来越激烈，“弱肉强食”的生存法则必然导致弱者的出现，此时，“社会法”理念应运而生，平衡各方利益，使弱者得到公平、公正的庇护。[①] 基本理念决定了在不损害单位利益的前提下，工伤保险制度要尽力为劳动者服务。现在很多岗位工作性质决定了工作时间的不确定，以完成工作任务为目的。另外，人是活动主体，即使在工作时间，由于各种原因，不可能完全被限定在工作场所。固然工作时间、工作场所的因素便于对工伤进行判断，但工作原因是决定劳动者受伤最重要因素。工伤认定是为了减免劳动者因工作原因而遭受的伤害所受经济上的损害为目的，根本在于工作原因。在明确劳动者受伤具备工作原因的前提下，对工作时间、工作地点可以适当放宽要求。

（2）实现正义的要求。如前述（2009）穗中法审监行再字第4号的案件中的李雍，二审中仅仅因为在工作时间范围之外几分钟，因工作原因死亡被划定在工伤之外。因工死亡却因为时机不对被认定为与工作无关，不符合情理的要求。表面上实现了形式正义，实际却落后于实质正义的要求。明显是在工作原因的情形下对工作时间的过分苛求，是对劳动者的另一种伤害。

（3）简化工伤认定程序，减少讼累。如果一项法律仅为人们带来不便或者损害，或给大部分人带来不便和损害，若缺乏实际强制，即使被公认为法律，即使普遍实施，也很难深入人们的内心。在明确以工作原因作为

① 郑尚元：《劳动法与社会法理论探索》，中国政法大学出版社，2008，第280页。

工伤认定首要标准的情形下，在一些工作原因确定的案件中，可以及时解决诉争，实现及时正义，节约司法资源。

在我国现行的工伤认定法律中，为了政策性要求以及实现社会保障水平的拓展，一些认定为工伤的情形与工作原因没有直接关联，如上下班途中非本人主要责任的交通事故伤害，上下班途中作为工作时间和工作地点的延伸，而不符合工作原因的要求；在工作时间、工作岗位突发疾病死亡或48小时之内抢救无效死亡的规定，非因工作原因产生的疾病也被纳入其中。为了国家公共利益、伤残军人旧病复发等情形与工作原因牵连也不大。在接受这些规定一方面是为了实现政策性目的，另一方面是为了实现社会保障水平的扩大的情况下，我们可以从另一个侧面发现工作原因在工伤认定中的重要性。《条例》第16条规定了否定工伤认定的情形：因犯罪或者违反治安管理伤亡的；醉酒导致伤亡的；自残或者自杀的。三种情形与工作原因的不兼容性决定了其被排斥在工伤认定范围之外。

综合以上观点，笔者认为，工伤保险保障的是劳动者因为职务原因受到的伤害，其中工作原因是工伤的关键核心因素。为了实现正义以及更大程度上保障劳动者的劳动权益，在工伤认定中，应该把工作原因作为首要标准，在明确工作原因的情形下，可以把工作时间、工作岗位的要求适当放低。

（三）构建“宽严相济”的理念

1. 现行工伤认定制度之理念缺陷

现代劳动法理论认为，劳动者在工作过程中的人身安全是需要用人单位给以保障的，法律上明确规定了用人单位对劳动者的保护义务，一旦出现工伤事故，就意味着用人单位对这一法定义务的违反。[①] 工伤保险以劳动者权益保障为中心，秉持着保障因工遭受伤害或患职业病的职工获得补偿，分散用人单位的工伤风险的基本理念。工伤保险法律制度集中体现了传统私法向社会法的过渡。社会法以社会安宁为宗旨，以平衡个体权利与整体利益、个人利益与社会利益为支点构建法律体系，使职业伤害受害人

① 李丽丽：《对无过错责任原则在工伤责任认定中的思考》，《中国商界》2010年第5期。

权益的维护与全社会的安全有机地结合起来。① 首先，在立法层次，由劳动部到国务院立法，说明在立法层面上工伤保险法律有了提升。其次，社会连带责任形式的工伤保险使职业风险由个人责任走向社会责任，在保障力度上有了进步。最后，在保险范围上，除了主体范围的扩张，在法定的认定标准上，标准更加松缓。

在欢呼工伤保险在立法上取得巨大成就之时，笔者在此质疑工伤认定制度的合理性。在上文中，针对一些具体问题，已经有所阐述。通过综合检视工伤保险法律制度，笔者认为我国的工伤认定标准张弛无度，松缓有余而力不足。主要表现在以下几个方面：一是政治色彩浓厚，硬性把一些不属于职业风险的伤害纳入工伤认定范围。在劳动关系中，劳动者与用人单位之间虽然力量不均衡，对劳动者需要加大保护力度，但一些原本属于社会其他保险类的伤害纳入工伤保险中，加重了用人单位负担。二是在放宽标准的同时，过分强调“三工标准”的一体化。除了一些司法审判中出现的实例，在一直热议的过劳死问题上，用人单位违法剥夺了劳动者的休息休假权利，在劳动执法部门执法不严的情形下，劳动者过度劳累死亡，因为工作原因失去生命，却与工伤无缘。社会法以社会为本位，应着重社会整体效益，在劳动者的伤害明确因工作原因造成的情形下，过分追求工作时间和工作岗位，从而使劳动者丧失工伤社会救济的机会，劳动者因社会风险而陷入困境，使劳动者及整个家庭面临生活上的问题。三是工伤认定制度中着重点失衡，即在扩张工伤认定范围过分强调不相干因素的同时忽视了相关结果。如在“48 小时内经抢救无效死亡”的相关规定中，过分强调了时间因素，只考虑了死亡的结果，把与工作相关的疾病致使的非死亡结果排除在工伤认定范围之外。是非不明的工伤认定方式终究不会实现社会公平、正义的要求。

2. “宽严相济”理念在工伤认定中的实施

“宽严相济”的理念源于美国。在美国，工伤认定的核心是“与工作相关”，强调了工作过程的重要性。伤害须与工作相关，否则将会被排除在工伤保护范围之外。实践中，美国工伤认定强调工作场所与工作

① 郑尚元：《工伤保险法律制度在社会保障法中的地位》，载《社会正义的十年探索：中国与国外劳动法制改革比较研究》，北京大学出版社，2007，第 1 页。

时间，与中国不同，工作伤害发生在上下班途中并不认定为工伤。雇员在紧迫情形下帮助顾客或其他人受伤害的，只有危险与雇主相关才能获工伤保护。但同时美国法院对“工作过程”又做了较宽松的解释。如雇员从事与工作存在模糊关系事宜致伤的，如果在工作场所内发生或雇主同意或雇主极力鼓励，或雇主因雇员的行为受益，都可能会获得工伤保护。①

在我国，强调的是“三工标准”，除工作过程之外，工作原因在工伤认定中有举足轻重的地位，处于工伤认定的核心地位。我国的工伤认定的法律制度遵循了“业务相关性”理论，把上下班途中伤害事故以及在工作时间、工作岗位上突发疾病的情形纳入工伤认定范围，这是社会保险拓展的要求。“法律应该以实质公平为目标，当从抽象人格上属于平等而实质上不平等的主体受到因实质不平等带来的伤害时，法律不应该袖手旁观，应突破规则，给予实质弱者特殊待遇，以抵消可能的实质的不平等”。②

工伤保险发展至今取得了较大进步。一个社会的社会保险水平有其特定的社会背景以及经济发展水平，我国的工伤保险要顺应时代要求。“他山之石，可以攻玉”，在我国工伤保险制度应借鉴美国“宽严相济”的理念，针对已被实践证明的不足，予以完善。认定标准应严格遵循“三工标准”，工伤必须与工作相关，任何与工作时间、工作地点、工作原因无关的情形排除在工伤认定范围之外。同时，对“三工标准”的解释宜适当放宽标准，在是否与工作相关的认定上出现模糊界限时，以认定为工伤为原则，以工作原因为首要标准，在确定工作原因的情况下，放宽对工作时间、工作岗位的要求。

结　语

工伤保险资金是有限的，为了让有限资金能发挥最大的效用，最大程度上保证公平，工伤认定就成为关键问题。在工伤认定中，工伤认定的实体标准决定着是否能认定为工伤，我国对工伤的认定采取“三工标准”的

① 谢增毅：《工作过程与美国工伤认定——兼评我国工伤认定的不足与完善》，《环球法律论》2008 年第 5 期。

② 黄月华：《工伤认定的原则及标准探析》，《南京工业大学学报》2002 年第 2 期。

原则。在劳动关系领域，长期存在的劳资关系失衡使劳动法以及相关法律以倾斜保护劳动者为原则，在此理念下，我国工伤认定的范围越来越广，认定标准越来越松缓，保障劳动者在职业中应享受到的合法权益。与此同时，工伤认定法定标准诱发的矛盾也愈演愈烈。当然，司法争议的增多也反映出人们法制观念的增强，但更多的是由一些法律制度的不完善导致的。本文利用北大法宝上的 2004 ~2013 年 712 个司法案例，总结出 10 年来我国工伤认定标准的主要争议所在，并通过对比新旧《条例》中个别条款，展示法律实施效果。通过对司法案例的审视，总结出工伤认定司法实务的主要疑难问题，即“上下班途中”的内涵界定、“非本人主要责任”的理解以及“48 小时内经抢救无效死亡”的合理性质疑，结合具体案例探讨问题所在并提出自己的建议。提出关于改善我国工伤认定法定标准的建议：工伤认定范围合理化、以工作原因为首要标准、构建宽严相济的理念。

本文仅以北大法宝数据库案例为研究背景，且个人研究能力有限，对工伤认定法定标准的实证研究不够深入、全面。关于此问题，在现有工伤认定标准张弛无度、致使的纠纷激增的状态下，工伤认定的法定标准需要改善，明确态度，缓解矛盾，减少诉累。同时，劳动者利益的扩张无疑将提高用人单位的用工成本，增加用人单位负担，需要完善相应配套机制来保护用人单位的利益。

The Empirical Research on the Legal Standard of Work – Related Injury Identification

Li Ping

Abstract: Work – Related injury identification is the core of work – related injury insurance legal system, including the legal standard and procedure of work – related injury. The current "Regulations of Work – Related Injury Insurance" take the principle of "three working standards" and the enumerated model of work – related injury. The expanding scope and loosing legal standard of work – related injury mark the laborers can enjoy adequate protection, however, its hidden risks lead to growing dispute litigation and make the contradiction between the laborer and unit of choose and employ persons, which trouble them much. As the premise of work – related injury insurance legal system, it is urgent to reflect on the current legal standard of work – related injury in the case of existing legislation and practical operation problems of its legal standard . In this article, the author analyzes practical disputes of legal standard of work – related injury identification which are from 2004 to 2013 through 712 judicial cases retrieved from " the magic weapon of Peking University " . Analyzing the implementation of the new " regulation of work – related injury insurance " by comparing the old and new specific terms and conditions, then connecting with the specific cases , concluding the main problems in judicial practice and put forward suggestions for the existing disputes: if we want to improve the legal standard of work – related injury , we should define its scope reasonably , treat " working reason" as the primary standard and construct the concept of " tempering justice with mercy" .

Firstly, it induces the attribution of work – related injury identification cases by the statistical analysis of the 712 judicial judgments from 2004 to 2013 on the basis of " three working standards" . In view of the " on the way to work" and " illegal public security management" judicial disputes, the author make comparison analysis of the old and new " regulations of work – related injury insurance" with the aid of the number of judicially related cases . Secondly, it focuses on the main problems of legal standard of work – related injury identification based on the actual judicial judgment and law theories, including the definition of " on the way to work" , the understanding of not the primary responsibility and the rescue invalid death within 48 hours. Finally, the author proposes improved suggestions as the solution of existing disputes of legal standards of work – related injury identification: reasonable scope of work – related injury identification , treat " working reason" as the primary standard and construct the concept of " tempering justice with mercy" .

Key words: Work – Related Injury; Legal Standards; Improved Suggestions

职工基本医疗保险权保障水平之定量研究

廖小航*

摘　要：职工所享有的基本医疗保险权是全民医疗保险法律机制中的基础权利，关系到全民医疗保险法律机制能否较好发挥保护公民生命健康作用的重要问题。虽然我国社会保障法在保护职工基本医疗保险权取得了巨大的发展，但是其发展过程中也遇到了许多问题，亟待解决。目前，职工基本医疗保险权参保水平、受益水平都有待完善，为更好地提高职工医疗权保障水平应当进一步提高农村职工群体参保水平、适度降低职工与企业的缴费水平、投入基金方式、强化参保程序之监管、明确基层医疗服务机构的投入标准、缓和医药费用增长趋势。

关键词：职工医疗保险权　参保水平　受益水平　保障水平

前　言

2011年7月1日开始实施的《中华人民共和国社会保险法》第一次在全国人大立法层面明确了职工基本医疗保险权，并规定了职工基本医疗保险权具体内容。保障职工基本医疗保险权是全民医疗保险法律机制的核心，是调整全民医疗保险法律制度的关键。在法律所规定的内容中，实现职工基本医疗保险权既要保证职工全面参与基本医疗保险，即覆盖面问题；又要保障职工受益水平必须达到基本支撑治疗过程的标准，即受益水平问题。职工基本医疗保险权的保障水平将极大地影响社会全体公民生命健康权保障的利益。虽然我国社会保险的相关法律在保护职工基本医疗保险权方面取得了巨大进展，但是其发展过程中也遇到了许多问题，亟待解

* 廖小航，福建省福州市中级人民法院审判人员，厦门大学法学硕士。

决。在实践中，职工基本医疗保险参与水平不高，损害劳动者的合法权益。还有不少劳动者因为基本医疗保险权受益水平不足而无法充分享受职工基本医疗保险法律机制所带来生命健康权的保障。

对职工基本医疗保险权进行研究具有探索人权理论和解决社会现实问题的意义。“无论在哪里，人们因为没有意识到他们所拥有的权利，或者没有真正地懂得这些权利，而为这些权利的实现造成了很大的障碍”。[①] 研究职工基本医疗保险权的理论意义就在于廓清城镇职工基本医疗保险权利界限、范围、性质，并追求其实现条件和法律法律保障。解决社会现实问题的实践意义就在于通过研究职工基本医疗保险权，对我国进一步完善相关制度提供一定参考。

（一）既有研究综述

在我国，职工基本医疗保险权研究是新问题，现有研究成果主要包括权利定性研究和保障水平定量研究两大类。

1. 权利定性研究

部分学者借鉴国外经验对基本医疗保险权利进行定性研究，主要内容是对我国基本医疗保险权利的内容和性质进行界定。左学金最初认为界定基本医疗及其服务十分困难，在理论上可以对基本医疗及其服务的定义做出许多有价值的讨论。[②] 董保华依据宪法相关规定将基本医疗保险相关权利归类于“物质帮助权”，并认定为一种积极权利与行政权力的竞合，即从内容上看是弱势群体的积极权利，从形式上看是国家的行政权，呈现出两者的特点。[③] 张晓认为基本医疗保险权利与其他社会保险权利一样，具有社会保险的强制性、普遍性、保障性、补偿性、共济性、福利性（或非营利性）、公平与效率兼顾等特性。[④]

在《社会保险法》颁布之前，我国相关法律没有明确提出职工基本医疗保险权利这一概念，但是1988年《宪法》做类似实质化的规定：“中华

① 〔美〕卡尔·J·弗里德里希著《超验正义——宪政的宗教之维》，周勇等译，生活·读书·新知三联书店，1997，第101页。

② 转引自郑功成、杨健敏《医疗保险水平的确定——“跨世纪的中国医改”话题讨论之三》，《中国社会保险》1998第8期。

③ 董保华：《社会法原论》，中国政法大学出版社，2001，第308~312页。

④ 张晓：《社会医疗保险概论》，中国劳动出版社，2003，第6~12页。

人民共和国公民在年老、疾病或者丧失劳动能力的情况下，有从国家和社会获得物质帮助的权利。国家发展为公民享受这些权利所需要的社会保险、社会救济和医疗卫生事业”。到2010年，“职工基本医疗保险”这一术语在《社会保险法》的第23条内予以确认，得到学术界和实践部门普遍接受。至此，推知职工以其参与的职工基本医疗保险机制享有“职工基本医疗保险”权利。

2. 保障水平定量研究

对于职工基本医疗保险权利的保障水平定量研究，其主要成果主要集中在社会统计学方面。我国的医疗保险改革时间较短，对职工医疗保险权利进行评价的研究尚未成熟。在现有的指标体系的研究中，主要围绕构成要素、运行环节或者特定方面效果的研究，还没有形成一套统一的、全面的、系统的职工基本医疗保险权利评价指标体系。《中国统计年鉴》所含有职工医疗保险权利评价指标只涉及两个方面：年末参保人数和基金收支情况。

国内对全民基本医疗保险权利保障水平定量研究对职工基本医疗保险权利保障水平定量研究有巨大的借鉴意义。具体研究亮点如下：赵郁馨（1998）认为，医疗保险水平所反映的应是参保职工按规定应该享受的医疗保险实施范围，具体表现为所享受的医疗保健服务种类和费用水平。许飞琼（1998）指出，影响医疗保险的基本因素包括经济因素、技术因素、人口因素、主观因素、政策因素等，一个国家的医疗保险水平状况通常是这些因素综合作用的结果。郑功成（1998）认为，在讨论新制度的水平时，首先必须确定决定水平的基本因素，这就是经费的供给能力，即经济承受力和职工的医疗保障需求。徐倩、谢勇、戴维周（2003）进一步通过数据分析认为，中国的适度医疗保障水平的确面临着两难选择，即一方面是中国市场经济体制的建立和改革的深化急需配套的高效医疗保障制度的建立和资金的投入，另一方面是国家财政和用人单位因资金紧张而无法进行全面的资金投入。

经上述梳理发现，已有许多学者探讨全民基本医疗保险机制管理的相关问题，但尚未有人系统地研究职工基本医疗保险权的法律保障问题，更未有人能从实证分析的角度探讨职工基本医疗保险权的参保与受益水平。大部分学者并不满意职工基本医疗保险机制在对保护职工生命健康权方面的作用。且各学者提出的对职工基本医疗保险机制的建议众说纷纭，观点产生了激烈的碰撞。

（二）研究方法

采用适当的研究方法是研究法学问题必须考虑的，本文主要采用下列几种方法。

一是文献分析方法。通过查阅现有职工基本医疗保险权及其相关问题的专著、论文等，归纳其中观点，引用有价值内容，并针对现有研究不足展开进一步论述。

二是价值分析法。本文分析职工基本医疗保险权内涵以及在文章末尾为提出相关建议做理论剖析时，则主要运用价值分析法。

三是利益分析法。本文定量分析职工基本医疗保险权利参保与受益水平时，对法律所规制的利益状态和效果做理论剖析时，则主要运用利益分析法。

四是历史研究法。本文分析职工基本医疗保险权利在我国法律规定中的发展时，则主要运用了历史研究法。

五是实证分析法。此方法在本研究过程中最为重要。本文在分析近数年职工基本医疗保险权的参与程度与受益水平时运用了实证分析的方法。

本文对职工基本医疗保险权概述和对职工基本医疗保险权保障水平提升中出现的问题主要应用的是文献分析、价值分析和历史研究法，而贯穿全文应用的方法是实证分析法。

（三）研究目标

本文以职工基本医疗保险权的取得与享受为思考立足点，在厘清职工基本医疗保险权内涵，分析该权利的性质、实现条件的基础上，从《中国统计年鉴》的历年参保人数与参保人均医疗基金结余值入手，定量比较分析我国职工基本医疗保险权的参与程度与受益水平变化，并就完善职工医疗保险制度的相关法律规定提供若干建议。

一　职工基本医疗保险权概述

（一）职工基本医疗保险权的界定

1. 职工基本医疗保险权的概念

（1）既有学术观点

在人类面临的诸多风险中，疾病风险是涉及面广、复杂多样、危害严重、直接关系到人类基本生存的特殊风险。任何国家的居民都将面临疾病风险以及与疾病风险有关的医疗服务、医疗保险等问题。我国把保障国民健康规定在宪法中，并提出具体的目标和原则，形成了自己的社会医疗保障体系。适宜的医疗保险制度是维护公民健康状况，“保证享有普及的、必需的保健、诊断、治疗服务，又要克服浪费，有效地利用卫生资源，以利于保护劳动力和促进生产力发展”①。

在国外研究中，大部分学者也将对职工基本医疗保险权列入社会保障权范畴。1948 年联合国《世界人权宣言》第 25 条、1966 年联合国《经济、社会和文化权利公约》第 9 条以及 1952 年国际劳工组织《社会保障（最低标准）公约》第二部分皆以不同形式详尽概述了职工基本医疗保险权内容。英国的 H. 麦克米兰认为就业者基本医疗保险权是社会保障权的一种，并将其概念化为一种保障整个国家人口基本平等保护方法。② K. 德罗兹维基将职工基本医疗保险权纳入到与工作相关权利中来，并置于第二位阶。③ M. Scheinin 认为对于劳动者而言基本医疗保险权必不可少，尤其当个人不拥有必要的财产而不能通过工作获得适当的生活保障之时。④

而在国内研究成果中，基本上仅是对职工基本医疗保险权作模糊性判断，或者说只是原则性判定。左学金在理论上可以对基本医疗及其服务的定义做出许多有价值的讨论。⑤ 董保华依据宪法相关规定将职工基本医疗保险权归类于“物质帮助权”，并认定为一种积极权利与行政权力的竞合，即从内容上看是弱势群体的积极权利，从形式上看是国家的行政权，呈现出两者的特点。⑥ 张晓认为职工医疗保险权与其他社会保险权一样，具有社会保险的强制性、普遍性、保障性、补偿性、共济性、福利性（或非营利性）、公平与效率兼顾等特性。⑦

---

① 国务院：《医疗制度改革研讨小组关于职工医疗保险制度改革设想》，1988。

② B－A，Andreassen，loc. cit.（note 14），p. 458.

③ 〔挪〕艾德等：《经济、社会和文化的权利》，黄列等译，中国社会科学出版社，2001，第 256～258 页。

④ 参见 M. Scheinin，*The Right to Social Security*，ILO，pp. 46－50.

⑤ 郑功成、杨健敏：《医疗保险水平的确定——“跨世纪的中国医改”话题讨论之三》，《中国社会保险》1998 年第 8 期。

⑥ 董保华：《社会法原论》，中国政法大学出版社，2001，第 308～312 页。

⑦ 张晓：《社会医疗保险概论》，中国劳动出版社，2003，第 6～12 页。

（2）内涵界定

职工基本医疗保险权发生在职工参与基本医疗保险机制之时，是参与职工依法通过意思表示，享有基本医疗保险法律制度所带来的对其生命健康的保障权利。其至少包含下列四个方面内容。第一，参与主体，即职工，合法合格。早期医疗保险中，我国用“城镇职工”作为主体，其内涵不及“职工”一词宽广。1998 年《关于建立城镇职工基本医疗保险制度的决定》中规定：“城镇所有用人单位，包括企业（国有企业、集体企业、外商投资企业、私营企业等）、机关、事业单位、社会团体、民办非企业单位及其职工，都要参加基本医疗保险”。《社会保险法》以明文规定的形式确定了主体为“职工”，有利于更广泛地保护劳动者的基本医疗保险权利。此外，当职工群体请求行政机关的帮助（即要求行政机关履行其职责），以实现社会保障法已赋予某种行动上的自由。职工群体此时的实质是一种权利人，而国家建立一套全方位的保障措施以保护此权利人，形成整个社会的安全网。第二，职工必须参与基本医疗保险，才有获得享受医疗保险权利之可能。这与《宪法》所规定的其他“物质帮助权”不同。第三，职工必须在基本医疗保险机制中获得足够维持基本医疗保障的受益条件。此体现了职工基本医疗保险作为社会保险的保障性和救济性，更符合了保护职工生命健康权的基本要求。第四，职工在基本医疗保险中的受益必须是可持续、不间断的。职工基本医疗保险权利是法律赋予职工享有社会医疗保障的权利。而只有保证可持续、不间断的医疗保障，才能保证劳动者能够成功地应付疾病风险。

职工基本医疗保险权的保障也是由国家通过立法实施，从而表明职工作为劳动者应有之权利。该权利保障也是政府应尽之责任，其直接目的是贯彻国家的社会政策，保障公民生命健康。

2. 职工基本医疗保险权的性质

“权利的性质关系到该权利的实现方式、该权利被侵害时的救济途径与责任形式等问题的解决方案”。[①] 因此，职工基本医疗保险权性质是本文研究职工基本医疗保险权保障水平时必然触及的前提性问题。依据《社会保险法》的规定，职工基本医疗保险从属于国家公民所享有社会保险的一

① 李运华：《就业权研究》，中国社会科学出版社，2009，第 165 页。

种，故应具备社会保险权的基本属性。同样逻辑推论，社会保险权从属于社会保障权。职工基本医疗保险权应是社会保障权的下位概念。在剖析职工基本医疗保险权性质最佳方式是在分析社会保障权利通性基础上，追求职工基本医疗保险权之个性。

(1) 职工基本医疗保险权与社会保障权共性思考

先从社会保障权看职工基本医疗保险权性质，如董保华教授总结，社会保障权为一种积极权利与行政权力的竞合。积极权利之实质在于可以主动去实现，即是一种行动上的自由。“这权利不是保护个人以对抗政府或其他当权者的，而是提请公共权力机构注意而让诸如个人自己拥有的那种自由权通过另一些自由而得以实现。”这种积极权利的自由是具有经济和社会性质的权利，其特点是与集体和政府密切相关。

职工基本医疗保险权与其他社会保险权一样，具有强制性、普遍性、保障性、补偿性、共济性、福利性（或非营利性）、公平与效率兼顾等共通性质。其中强制性和普遍性是保障性、补偿性、共济性和福利性（或非营利性）的基础。在社会化大生产中，劳动者的疾病损失不再仅仅是劳动者个人或家庭的损失，而成为社会劳动力的损失。社会中个体所面临和承受的社会化大生产带来的疾病风险必须通过社会医疗保险来解决，依靠社会来分担。从另外一个角度来看，强制性和普遍性解决了职工基本医疗保险的逆选择和道德风险问题。

参加医疗保险的职工具有获得基本医疗保障的权利，这也是医疗保险的根本目的。同时，医疗保险的保障性随着社会生产力发展水平的提高会逐步提高。

医疗保险以保障人们平等的健康权利为目的。参加医疗保险的每个成员，不论其缴费多少都有权得到医疗保险所规定的医疗服务。缴费多少通常与个人支付能力有关，而与个人年龄、性别、身体健康状况及家庭人口无关，因而社会医疗保险有极其重要的社会目标，即保证基本医疗。“基本医疗是指基本用药、基本技术、基本服务、基本收费，是医疗保险规定范围内的医疗服务。在不同经济状况下其基本医疗水准也是不同的。对医疗服务‘供方’（医院）来说，基本医疗应该是可以提供的；对医疗服务‘需方’（患者）来说，基本医疗应该是必需的；对‘保险方’（保险机构）来说，基本医疗应该是有能力支付的”。①

当然，由于缴纳的医疗保险费只能维持基本医疗费用支出，基本医疗保险只能提供基本医疗保障，不能全面地满足人们所有的健康需求。这也是职工基本医疗权利中公平与效率兼顾性质的体现。公平与效率相结合是指医疗保险既要体现公平又要兼顾效率。公平可以理解为无论是患“大病”或“小病”，无论按规定比例缴纳的医疗保险费金额是多少，无论患者是什么身份，所享受的基本医疗保险待遇基本上都一样。公平性主要体现在社会统筹基金上，患“大病”都有保障，结付的机会均等，而负担则遵循公平化原则。这就需要前述强制性、普遍性、保障性、补偿性、共济性来保障。效率性主要是指筹集医疗保险基金的效率和节约卫生资源、减少浪费的效率。我国医疗保险制度改革实行社会统筹与个人账户相结合的原则，实现了公平与效率的有机结合。

职工基本医疗保险权在与其他社会保险权共性之方面：强制性和普遍性是保障性、补偿性、共济性和福利性（或非营利性）的基础，同时强制性、普遍性、保障性、补偿性、共济性共同保障公平与效率相结合特性的实现。这些共性遂由此组合形成一个整体，不可单独分离片面分析。

（2）职工基本医疗保险权特性剖析

职工基本医疗保险权性质与其他社会保险权不同之个性化方面，可以从主体、补偿关系作进一步剖析。第一，职工基本医疗保险权主体的劳动性。医疗保险权利是全民应享之权利，但因其中所包含的机制不同而产生区别。职工基本医疗保险机制因参与群体为劳动者，与失业保险权、社会养老保险权相区别，也与社会医疗保险机制中的新型农村合作医疗保险机制与城镇居民基本医疗保险机制相区别。其区别在于参与主体为劳动者，通过行政方式，政府强制参与措施能得到较好推行，即职工基本医疗保险权利通性中的强制性、普遍性较容易得到实施。此外，职工较之其他居民整体缴费能力更强，该保险机制在抵御风险中的群体自我调整度也较强，政府在该机制中的投入和补助也较低。这些都体现出机制参与主体，即职工群体的劳动性。第二，职工基本医疗保险权的高度补偿性。从保险补偿关系看，职工基本医疗保险机制中的保障水平比社会医疗保险机制中的新

① 张晓：《社会医疗保险概论》，中国劳动出版社，2003，第12页。

型农村合作医疗保险机制与城镇居民基本医疗保险机制更高，则为该类主体基本医疗保险服务的个体性提供了更有利的生长土壤。最鲜明的例子是政府补助与补偿比率的巨大差异性。城镇居民基本医疗保险机制中，“财政每年按不低于人均 40 元给予补助，其中，中央财政从 2007 年起每年通过专项转移支付，对中西部地区按人均 20 元给予补助”,[①] 但各地的补偿水平却远远低于职工基本医疗保险机制中的保障水平，新农村合作医疗保险亦如该情况。第三，继续从医疗保险补偿关系方面来看，职工基本医疗保险权实现具有短期、经常的个性。医疗保险的发生频率高，且费用难以控制。每个人都会遇到疾病风险，有的人甚至会多次遇到这种风险。每个人每次医疗开支的费用都不会相同，发生的数额差额较大，低时不会影响生活，高时又足以致患者于困境。因此，医疗保险权相对于其他社会保险权利来讲，其风险预测和费用控制成为一个重要问题。由于疾病的发生是随机的、突发性的，医疗保险提供的补偿也只能是短期的、经常性的，不像其他社会保险项目。而其他社会保险权利中，大部分如养老保险或生育保险那样，是长期、可预测或一次性的权利。因此，医疗保险权在补偿方式上也与其他社会保险权利有所不同。由于职工基本医疗保险权补偿之短期、经常性，医疗保险资金的筹集和使用具有明确目的性。为了确保医疗保险资金专款专用，对享受者主要采取医疗给付的补偿形式，而且补偿多少，往往与享受者所缴纳的保险费无紧密关系，而与实际病情关系更大。其他社会保险权利的保障方式与其相比，采取实行定额现金给付且对其最终用途没有明确限定的做法，表现出了是明显的不同。

综上所述，将职工基本医疗保险权与其他社会保险权利区别分析，可以从权利主体、补偿关系方面发现其性质之个性所在：主体的劳动性、与其他医疗保险相比而显现出的高度补偿性、权利实现的短期经常性。这些个性是在职工基本医疗保险权利与其他社会保险权利通性（强制性、普遍性、保障性、补偿性、共济性、福利性、公平与效率兼顾）的基础上分析归纳而得。这些个性更体现出了职工基本医疗保险权在保障公民生命健康权利的巨大作用。

① 劳动和社会保障部 2007 年 7 月 10 日《关于开展城镇居民基本医疗保险试点的指导意见》。

3. **职工基本医疗保险权的实现条件**

研究法律所规定的权利，要特别注意考察法定权利形态是否转化为现实权利形态，法律上平等的公民是否都具备使法定权利转化为现实权利的机会和能力，国家和社会为主体权利的实现提供或创造了什么环境和条件，以及法定权利转化为现实权利的途径和意义。① 职工基本医疗保险权由于自身性质（前文已述），决定了获得实现的机会必须在特定法律规制下，以没有必要保障措施和特殊保护手段为参保群体提供补偿条件。而这些必要的保障措施和保护手段则是需要充分条件予以保障的，这些条件则是保障职工基本医疗保险权实现之凭证。具体总结如下：

（1）经济条件

经济条件是指为了实现职工基本医疗保险权需要提供医疗技术、医疗培训等所必需的经济基础，既包括国家整体的经济实力，也包括参保个体的经济能力，不过保障职工基本医疗保险权利的实现更多依赖雇佣主体的重视、国家经济实力和财政投入。

职工基本医疗保险权是积极的权利，是需要国家积极作为予以保障的权利，因此其实现更依赖于经济条件。比如，为了让职工在疾病前得以保障，必须为他们提供负担医疗服务基本资金的大部分，包括门诊费用、住院床位费、药品支出等，这些都会产生很大的经济成本。当然，职工基本医疗保险权更是建立在较强的经济基础上的。从改革开放至今，中国的经济取得了迅猛的增长。从 1978 年至 2009 年的 32 年间，我国国内生产总值从 0.36 万亿元增长到 33.5 万亿元，增长了 93 倍。② 这样的背景下，中国已经具备了为职工提供基本医疗保险权的经济实力。职工基本医疗保险权的保障关键，则在于国家财政在此领域的投入上。

（2）社会条件

社会条件即指在职工基本医疗保险权的实现过程中，包括社会体制发展阶段、社会力量参与作为程度等社会诸因素的综合。我国目前是处于中国特色社会主义的初级阶段，同时《宪法》明确规定以工人阶级为领导，

① 张文显：《法哲学范畴研究》，中国政法大学出版社，2001，第 315 页。

② 中华人民共和国国家统计局：《中国统计年鉴 2010》，中国统计出版社，2010，第 23 页。

以工农联盟为基础，由此进一步说明劳动者是国家的主人。为保障劳动者安心正常工作的职工基本医疗保险权，也成为社会的迫切要求。此外，从计划经济到市场经济，大量劳动者从单位剥离出来，个人的基本医疗保护也成为全社会重视的关键性问题。

职工医疗保险事业是我国社会保险事业的重要组成部分，在上述社会环境的驱动下，为职工医疗保险服务的社会组织、社会团体迅速发展。这些组织机构使大批参保个体在治疗疾病时得到医疗保险机制及时的保障，在减轻政府负担、消化社会矛盾、促进社会和谐等方面发挥了重要作用。这说明除了国家政府这一主要行为体外，社会力量构成的非政府行为体的力量十分强大。由于我国改革开放的深入和社会主义市场经济的建立与发展，社会越来越趋向多元化。特别在一些问题比较突出、尖锐领域里，非政府组织的活动尤为活跃和集中，例如企业或受政府委托的社会保险经办机构。它们往往发挥着政府所没有或难以充分发挥的作用，推动社会的进步。

(3) 思想条件

思想条件是指职工基本医疗保险权实现的软条件，即社会观念和意识。其中包括应参保各方的参与观念、政府职能机关的管理意识、受益主体对现有保障水平确认意识。职工基本医疗保险权的实现并不是只求得治疗过程中的一般物质帮助就够了。职工基本医疗保险权的实现更要求政府和社会将职工作为具有公民权利的人，作为能够参与社会物质与精神财富创造的劳动者来看待。促进职工基本医疗保险权利的实现，离不开思想条件的影响。

在部分企业中（大部分是私营企业），职工参保和受益意识单薄，企业参保态度不积极，甚至该地区的地方政府基于地方利益更疏于管理。这些偏见与态度上的不积极是阻碍职工基本医疗保险权利实现的一个重要因素。因此，应当引导社会树立医疗保险观念，形成积极参与医疗保险的氛围，使参保个体认识作为劳动者应享有平等的基本职工医疗保险权，从而为职工基本医疗保险权保障实现提供文明的社会环境。

（二）职工基本医疗保险权保障的立法历程

职工基本医疗保险制度由 1998 年通过的国务院《关于建立城镇职工

基本医疗保险制度决定》所建立，其前身是劳动保险医疗制度。正因如此，职工基本医疗保险权，在1998年前由原政务院颁布的《劳动保险条例》及相关立法予以保障，在1998年后由国务院建立的城镇职工基本医疗保险机制中的相关立法予以保障。为研究新中国成立以来的职工基本医疗保险权保障立法历程，以1966年、1978年、1992年、1998年为分界点，以实现对全面免费医疗阶段（1949～1966）、保障停滞阶段（1966～1978）、市场化控制劳保医疗费用阶段（1966～1978）、转向职工基本医疗保险试点阶段（19992～1998）、全面建设职工基本医疗保险阶段（1998～2010）等不同保护职工基本医疗保险权时间段的剖析。

1. 新中国成立后到1966年前的立法历程

新中国成立后，党中央和政务院高度重视职工的基本医疗保障问题。鉴于我国二元城乡社会结构，党和政府为了在城镇实现改善和提高劳动者健康水平，对于职工建立劳动保险医疗制度，即指“对企业职工实行免费，对职工家属实行减半收费的一种企业医疗保险制度，它成为了我国劳动保险制度的有机组成部分”。[①]

为建立和贯彻该制度，1951年2月26日，政务院颁布了《劳动保险条例》。对于参保主体，《劳动保险条例》规定，“人数在100人以上的国营、公私合营、私营和合作社经营的工厂、矿场及其附属单位与业务管理机关，以及铁路、航运和邮电各企业单位及附属单位的职工均可享受劳保医疗”。对于缴费水平，《劳动保险条例》规定，“凡根据本条例实行劳动保险的企业，其行政方面或资方须按月缴纳相当于各该企业全部工人与职员工资总额的百分之三，作为劳动保险金。此项劳动保险金，不得在工人与职员工资内扣除，并不得向工人与职员另行征收”。对于职工基本医疗保险待遇，《劳动保险条例》中规定：“工人与职员疾病或非因工负伤，应在该企业医疗所、医院或特约医院医治，如该企业医疗所、医院或特约医院无法医治时，应由该企业行政方面或资方转送其他医院医治，必须住院者，得住院医治。其治疗费、住院费及普通药费，均由企业行政方面或资方负担；贵重药费、就医路费及住院时的膳费由本人自理。”对于劳保医疗经费，《劳动保险条例》中规定：“来源于企业的纯收入，按照企业职工

① 卢祖询：《社会医疗保险学（第二版）》，人民卫生出版社，2003，第1～2页。

工资总额的一定比例提取，在职工福利费中列支（离退休人员在劳动保险费中列支）；并且，在使用上实行专款专用，既不能分发给个人，也不能由个人自行购置药品”。职工患病时将可在本企业所开办的医疗机构或指定的社会医疗机构享受几乎免费的医疗。

1953年，政务院又颁布《劳动保险条例》的修正案，将劳保医疗制度的覆盖范围扩大到了国营建筑公司和工厂、矿场、交通事业的建设单位。此时，集体所有制企业也参照《劳动保险条例》相关内容执行。

综上所述，新中国成立后到1966年前，我国对职工基本医疗保险权的保障是通过建立起来劳保医疗制度，即福利型医疗社会保险，更是我国劳动保险制度的有机组成部分，是对企业职工实行免费、对职工家属实行半费的一种企业医疗保险制度。

2. 1966年到1978年间的立法历程

1966年4月，劳动部和全国总工会联合颁布了《关于改进企业职工劳保医疗制度几个问题的通知》（该行政规章于1994年废止），对缴费方式依然延续先前规定，即职工依然不需缴费，维持了原来全民公费劳保医疗的参保优越性。而对受益水平规定则较前数年有所弱化：“企业职工患病和非因工负伤，在指定的医院（包括分设的和独立的门诊部）或企业附属医院、医务室（包括医务所、保健站、卫生科（所）等设有医师、医士的医疗机构）医疗的，其所需的挂号费和出诊费，均由职工个人负担”。该规定更改了职工基本医疗保险权的受益方式，使出诊费和挂号费由职工个人承担。

1966年“文革”开始至1977年拨乱反正之前的时间段是职工医疗保险权保障的停滞阶段。“文革”前、中期社会动乱，国民经济濒临崩溃的边缘，职工基本医疗制度名存实亡，后期尽管有所恢复，但总体看仍属勉强维持。

1977年左右，劳动部、财政部、卫生部又陆续分别颁布了一系列有关基金管理方面的行政规章，其中包括进一步明确了职工福利基金的提取渠道和比例等。1957年，周恩来总理在党的八届三中全会《关于劳动工资和劳保福利问题的报告》中总结：“劳保医疗和公费医疗实行行少量收费（门诊、住院和药品），取消一切陋规（如转地治疗由医院开支路费，住院患者外出由医院开支车费等），以节约开支。”这些规定解决了劳保医疗费用的来源和企业职工福利基金的赤字问题。

3. 1978 年到 1992 年间的立法历程

我国职工基本医疗保险权利保障立法是随着社会经济的发展而不断变化的。20 世纪 80 年代以来，随着经济的发展和改革开放的深入，特别是我国经济体制从计划经济向社会主义市场经济的逐步转型，传统的劳保医疗制度日益显露出机制上的弊病，改革成为历史的必然。而在 1978 年至 1992 年间，中央以控制费用为中心，对劳保医疗制度进行改革完善。其间又以 1985 年为分水岭。

1985 年以前，中央主要针对受益群体进行调整，实行费用分担措施。例如原卫生部多处颁布行政规章，要求个人要支付少量的医疗费用，即所谓的“挂钩”。各地以自己经济水平和财政状况确定不同的分担比例，一般为 10% ~20% 。

1985 年到 1992 年间，中央立法则重点转向对医院进行规制，加强对医疗服务供方的约束。相关立法措施有：改革支付方式，将经费按享受人数和定额标准包给医院，节支留用，超支分担，激励医院主动控制成本和费用开支；制定基本药品目录和公费医疗用药报销目录，以控制药品支出；加强公费医疗和劳保医疗的管理，即提供经费的政府和享受者所在单位等，都要承担部分经济责任。除此之外，一些地区还建立了大病统筹制度，即以地区和行业为单位，由企业缴纳保险费，形成统筹基金，对发生大额医疗费用的患者给予补助，使医疗保障的社会化程度有所提高，企业之间互助共济、分担风险的能力有所增强。这些措施对控制费用的迅速增长，缓解经费紧张和企业之间的不公平现象，起到了一定的作用。

4. 1992 年到 1998 年间的立法历程

1992 年到 1998 年是劳动保险医疗制度全面转向职工基本医疗保险机制的过渡年限。由于中央政府在全面实施职工基本医疗保险机制前采用的是优选地区试点的方式，故这期间的立法实践多以地方性探索为主。

1992 年，广东省深圳市在全国率先开展了职工医疗保险改革，从而拉开了对我国职工基本医疗保险权利进行根本性改革的序幕。党的十四届三中全会决定提出要在我国建立社会统筹和个人账户相结合的医疗保险制度。为加强对医疗保险制度改革工作的领导，国务院成立了职工医疗保障制度改革领导小组。1994年国家体改委、财政部、劳动部、卫生部共同制定了《关于职工医疗制度改革的试点意见》，经国务院批准，率先在江苏省镇江市、江西省九江市进行了“社会统筹与个人账户相结合”医疗保险模式的试点。

1996年国务院办公厅转发了国家体改委等四部委《关于职工医疗保障制度改革扩大试点的意见》，在58个城市进行了扩大试点。在各地改革的试点中，试点成效显著，明确了医疗保险制度改革的目标和原则，对建立新的职工医疗保险费用的筹集机制和“统账结合”的支付办法进行了探索。

但通过试点，也逐步暴露出一些深层次的矛盾和问题。首先，部分试点城市筹资水平偏高、财政和企业负担比较重、基金征缴困难、导致覆盖面窄、企业参保率低、推动试点工作的难度大。其次，医疗机构改革和药品生产流通体制改革滞后，医疗资源配置不合理、医疗行为不规范、药品价格虚高。并由此造成医疗服务成本高、费用支出难以控制。因此，需要进一步通过总领性的立法来深化制度和机制的改革，以更好地保护我国职工基本医疗保险权利。于是后来全国又有了“板块结合”模式、“三金管理”模式、大病统筹办法等探索性、尝试性的改革。

5. 1998年至今的立法历程

1998年12月，国务院召开“全国医疗保险制度改革工作会议”，并在总结试点工作经验的基础上颁布了《关于建立城镇职工基本医疗保险制度的决定》，明确了医疗保险制度改革的目标任务、基本原则和政策框架，要求在全国范围内建立覆盖全体城镇职工的基本医疗保险制度。其特点是：低水平——保险待遇水平与经济发展水平相一致、广覆盖——覆盖城镇所有用人单位及其职工、共同负担——医疗保险基金由单位与职工共同负担、统账结合——基金经费筹集、管理与使用实行社会统筹与个人账户相结合、坚持属地化与社会化管理，实行多层次保障。

另外在体制上，该次立法完成了从原来劳保医疗的福利型向社会医疗保险型的全面转轨。同时在新制度下，国务院所颁布的这项行政法规将注意力主要集中在对“统账结合”的部分积累保障制保险模式、费用分担、医疗服务竞争（定点医院）、费用控制（结算方式）以及社会化管理等新运行机制方面。例如，《决定》明确规定：“基本医疗保险费由单位和职工共同缴纳，用人单位缴费率控制在职工工资总额的6%左右，职工缴费率一般为本人工资收入的2%”。

其后，原劳动和社会保障部在2003年颁布《关于城镇灵活就业人员参加基本医疗保险的指导意见》《关于进一步做好扩大城镇职工基本医疗保险覆盖范围工作的通知》，2004年颁布《关于推进混合所有制企业和非公有制经济组织从业人员参加医疗保险的意见》，2006年颁布《关于开展农民工参加医疗保险专项扩面行动的通知》等一系列规范性法律文件，进一步扩大了参保群体的范围。此外，原劳动和社会保障部在2002年颁布的《关于加强城镇职工基本医疗保险个人账户管理的通知》《关于妥善解决医疗保险制度改革有关问题的指导意见》中，对参保群体的受益水平也作了更细化规定。

当然，仅仅通过国务院的行政立法仍无法有效承担起保护我国职工基本医疗保险权利之重任。所幸2010年10月29日全国人大常委会通过了《社会保险法》。该法将原先城镇职工之外的劳动者，如灵活就业人员、农民工等，也纳入了职工基本医疗保险机制中，真正实现了实质意义上职工基本医疗保险权利的保护。

总之，通过在1998年至今的立法层面初步构建，对我国职工基本医疗保险权的保护，已经初步形成了社会统筹与个人账户相结合的职工医疗保险机制统一模式。

二 职工基本医疗保险权参保水平研究

（一）职工基本医疗保险权参保水平变化

研究职工基本医疗保险权保障水平，首先必须研究职工基本医疗保险参保水平。因为只有参加了职工基本医疗保险，才能谈该权利的保障水平。而职工基本医疗保险覆盖面状况正是职工基本医疗保险参保水平的直接表现。

1. 职工基本医疗保险参保人数变化趋势

要研究职工基本医疗保险覆盖面，重点在于观察职工参与基本医疗保险人数变化趋势。由于在2010年《社会保险法》颁布之前，国务院以及人力资源和社会保障部所颁布的行政法规及配套规范只将我国职工基本医疗保险权的全面保障局限于城镇职工群体，故该方面统计资料也仅有城镇职工参与基本医疗保险人数。该指标指“报告期末按国家有关规定参加基本医疗保险的人数，包括参加保险的职工人数和退休人员人数”。① 对此，总结从1994年到2010年16年间的城镇职工参与基本医疗保险人数，以观察职工参与基本医疗保险机制情况（见图1）。

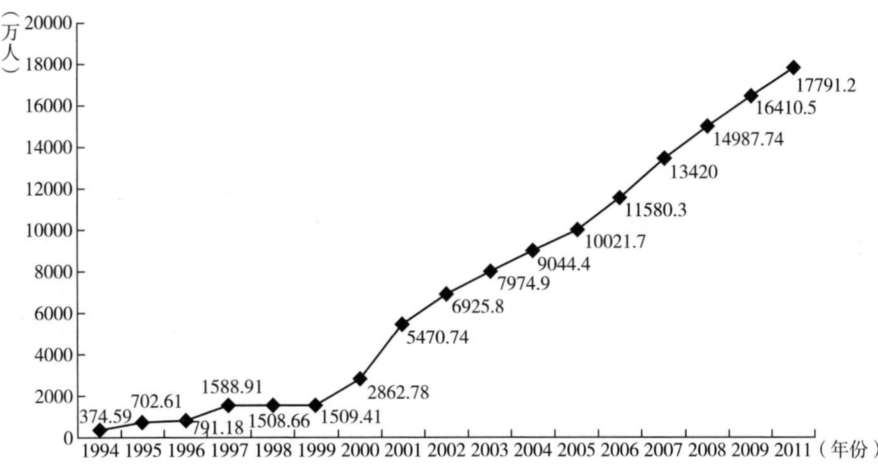

图1　1994年到2010年城镇职工参与基本医疗保险人数统计

资料来源：国家统计局．中国统计年鉴2011卷［EB/OL］．http：//www. stats. gov. cn/tjsj/ndsj/2011/indexch. htm，2011－08－16/2012－03－23.

（1）1994年到1998年的人数变化趋势。由图中可以发现，在职工基本医疗保险制度未完全建立的头四年，即1994～1998年间，我国城镇职工参与基本医疗保险机制的人数由374. 59万人上升到1508. 66万人，增长了302. 75%。也就是说四年内，我国城镇职工参保人数增加了3倍多。

在此期间，从1994年到1996年，每年城镇职工参保人数增长平均增长55. 62%。而到1997年，城镇职工参保人数增长速度突然变快。该年的增长率达到100%，参保人数在本年翻了一番，达到1588. 91万人。但是到1998年，我国城镇职工基本医疗保险参保人数又出现了回调，下降到1508. 66万人。

① 国家统计局：《中国统计年鉴2011卷》，http：//www. stats. gov. cn/tjsj/ndsj/，2011－08－16/2012－03－23，访问时间：2013－03－08。

（2）1999 年到 2003 年的人数变化趋势。从 1999 年起，每年城镇职工参保人数发生了高速增长。到 2003 年，全国城镇职工参保人数达到 7974.9 万人，比 1999 年增长了 428.35%。

其中，2000 年的增长势头最明显，不仅改变了 1998 年的负增长情况，增长率更达到了 89.66%。此外，增长最快则是 2001 年，达到 5470.14 万人，比 2000 年增长了 91.9%。到 2002 年、2003 年，增长势头逐渐放缓，但其速率也分别达到了 26.6%、15.14%。

（3）2004 年至今的人数变化趋势。城镇职工参保人数 2004 年、2005 年城镇职工参保人数增长放缓；而在 2006 年以后，该增长率又不断提升。其具体趋势呈线性上扬。其中，2004 年、2005 年城镇职工参保人数增长率分别为 13.41%、10.81%。2006 年开始，城镇职工参保人数增长速度再次上扬，每年增长速率都在 16% 左右徘徊，到 2010 年末城镇职工参保人数达到了 16410.5 万人，是 1994 年的 47.44 倍。

2. **职工基本医疗保险覆盖面变化趋势**

职工参与基本医疗保险人数变化表现出职工基本医疗保险机制中的参保群体的大小，但研究该数据变化趋势仍不足以体现职工基本医疗保险覆盖面。只有将职工参与基本医疗保险人数与全国职工总数做比，得出已参保群体数量与应参保群体数量的比值，方能体现出职工基本医疗保险覆盖面程度的变化趋势。

由于在 2011 年《社会保险法》实施前，我国职工基本医疗保险权保障仅限于城镇职工群体，已参保群体数量的统计资料也仅有城镇职工参与基本医疗保险人数，所以对于应参保群体数量的统计采用的是城镇就业人数。城镇就业人数包括城镇中国有单位、集体单位、股份合作单位、联营合作单位、有限责任企业、股份有限企业、私营企业、港澳台商企业、外商投资企业、个体户等单位，而对应乡村地区，参保群体主要在乡镇企业、私营企业、个体户之中。因此，总结从 1994 年到 2010 年 16 年间的城镇就业人数，与城镇职工参保人数对比，以观察应参保群体数量变化情况（见图 2）。

在数据中可以发现，1994 年到 1998 年间全国城镇就业人数处于两亿左右。而 1999 年到 2003 年间全国城镇就业人数则从两亿左右上升到两亿五千万左右，上升了四分之一。到 2004 年以后，全国城镇就业人数继续增

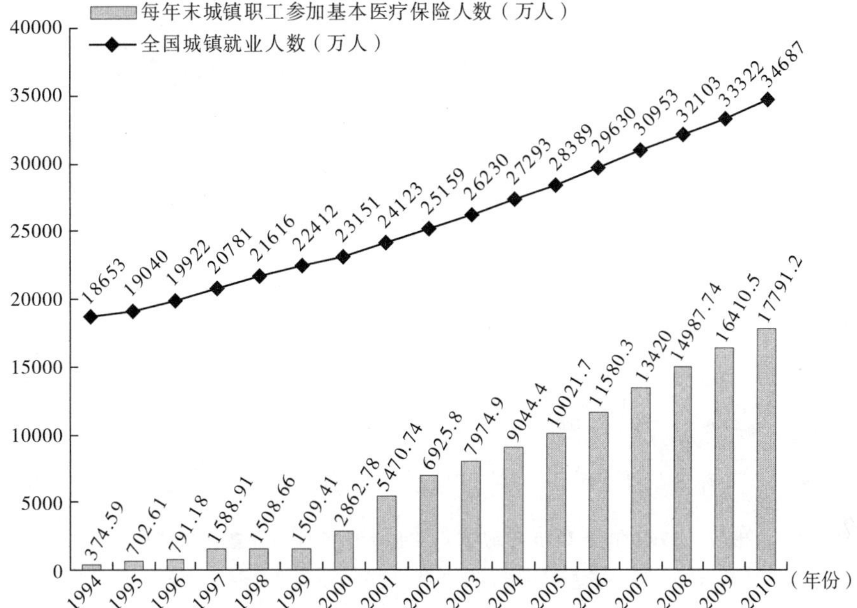

图 2　1994 年到 2010 年城镇职工参与基本医疗保险人数与全国城镇就业人数统计比较

资料来源：国家统计局．中国统计年鉴 2010 卷［EB/OL］．http：//www. stats. gov. cn/tjsj/ndsj/2011/indexch. htm，2011 - 08 - 16/2012 - 03 - 23.

长，到 2008 年该数值达到了 3 亿左右。自从 1994 年至今，我国城镇劳动力资源呈稳定增长趋势。

而对于城镇职工基本医疗参保人数，1994 年到 1998 年其间增长率并不高，甚至在 1998 年出现回调。但在 1999 年至 2003 年前，该数值出现了高速增长，该增长速度并在 2004 年至今的时间区间内得以维持和稳定。这种变化与全国城镇就业人数比较后，则可以判断城镇职工基本医疗保险覆盖面的变化趋势。这个趋势便是，在 1998 年以前城镇职工基本医疗保险覆盖面偏低，1999 年到 2003 年间的覆盖面开始加速上升，到 2004 年以后职工基本医疗保险覆盖面呈稳步上升趋势。

对于城镇职工参与基本医疗保险的具体描述，可以将城镇职工基本医疗参保人数与城镇职工就业人数做比构建分析职工基本医疗保险覆盖面变化趋势（见图 3）。

具体到数值：1999 年以前，城镇职工基本医疗保险覆盖面值非常低，都在 0. 1 以下，其中最高年份为 1997 年，也仅达到 0. 076。而在 1999 年到 2003 年间城镇职工基本医疗保险覆盖面值飞速上升，到 2003 年上升到

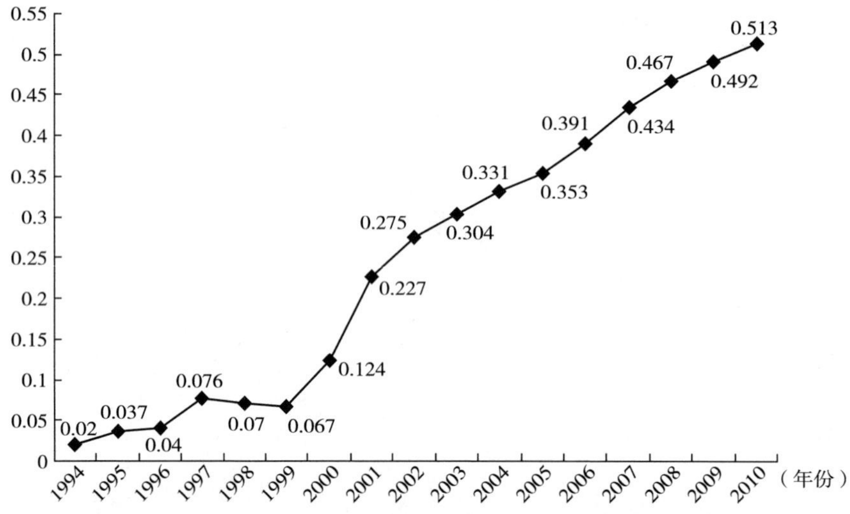

图 3　1994 年到 2010 年城镇职工基本医疗保险覆盖面值变化

资料来源：城镇职工基本医疗保险覆盖面值 = 城镇职工基本医疗参保人数/城镇职工就业人数

0.304，这期间 2002 年上升速度最快，上升了 0.105。

到在 2003 年以后，上升程度趋于稳定，每年上升 0.04 左右。到 2010 年城镇职工基本医疗保险覆盖面值达到 0.513。其增长趋势呈线性，体现了职工医疗保险法律规制下各参保利益的平衡，即法律规制下的合利益趋于稳定。

（二）从参保水平变化探究权利保障问题

通过以上数据，深入分析参保利益平衡的变化，可以从参保水平的变化角度探究 1994 年至今的职工基本医疗保险权实现成就。采取同样分析方式，在对城镇职工基本医疗保险覆盖面值变化整体把握过程中，还可以发掘职工基本医疗保险权保障中所存在问题及其原因。

1. 发展成就分析

由于新中国成立至今，职工参加基本医疗保险的相关法律规制力量变化巨大，因此职工基本医疗保险参保水平发展分析主要采用分阶段方式，划分标准与第一章第三节相同，具体梳理如下。

（1）1994 年至 1998 年主要成就

从 1994 年到 1998 年成就主要在于对职工基本医疗保障方式开始由劳动保险医疗方式向职工基本医疗保险方式的改变，其试点目标正是在于判定城镇职工基本医疗保险制度是否能将原有劳动保险医疗方式所保障的范围进一步扩大。前述数据也表明，在国家体改委、财政部、劳动部、卫生部 1994 年共同制定的《关于职工医疗制度改革的试点意见》颁布后，通过职工基本医疗保险试点，职工基本医疗保险所保障的群体得到一定扩大。其中，城镇职工基本医疗保险覆盖面值由 1994 年的 0.02 上升到 1998 年的 0.07。这也正说明构建城镇职工基本医疗保险制度试点方向是正确的，也为试点的进一步推广打下了基础。

（2）1998 年至 2003 年主要成就

1998～2003 年是城镇职工基本医疗保险制度全面推广的时间段。国务院 1998 年 12 月颁布《关于建立城镇职工基本医疗保险制度的决定》之后，城镇职工基本医疗保险制度在全国得以推行。国家通过实行社会统筹与个人账户相结合、费用分担、医疗服务竞争（定点医院）、费用控制（结算方式）以及社会化管理等新机制来保障城镇职工的基本医疗保险权利。其效果也十分显著，城镇职工基本医疗保险覆盖面值从 1999 年的 0.067 上升到 2003 年的 0.331，变大了将近 4 倍。这说明在 1998 年到 2003 年之间，城镇职工基本医疗保险权保障群体得以迅速扩大。如此变化也说明了城镇职工基本医疗保险权保障状况的进一步改善。

（3）2003 年至 2010 年主要成就

如果说 1998～2003 年的主要成就在于加速扩大城镇职工基本医疗保险权保障群体，那么 2003～2010 年主要成就在于稳步提升职工基本医疗保险权保障的覆盖面。2003 年到 2009 年间，城镇职工基本医疗保险覆盖面值每年的增长率都稳定在 0.3～0.4。该稳定的增长率体现出政府立法在实现权利保障的同时，注意到法律规制的持续性。此在尚未以中央法律层面确立职工基本医疗保险权利的状况下尤为可贵。

此外，国家相关职能部门在此期间还以行政规章的形式，进一步扩大了职工基本医疗保险权利保障的覆盖范围。原劳动和社会保障部 2003 年 5 月颁布了《关于城镇灵活就业人员参加基本医疗保险的指导意见》，将城镇中灵活就业的劳动者纳入了职工基本医疗保险权利保障的范畴。一年之后，原劳动和社会保障部又颁布了《关于推进混合所有制企业和非公有制经济组织从业人员参加医疗保险的意见》，开始了将农村就业人员纳入职工基本医疗保险机制的探索。2006 年 5 月，原劳动和社会保障部更颁布了

《关于开展农民工参加医疗保险专项扩面行动的通知》，更深入地探索了农民工这一城乡两栖特殊群体的基本医疗保险权利的保障问题，将其纳入城镇职工参保范围。这些探索为 2010 年《社会保险法》中职工基本医疗保险机制的建立提供了立法实践基础。

2. **所发现问题**

自 1994 年至今城镇职工基本医疗保险权保障的群体得以迅速扩大的成就不容忽视，但也不可避免地出现了问题。这些问题可归结为如下几个主要方面。

（1）农村职工基本医疗保险覆盖不足

从覆盖面变化角度探究职工基本医疗保险权利实现中的问题，首先是农村职工群体基本医疗保险覆盖仍不足，该现象由农村职工基本医疗保险数据整体缺失的现象所体现。如果说 2004 年以前职工基本医疗保险未在非城镇地区推广，存在数据缺失有其合理性。而 2004 年以后，虽然 2010 年《社会保险法》第一次以法律层面规定了我国医保制度是“职工基本医疗保险”以实现职工基本医疗保险权保障，但在之前的行政法规和行政规章中对职工基本医疗保险权利保障的制度设计仅限于城镇职工群体。尽管 2004 年、2006 年的立法实践将农民工、自由职业者、农村职工群体中的部分以混合所有制企业和非公有制经济组织从业人员、农民工等群体以城镇职工的形式纳入到职工基本医疗保险中，但农村职工群体参与基本医疗保险的程度仍不足，尤其是农村个体经营户尚未能纳入到职工基本医疗保险机制中来。这严重影响了农村职工群体的职工基本医疗保险权利的实现，不符合公平保障的立法原则。

（2）职工基本医疗保险参保水平基数过低

职工基本医疗保险覆盖面通过职工基本医疗保险总体参与人数的统计说明职工基本医疗保险参保水平是检验职工基本医疗保险参保水平的首要方面。我国职工基本医疗保险覆盖面过低，反映了职工基本医疗保险总体参保过低的问题。由图 3 可以发现，2010 年城镇职工基本医疗保险覆盖面值最高，达到 0.513。这也仅仅意味着城镇职工基本医疗保险覆盖面略微超过城镇就业人数的一半，更不用说达到 1（即参保率 100%）的全覆盖了。仍有将近一半的城镇职工因为各种原因未纳入职工医疗保险机制，更不用提还有大量的农村职工未参与职工基本医疗保险。如此可见，职工基本医疗保险参保水平仍有巨大的提高空间。

3. **问题原因剖析**

总体来说，我国现行的职工基本医疗保险覆盖范围还是相当有限的，绝大多数的劳动者还没有制度上的医疗保障。对应以上问题，依据相关统计数据和法律规定，可以实证地分析出上述两方面问题出现的原因。

（1）农村职工基本医疗保险覆盖不足之原因

农村职工基本医疗保险覆盖不足原因在于职工基本医疗保险公平性不足。按照职工基本医疗保障所应遵循的普遍性原则，如果某部分人被排除在制度之外，则没有必要再研究缴费水平与受益水平的公平性问题，未完全覆盖就是最大的公平性问题。覆盖面越广，公平程度则越高。我国医疗保障制度覆盖面在半个多世纪的发展历程中一直处于波动状态（见图3）。

由此可见，职工基本医疗保险权利保障的公平程度也随之起伏变化。其大体呈现为制度发展前期（1994年到1998年）覆盖低公平性低，中期（1998年到2003年）覆盖面小公平性差，近期（2003年到2008年）覆盖面逐渐扩大公平性稳步上升的状态。而波动性产生正是因为职工基本医疗改革不彻底产生制度碎片，未能解决城镇职工群体和农村职工群体之间不公平医疗保障的问题。

依据2010年《中国统计年鉴》的分类，农村就业人员除农民外，分为农村乡镇企业中就业人员、农村私营企业中就业人员和农村个体经营者三大类。而农民已经确定纳入新农村合作医疗保险，这里暂且不讨论。对于农村就业人员中另外三大类中，即使2004年5月原劳动和社会保障部颁布了《关于推进混合所有制企业和非公有制经济组织从业人员参加医疗保险的意见》，其中也只强调了城镇新增劳动力、下岗失业人员和农村进城务工人员就业人员的基本医疗保险参保，对农村乡镇企业、农村私营企业中就业人员纳入职工基本医疗保险并无特别说明，只从范围提供了一定可能。农村个体经营者参加职工基本医疗保险却无制度支持，使得大量农村灵活就业人员难以保障其职工医疗保险权利。

从2010年《社会保险法》的规定看，我国医保制度定名为“职工基本医疗保险”。而“职工”这一词语的界定，不应狭隘地理解为只指企业。这不仅不符合职工基本医疗保险的普遍性原则，而且直接或间接损伤了各类劳动者的职工基本医疗保险权。同时，如果前述人员的“基本医疗保险”的普遍性没法保证，其在基本医疗保险基础上的补充医保、大额医保就无从谈起。

（2）职工基本医疗保险总体参保水平过低之原因

职工基本医疗保险参保水平由职工基本医疗保险覆盖面值低体现，其主要原因总结有下列五个方面：第一，由于在《社会保险法》颁布前尚无职工基本医疗保险权法律保护规制，参与职工基本医疗保险人数偏少，法律规制主要集中于地方性行政法规层面，由此造成各地区各群体参保水平不平衡、中央调控力度低。这些实践经验证明仅凭地方行政调整是无法完成全体劳动者参与职工基本医疗保险的任务的，需要中央政府居于全国层面控制，这也推动了《社会保险法》职工基本医疗保险权内容的制定。第二，农村就业者未能充分参与职工基本医疗保险，其具体内容前面已说明，不再赘述。第三，制度建立早期，国家对城镇职工群体中混合所有制企业就业人员、非公有制经济组织从业人员、城镇灵活就业人员的基本医疗权利保障重视度不够。这导致了 2003 年原劳动和社会保障部第一份扩面行政规章《关于城镇灵活就业人员参加基本医疗保险的指导意见》颁布前，城镇职工基本医疗保险覆盖面值最高也仅有 0. 275（2002 年）。其中，完成城镇职工基本医疗保险覆盖面值提升的主力是国有和集体企业。而大量城镇职工群体中混合所有制企业就业人员、非公有制经济组织就业人员、城镇灵活就业人员因为制度性缺陷，在 2003 年以前尚无法纳入职工基本医疗保险保障。2003 年以后，尽管原劳动和社会保障部一再颁布扩面行政规章，在规章层面逐渐将城镇灵活就业人员、混合所有制企业就业人员、非公有制经济组织从业人员等边缘群体纳入基本医疗保险体系。但实践中往往由于落实不到位而出现相关法律性文件的实施“落空”，故在 2003 年以后城镇职工基本医疗保险覆盖面值尽管稳步增加，但 2010 年最高值仅略微超过一半，职工基本医疗保险参保水平依然过低。第四，参保企业和个人的缴费门槛过高。部分应参保群体因缴费能力低无法参与职工基本医疗保险，严重影响了职工基本医疗保险参保水平提升。这部分人大多是灵活就业者、失业者、困难企业职工、混合所有制企业就业人员、非公有制经济组织从业人员等等。这部分群体大部分是无固定收入来源的公民，缴费能力欠缺，使他们只能望制度而兴叹。这也导致应参保群体中许多个体的参保积极性的下降，不解决这部分人的缴费问题，制度实际覆盖率仍然会与制度所设计的参保要求存在很大差距。第五，由于随着1994年国有企业改制和大量私有用人单位产生，基于用人单位逃避缴纳职工基本医疗保险权的“寻租行为”使职工基本医疗保险覆盖面难以进一步扩大。布坎南（Buchannan）认为：“寻租是追求满足私利的个人使价值最大化，造成了社会浪费而不是社会剩余”。① 塔洛克（Taluoka）也指出：“大量的寻租族们为寻求租金而不进行正常的生产经营活动，造成了整个社会经济效率的低下。”② 该行为“并不创造额外的经济资源，仅仅是改变了原有生产要素的所有权关系，而且寻租具有成本低，预期效益高等特征，从而诱使了大量的利益集团和个人从事寻租活动”。③特别要说明的是，影响参与职工基本医疗保险程度的“寻租”，主要是“雇主性寻租”，其在扩大劳动者覆盖面上起了巨大的破坏作用。“一些利益主体采取不正当的贿赂行为，促使政府官员在资源配置过程中背离社会利益最大化原则，使得本来可以用于生产性活动的稀缺资源浪费于那些无益甚至有害于社会活动中。同时，利益受害者也会采取行动来‘避租’以与之抗衡，造成社会资源的更为巨大的耗费”。④

三　职工基本医疗保险权受益水平研究

（一）职工基本医疗保险权受益水平变化

研究职工基本医疗保险权保障水平，不仅应研究职工基本医疗保险参保水平，更要注重参保群体在基本医疗保险运行中权益受保护的情形，即权利的受益水平状况。

1. 职工基本医疗保险基金结余值变化趋势

职工基本医疗保险基金结余值是“截止报告期末的社会统筹和个人账户基金累计结余金额，包括银行存款、财政专户、债券投资和其他”。⑤ 职

① Buchanan, J. m, Tollison, R. D. and Tullock, G, (eds.): *Toward a Theory of the Rent Seeking Society Clongleton Station*: Taxas A&MPress, 1990.

② 〔美〕戈登．塔洛克：《寻租》，西南财经大学出版社，1999，第23～29页。

③ 李建英、李志强：《寻租理论与会计信息失真》，《经济体制改革》2003年第3期。

④ 许箫迪、王子龙、孙春飞、俞悦：《寻租行为的经济学分析》，《商业研究》2005年第21期。

⑤ 国家统计局：《中国统计年鉴2010卷》，http://www.stats.gov.cn/tjsj/ndsj/，2011－08－16/2012－03－23，访问时间：2013－03－08。

工基本医疗保险基金结余值是评判职工基本医疗保险受益水平的标准。对职工基本医疗保险基金结余值变化趋势的研究，也是保障职工基本医疗保险受益水平的基础。

（1）总量变化趋势

由于我国在 2004 年才开始试点将农村职工纳入基本医疗保险，造成农村地区官方职工基本医疗保险基金结余值方面的统计资料难呈系统性，故此仅从城镇职工相关数据角度来分析和评价职工基本医疗保险基金结余的水平，从而探讨职工基本医疗保险权利的受益程度。图 4 中可以观察出 1994 年到 2010 年共 16 年的城镇职工基本医疗基金结余值总量变化趋势，并可继续以 1998 年、2003 年为界分三段分析。

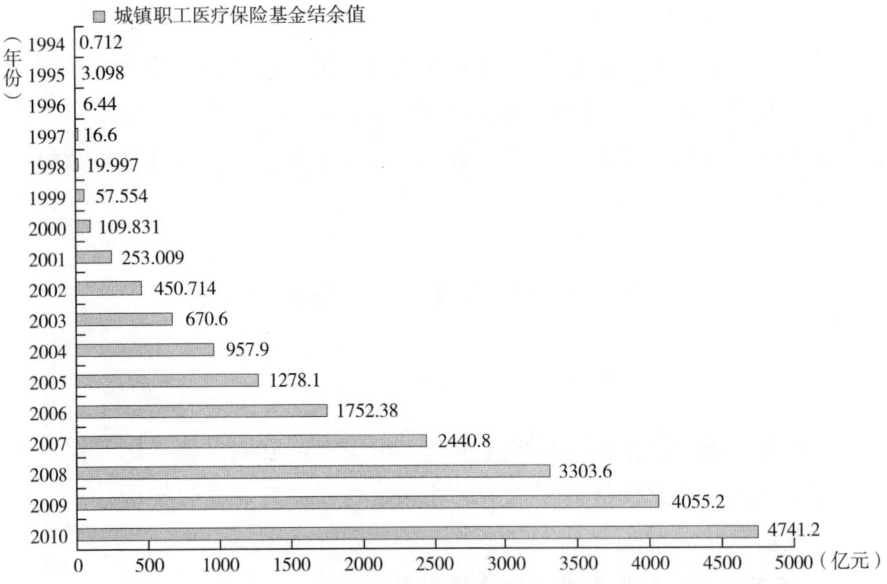

图 4　1994 年至 2010 年城镇职工基本医疗基金结余值总量变化趋势

资料来源：国家统计局．中国统计年鉴 2011 卷［EB/OL］．http：//www. stats. gov. cn/tjsj/ndsj/2011/indexch. htm，2011 －08 －16/2012 －03 －23.

1994 年到 1998 年城镇职工医疗保险基金结余值都在 20 亿元以下，1994 年最低仅有 0. 712 亿元，到 1998 年上升到 19. 997 亿元。其中，1997 年上升速度最快，上升了 10 亿元左右。但整体看，1994 年到 1998 年城镇职工医疗保险基金结余值呈上升弧线，但仍比较缓慢。

1999 年到 2003 年间城镇职工医疗保险基金结余值呈现一定程度的上涨。1999 年结余值先是突破了 20 亿元大关，达到 57. 554 亿元；2000 年又突破 100 亿元，达到 109.831 亿元；2001 年再突破 250 亿元，达到 253.009 亿元。2002 年达到 450.714 亿元，也突破了 450 亿元的界限。2003 年结余值达到 670.6 亿元，是 1999 年到 2003 年时间段的最高值。整体看，1999 年到 2003 年间的结余值上涨幅度比 1994 年到 1998 年区间要大许多，在图像上呈明显的上扬趋势。

到 2004 年到 2010 年间，城镇职工医疗保险基金结余值上扬程度更加明显。2004 年比 2003 年上升了将近 300 亿元，2005 年比 2004 年上升了超过 300 亿元，2006 年比 2005 年上升了近 500 亿元，2007 年比 2006 年上升了 700 亿元，2008 年比 2007 年上升了 900 亿元，2009 年比 2008 年上升 750 亿元。总体看，本时间段的年增幅都比前两个时间段（1994 ~ 1998、1999 ~ 2003）要大，上升速度也较明显。同时在 2003 年到 2008 年间，结余值上升速度不断加大，到 2010 年上升速率产生一定回调。

（2）人均基金结余值变化趋势

应当意识到，仅从城镇职工基本医疗基金结余值总量仍无法细致观察和探索工基本医疗保险受益水平程度，所以应将城镇职工基本医疗基金结余值总量除以已经参保的人数，建构人均基金结余值（如图 5）。

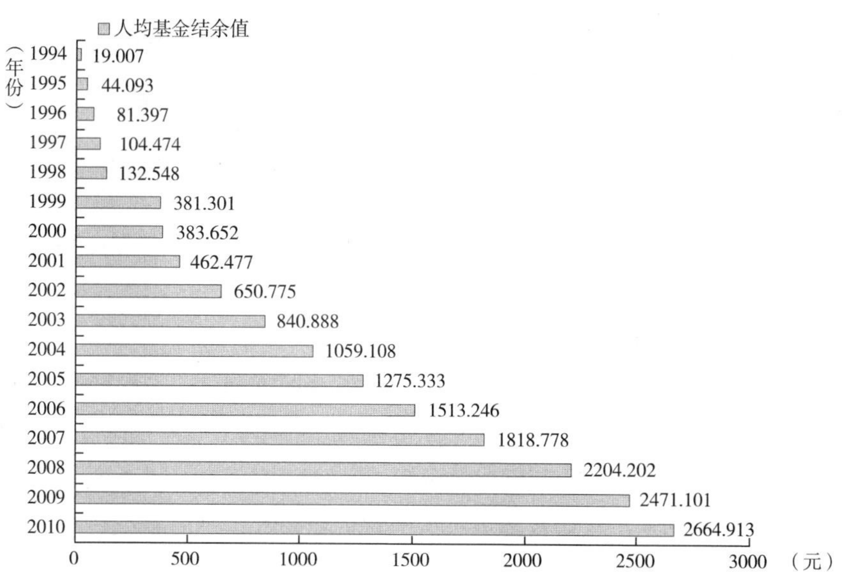

图 5　1994 年至 2009 年城镇职工基本医疗保险基金人均结余值变化趋势

资料来源：城镇职工基本医疗基金人均结余值 = 城镇职工基本医疗基金结余值/已参加城镇职工医疗保险人数

尽管结余值总量分摊到已参保人数上，但人均基金结余值整体趋势变化仍同总量变化相类似，呈弧形上扬曲线。其中，人均基金结余值趋势变化的特点在于，细化到 1994～1998、1999～2003、2004～2009 三个时间段，其具体的上升趋势又与总量（见图 4）变化曲线存在一定区别。例如，1994～1998 时间段中人均结余值的上升趋势就比总量上升趋势明显；又如 1999～2003 时间段中人均结余值时缓时速，而总量上升则逐渐加快；再如 2004～2009 时间段中人均结余值稳步上升，而总量值上升愈加迅速。

2. 人均基金结余值与门诊医疗费用之比较

那么目前城镇职工医疗保险基金结余值是否起到保障职工基本医疗保险权益的作用呢？为此我们将近几年全国门诊人均次医药费用与上一年的人均基金结余值对比。其中，由于统计资料的限制，我们仅收集到 2000～2010 年的全国门诊人均次医药费用（见图 6）。

下面对比 2000～2010 年全国门诊人均次医药费用与上一年的人均基金结余值作，以讨论职工群体中医疗保险权利保障的水平（见图 7）。门诊人均次医药费用 1994 年国家体改委《关于职工医疗制度改革的试点意见》中规定："医疗费用首先从个人医疗账户支付；个人医疗账户不足支付时，先由职工自付。按年度计算，职工在个人医疗账户之外自付的医疗费，超过本人年工资收入的 5% 以上部分，由社会统筹医疗基金中支付，但个人仍要负担一定比例。个人负担的比例随费用的升高而降低；超过本人年工资收入 5% 以上，但不足 5000 元的部分，个人负担 10%～20%；5000 元至 10000 元的部分，个人负担 8%～10%；超过 10000 元的部分，个人负担 2%"。以门诊普通费用为例，一般个人负担率在 20% 左右，[①] 所以将全国门诊人均次医药费用与人均基金结余值比较时，需将全国门诊人均次医药费用乘以 80% 比较。

与 1994 年至 2009 年的人均结余值飞速上扬趋势相比，2000 年至 2010 年的门诊人均次医药费用保障水平上升幅度仅呈稳步上升趋势。到 2003 年，门诊人均次医药费用应报销的金额达到 93.68 元，接近了百元大关。到 2009 年，门诊人均次医药费用应报销的金额更达到 133.44 元。

① 以 2006 年至 2011 年《中国卫生统计年鉴》中 5 年数据的整体估算，国内每年每人门诊 2～3 次、住院 0.5 次左右，由此得出每年中国平均城镇职工门诊和住院医药费用在 5000 元左右，进一步得出个人负担率为 20% 左右。

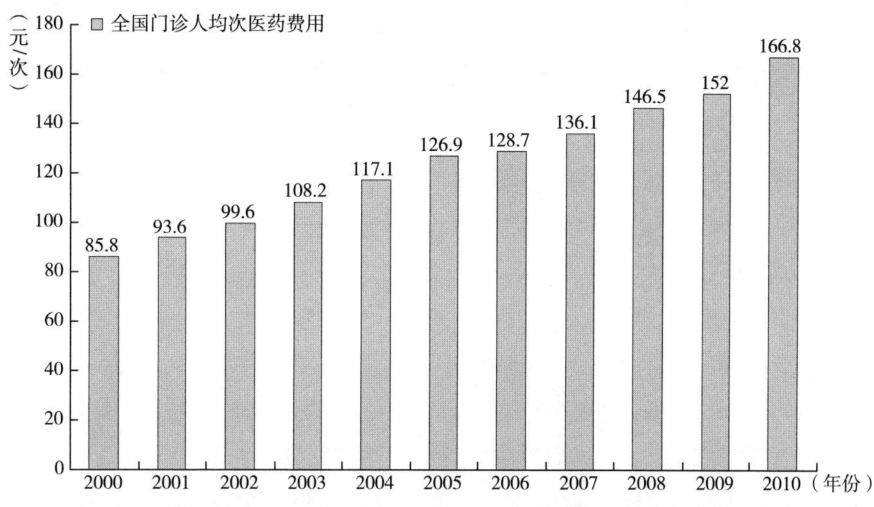

图 6　2000 年至 2010 年门诊人均次医药费用水平变化图

资料来源：中华人民共和国卫生部：中国卫生统计年鉴 2010 卷，http：//www. moh. gov. cn/publicfiles/business/htmlfiles/zwgkzt/ptjnj/year2010/index2010. html，访问时间：2011 - 08 - 16/2012 - 03 - 23.

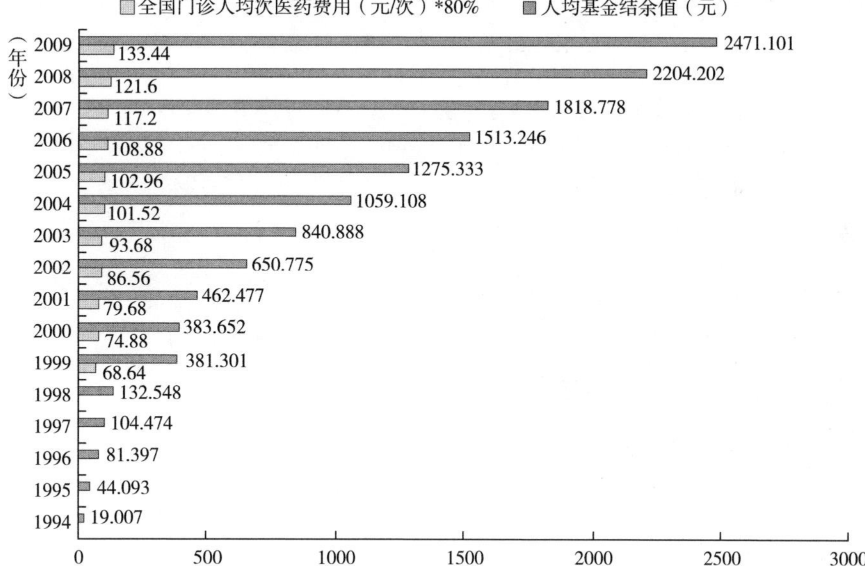

图 7　1994 年至 2009 年人均结余值与下一年门诊人均次应报销医药费用对比图

3. 人均基金结余值与住院医疗费用之比较

经过近几年全国门诊人均次医药费用的比较，仍不足以讨论职工群体中医疗保险权利保障水平，需要加入住院医疗费用加以分析。因此，统计了 2000 ~2010 年全国门诊人均次医药费用（见图 8）。

同门诊费用的分析方式相似，我们将住院人均次医药费用乘以 80% 与上一年的人均基金结余值作对比，以讨论城镇职工群体中医疗保险权利的保障水平（见图 9）。

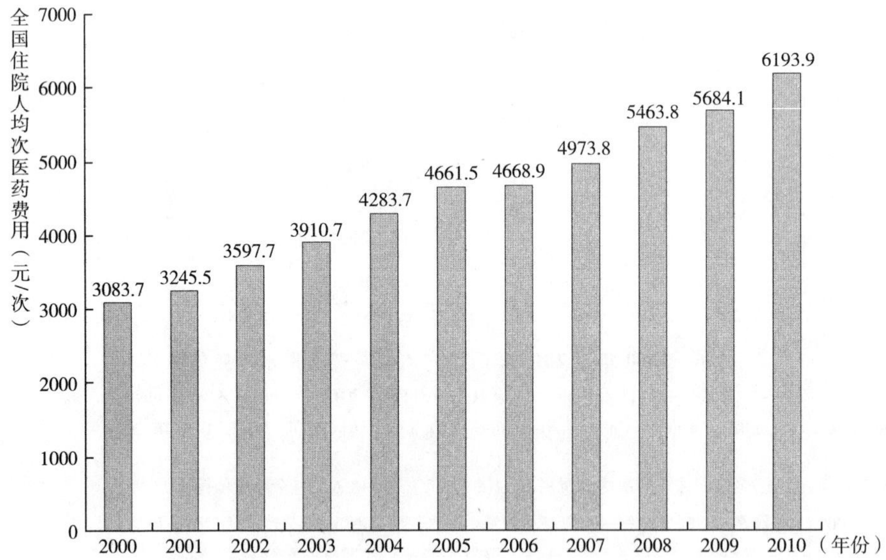

图 8　2000 年至 2010 年住院人均次医药费用水平变化图

资料来源：中华人民共和国卫生部，《中国卫生统计年鉴 2010 卷》. http://www.moh.gov.cn/publicfiles/business/htmlfiles/zwgkzt/ptjnj/year2010/index2010.html，2011－08－16/2012－03－23.

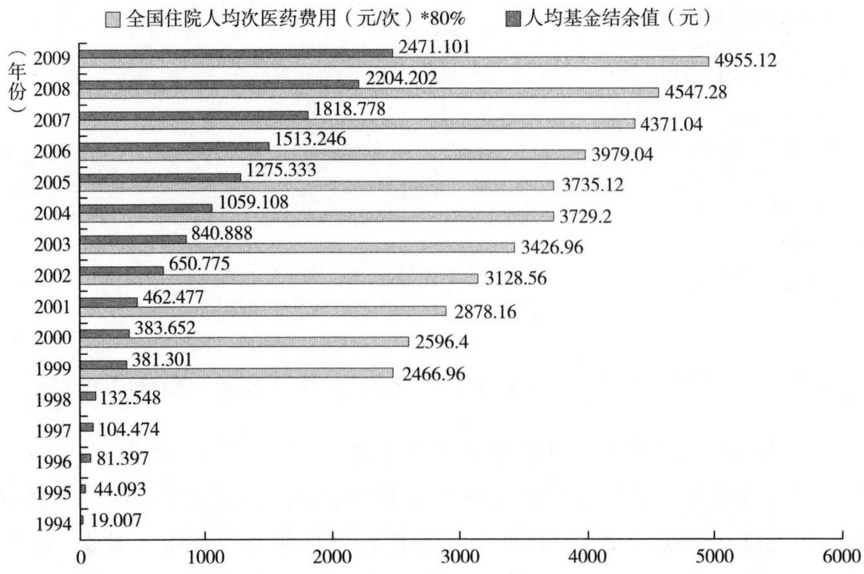

图 9　1994 年至 2009 年人均结余值与下一年住院人均次医药费用对比图

与门诊费用不同，住院费用较高。依据统计图像，每年人均次住院应报销医药费用都超过了上一年的人均基金结余值。在统计资料中最早的1999年，图9中人均次住院应报销医药费用已达到2466.96元，远远超过1999年381.301元的人均基金结余值。尽管随着人均基金结余值的飞速上涨，其与人均次住院应报销医药费用差距在逐渐缩小。到2009年，人均次住院应报销医药费用已达到4955.12元，仅是2009年2471.101元的人均基金结余值的一倍多，两者差距大大缩小。

（二）从受益水平变化探究权利保障情况

1. 发展成就分析

由于农村职工一直未纳入职工基本医疗保险，我国职工基本医疗保险受益水平的提高则具体表现在城镇职工基本医疗保险基金人均结余值水平不断提升上。而从以上统计数据可以发现，自国家体改委、财政部、劳动部、卫生部1994年颁布《关于职工医疗制度改革的试点意见》以来，我国职工基本医疗保险受益水平得到了极大提高。

（1）人均基金结余值迅速提升

1994年到1998年成就主要在于职工基本医疗保障方式开始由劳动保险医疗方式向职工基本医疗保险方式转变方面，其人均基金值的飞速提升。在国务院1998年底颁布《关于建立城镇职工基本医疗保险制度的决定》之前，即1994年到1998年间，因为职工基本医疗保险仅处于试点阶段，人均基金结余值就得以迅速提高。与1994年人均基金值仅有19.007元相比，1998年人均基金值达到132.549元，上升了597.37%。人均基金结余值的不断上涨为受益水平的提升奠定了坚实基础。

1998年以后，随着职工基本医疗保险制度逐渐建立和完善，原先法律架构下的职工基本医疗保险利益平衡被打破，部分农村职工也纳入到职工基本医疗保险体系中，人均基金结余值进一步提升。同时可以发现，企业和个人缴费比例并没有增加，这也从另一方面说明了国家不断加大了对职工基本医疗保险基金的投入，以提升人均基金值水平和保障职工基本医疗保险权。其间，上涨速度由慢至快，说明了平衡打破后的利益向有利于职工基本医疗保险权结余的方向发展，政府更加重视职工基本医疗保险权保护。

（2）保障水平不断提升

职工基本医疗保险权利保障程度不断提升主要表现在两方面：一方面是门诊医疗费用保障程度不断提升，另一方面是住院医疗费用保障程度不断提升。图 7 人均基金结余值与门诊次医疗费用的对比显示，1999 年的人均基金结余值 381.301 元，与 2000 年门诊平均应报销次医疗费用为 68.64 元相比，差距是 4.5 倍多。这就意味着 1999 年末每个参保劳动者所剩余的基本医疗基金在下一年可供其享受 4.5 次多门诊的费用保障。但到 2010 年的人均基金结余值 2664.913 元，与 2010 年门诊平均应报销次医疗费用为 133.44 元相比较，差距是 18 倍多。这就意味着 2009 年末每个参保劳动者所剩余的基本医疗基金在下一年至少享受 18 次多门诊的费用保障。这说明了职工基本医疗保险在门诊医疗费用保障程度不断提升。

图 9 人均基金结余值与住院次医疗费用的对比显示，1999 年的人均基金结余值 381.301 元，与 2000 年住院平均应报销次医疗费用为 2596.4 元相比较，是其 1/7。这就意味着 1999 年末每 7 个参保劳动者所剩余的基本医疗基金在下一年可供其中 1 人享受住院的费用保障。到 2009 年，人均基金结余值与 2009 年住院平均应报销次医疗费用为 4955.12 元相比较，差距缩小为将近 1/2。这就意味着 2009 年末每两个参保劳动者所剩余的基本医疗基金下一年就可供其中 1 人享受住院的费用保障，比 1999 年的情况好转了数倍。这说明了职工基本医疗保险在住院医疗费用保障程度不断提升。

（3）补助规定不断细化

对比相关法规，可以发现，补助规定不断细化体现在两方面：一方面，中央将规定职工基本医疗保险待遇的部分权力下放给地方，使地方政府能在中央的基础规定上，进一步依据本地区生产力发展水平和人均生活水平制定相适宜的补助标准。国家体制改革委员会在 1996 年颁布了《关于职工医疗保障制度改革扩大试点意见的通知》。该行政法规在《关于职工医疗制度改革的试点意见》（1994 年）所规定职工基本医疗保险待遇的基础上，更细化规定：“试点城市人民政府可根据实际情况确定社会统筹医疗基金所能支付的最高医疗费用限额，超过限额的医疗费用由各试点城市探索其他解决办法”。该规定在保护职工基本医疗保险待遇的同时，赋予各地区更大的自主权。

国家对参保群体进行细致的分析和分类，更细化了不同群体参保劳动者的基本医疗保险待遇，并对职工基本医疗保险权利保障的公平性不断增强。在不断提高弱势劳动者基本医疗保险受益水平的同时，不断提高大病、难病医疗费用的保障水平。

1996 年《关于职工医疗保障制度改革扩大试点意见的通知》规定，“职工患有国家认定的特殊病种或实施计划生育手术及其后遗症所需医疗费用，由社会统筹医疗基金支付”。此项规定通过对特殊病种、生育及后遗症治疗待遇的保护，来对患有疑难病的劳动者、女性劳动者以倾斜保护。

1998 年，国务院《关于建立城镇职工基本医疗保险制度的决定》中明确加强了参保群体中弱势人群的基本医疗权利的保障：“二等乙级以上革命伤残军人的医疗待遇不变，医疗费用按原资金渠道解决，由社会保险经办机构单独列账管理。医疗费支付不足部分，由当地人民政府帮助解决。退休人员参加基本医疗保险，个人不缴纳基本医疗保险费。对退休人员个人账户的计入金额和个人负担医疗费的比例给予适当照顾。国有企业下岗职工的基本医疗保险费，包括单位缴费和个人缴费，均由再就业服务中心按照当地上年度职工平均工资的 60% 为基数缴纳”。该项规定首次具体提出了对退伍军人、退休人员、下岗职工基本医疗保险权利的保障条款，体现了国家对弱势劳动者基本医疗保险权利受保障水平的高度重视。

到 2003 年，原劳动和社会保障部《关于城镇灵活就业人员参加基本医疗保险的指导意见》在将原城镇职工基本医疗保险的覆盖范围扩大到城镇灵活就业人员的同时，也加深了对灵活就业人员基本医疗保险权利的保护。其明确规定：“可从建立基本医疗保险统筹基金起步，首先解决灵活就业人员住院和门诊大额医疗费用的保障问题，也可为有条件的部分灵活就业人员同时建立个人账户和实行大额医疗补助”。该规定着重补助灵活就业人员患大病、难病的医疗费用，解决该类群体遇到大病、难病而无钱医治的困境。2004 年原劳动和社会保障部《关于推进混合所有制企业和非公有制经济组织从业人员参加医疗保险的意见》中在混合所有制企业和非公有制经济组织从业人员的基本医疗保险权利保障方面也做出了相类似的规定。

2. 所发现的问题

但对职工医疗保险受益状况不断改善的同时，在相关法律法规的实践中也出现了许多深层次问题，值得全社会重视。通过对上述图 5、6、7、

8、9 的比较和分析，主要为以下三方面。

（1）人均基金结余值增长速度放缓。2003 年以后，人均基金结余值进入了快速增长阶段，其中增长最快是 2008 年，年增长率达 21.19%。但 2009 年开始增长逐渐放缓，2009 年增长率为 12.11%。2010 年增长率持续下降，降低到 7.84%。这说明法律对参保利益的调整广度和力度逐渐变小，人均可利用的基金结余值储备量加速度放缓，严重影响了职工基本医疗保险权保障效果的提升。

（2）人均次医药费用不断升高。由图 6、图 8，可以发现，不论是门诊还是住院医药费用，在 2000 年以后都迅速呈现增高趋势。门诊人均次医药费用在 2000 年为 85.8 元，到 2010 年，竟差不多翻了一倍，达到 166.8 元；住院人均次医药费用在 2000 年为 3083.7 元，到 2010 年也达到 6193.9 元，也差不多翻了一倍。这些情况即使在考虑人民币升值因素下，该增长十分惊人。不断增高的医药费用给职工基本医疗保险权保障水平的保持和改善带来巨大的压力，阻碍收益水平的提高。

（3）职工医药费用仍无法得到足够保障。职工医药费用可以看作职工门诊费用和住院费用的总和。虽然近 10 年来的人均基金结余值已不断升高并起着逐渐弥补职工医药费用的效果，但人均基金结余值仍无法得到足够保障职工医药费用。例如在住院医药费用方面，对比图 9，在人均基金结余值与下年人均次住院医药费用差距最小的 2009 年，其差距值仍有 2484.019 元，超过 2009 年人均基金结余值的一倍多。更不用说再加上门诊费用。

这说明，在 2000 年以来，参保职工平均的医疗保险基金结余值竟不能满足其下一年 3 次门诊、1 次住院人均常规的医药费用需求。人均基金结余值与职工医药费用的巨大差距严重影响着参保职工基本医疗保险权利的实现。

3. 问题原因剖析

对应上述两个问题，依据相关统计数据和法律规定，并对比图 6、7、8、9，可实证分析出其出现的原因。

（1）基金结余值增长速度放缓之原因

基金结余值增长速度放缓，是基于参保人数大量增加，而参保总结余值跟不上参保人数的增长速度情况发生的。更究其深层原因，《社会保险法》对基金结余值积累规定为“无雇工的个体工商户、未在用人单位参加职工基本医疗保险的非全日制从业人员以及其他灵活就业人员可以参加职工基本医疗保险，由个人按照国家规定缴纳基本医疗保险费”。相关规定延续了1998年国务院《关于建立城镇职工基本医疗保险制度的决定》内容，并未对基金结余值增长起促进作用，只是保持了原来法律的规制力。究其深层原因，法律对各参保的利益规制力逐渐减弱，致使良性平衡被打破。同时合利益导向规制作用缓慢，弱化了职工基本医疗保险权实施效果的提升。

（2）人均次医药费用不断升高之原因

人均次医药费用不断升高存在其客观因素。首先，法规规制停滞因素。2010年《社会保险法》对职工基本医疗保险权待遇的保障规定是“职工基本医疗保险、新型农村合作医疗和城镇居民基本医疗保险的待遇标准按照国家规定执行”。只延续了1998年国务院《关于建立城镇职工基本医疗保险制度的决定》等行政法规的规定，未能有效地制止人均次医药费用不断升高。其次，人口因素。20世纪70年代开始，我国生育率下降和城镇人口的逐步老龄化以及死亡率下降所造成的人口期望生命的延长。这一过程在人口学上称之为“人口学转变”。[①] 在今后20到30年内，我国城镇人口的老龄化程度会进一步发展，由此造成医疗费用的上升是不可避免的。再次，主要疾病类型变化因素。我国参保群体所患疾病的“主要类型和死亡的主要原因，由过去的传染病为主转向以非传染性的慢性病为主”。[②]而最后在医疗实践中，对非传染性慢性疾病的治疗费用大大高于对传染性疾病的治疗，这也在客观上促使了我国人均次医药费用增加。

但主观因素也存在于提供医疗服务的主体——医院中，从职工医疗保险制度的历史变革来观察，20世纪70年代期间，中国医疗保健覆盖到所有人，在城市，实行公费医疗和劳保医疗，政府机关和国营单位往往有自己有诊所甚至医院。而1979年改革开放以后，随着中国向社会主义市场经济过渡，“人民公社”已不复存在，医院也参与到改革中来，从20世纪80年代初开始，政府要求医院开始实行自负盈亏。这样，医院为了吸引付费

① 周海洋：《职工医疗制度改革的思考》，《中华医院管理》2004年第2期。

② 刘晓程、周简：《我国卫生事业面临的挑战和机遇》，《中华医院管理》1998年第5期。

的病人添置了很多最新的医疗设备，同时也通常会给病人多开药或增加一些不必要的检查项目，导致了医疗费用的不断上升。我国医疗保险制度的改革方向是以“用比较低廉的费用提供比较优质的服务，努力满足广大人民群众基本医疗服务需要”。但作为改革的主要载体——医疗机构是一个追求自身利益最大化的利益共同体。医疗保险改革方向与医疗机构内部利益驱动是相矛盾的，所触及的医疗部门利益是负相关的。因此，许多医疗机构在实施改革时，采取“上有政策，下有对策”的方法，暗中抵制，只是迫于强大的行政压力，进行小范围的改革。在现有利益格局没有改变的情况下，使医疗保险制度改革阻力重重，难以取得实质性的进展。为此，虚开医药费用、过度检查和治疗等医疗部门的不正当牟利手段成为加剧人均次医药费用不断升高的罪魁祸首。

（3）职工医药费用仍无法得到足够保障之原因

出现职工医药费用仍无法得到足够保障现象的首要原因是医疗保险基金结余值尚不能满足职工大部分的门诊和住院医药需求。追究更深层次的原因，就要从医疗保险基金结余值的构成入手。前文已述，其由医疗保险基金的收入和支出做差而得。那么，基金结余值不足以满足职工需求是收入及支出哪方面的原因呢?

先前已分析人均次医药费用不断升高问题的过程已经将医疗保险基金支出不断变大的原因，现在更需要剖析职工基本医疗保险基金收入方面。依据 1998 年国务院《关于建立城镇职工基本医疗保险制度的决定》中规定:“用人单位缴费率控制在职工工资总额的 6% 左右，职工缴费率一般为本人工资收入的 2%”。以 2009 年城镇单位就业人员为例，其平均工资 32244 元/年，用人单位应缴费总额为 1934.64 元，个人应缴费为 644.68 元，应有结余值 2579.32 元，但实际结余值仅有 2471 元。这说明，有部分用人单位和参保劳动者未尽到其缴纳义务。而现实中也是如此，由于国家统一规定缴费费率，部分困难参保用人单位和职工逃避缴纳职工基本医疗保险，严重影响了职工基本医疗保险基金收入水平，进而使得职工基本医疗保险基金应有结余值与实际结余值产生一定差距。

要保护部分困难用人单位和参保劳动者，又要保证职工基本医疗保险基金收入水平，这就需要国家保证职工基本医疗保险基金的投入。这个投入重要的是数量，更重要的在于其方向。而尽管目前国家在卫生方面投入的确很大，职工基本医疗保险刚建立的1998年就到达590.06亿元，到2008年更是达到3593.94亿元，[①] 翻了5番；但是主要投入方向在于卫生机构，不在于基本医疗保险基金领域。这就导致了卫生机构在从事营利活动的同时，又能享受政府的财政补贴。相反地，急需财政补贴来减轻参保企业和职工压力的基本医疗保险基金却未能得到国家卫生投入的重点关注。这就造成了一个恶性循环：职工医药费用无法足够保障——职工基本医疗保险权利受益水平不足——逃避参与医疗保险情况加剧——职工基本医疗保险参保程度降低——基金收入降低——基金结余值降低——职工医药费用无法足够保障……

四　提高职工基本医疗保险权保障水平之法律探究

（一）理论基点选取及分析

1. 参保水平与受益水平的相互作用

（1）参保与受益水平价值起由

职工基本医疗保险的参保水平与受益水平两项指标的存在，是基于分析实证法学派和社会法学派的理论建构体系，以从进入和导出两方面积极有效评价职工基本医疗保险权保障水平，最终评估职工基本医疗保险权的实施效果。其中，参保水平评价的是职工进入基本医疗保险的程度，进而通过对职工基本医疗保险覆盖面大小判断和联系职工基本医疗保险权利保障水平的高低。受益水平则从受益方面，即参保职工所享受的保障程度来分析职工基本医疗保险权利保障水平的高低。两者所依据的是进入与导出角度，既体现了本篇论文分析的统计渠道，更是基于承认“分配不平等”的现实以及追求实现“分配正义”[②] 的考察。

（2）参保与受益水平之联系

参保水平与受益水平之间相辅相成，不可割裂。如果参保水平得到保

① 国家统计局：《中国统计年鉴2011卷》，http：//www.stats.gov.cn/tjsj/ndsj/2011/index-ch.htm，2011-08-16/2012-03-23，访问时间：2013-03-08。

② 〔英〕戴维·米勒著《社会正义原则》，应奇译，江苏人民出版社，2001，第66~69页。

障，则“分配正义”才有实现之前提，受益水平也才有可能在“需要原则”[①] 有效约束下，得到保持和提高。若受益水平得到提高，也才会促发应参保职工和企业的参保意愿，提升参保水平值。反之，两者则会相互拖累，甚至陷入恶性循环。因为“如果人们确实发现某种活动无价值可言，他们并不会被强迫去使用据判定是他们需要的东西”。[②]

据此，参保水平与受益水平这两项指标联系也表现在国家颁布的一系列法律和法规上。1998 国务院《关于建立城镇职工基本医疗保险制度的决定》在医疗保险制度改革主要任务方面就指出：“适应社会主义市场经济体制，根据财政、企业和个人的承受能力，建立保障职工基本医疗需求的社会医疗保险制度。”同时，该法律性文件还规定了城镇职工基本医疗保险的制度原则：“基本医疗保险的水平要与社会主义初级阶段生产力发展水平相适应；城镇所有用人单位及其职工都要参加基本医疗保险，实行属地管理；基本医疗保险费由用人单位和职工双方共同负担；基本医疗保险基金实行社会统筹和个人账户相结合”。这个原则在 2010 年《社会保险法》制定时扩大应用在职工基本医疗保险权利的保护中。该法第 23 条规定：“职工应当参加职工基本医疗保险，由用人单位和职工按照国家规定共同缴纳基本医疗保险费”，第 24 条规定：“职工基本医疗保险、新型农村合作医疗和城镇居民基本医疗保险的待遇标准按照国家规定执行”。

可见，职工基本医疗保险权法律保护沿用了参保水平与受益水平评价。但进一步看，为在法律有效职工基本医疗保险权，职工基本医疗保险的参保水平与受益水平也就都需要法律予以规制和保障，进而职工基本医疗保险权的保障水平也才能得到更好地提升。

2. 基于变化图像的法理性分析

基于职工参保覆盖面的数据变化，并究其内部所含法理性，我们认为数据图像蕴含了法律规制下的利益平衡变化，进而通过法律所调整的合利益造成图像曲线走势变化，影响数据图像的走向。

---

① 依据分配“需要原则”研究，必须“在每个社群内部存在着共同形成一种正常的人类生活的活动范围的共享观念下，根据共享的社会规范来确定超出和高于生物学的最低限度的需要”。具体参见〔英〕戴维·米勒著《社会正义原则》，应奇译，江苏人民出版社，2001，第 226～231 页。

② 〔英〕戴维·米勒：《社会正义原则》，应奇译，江苏人民出版社 2001，第 235 页。

利益，本意为“利息”，原被用来表示债权人对利息要求的正当性。后来，利益作为个人与社会的一种关系体现，它“促成了一场革命，这种新的认识，是法国大革命的思想基础”。[①] 利益意识的觉醒和形成，无疑是人类思想史上的一个伟大进步。其实，早在古希腊和古罗马时期，思想家和法学家们就已注意到法与利益的关系。亚里士多德认为，法是最优良的统治者，法的任务是为自由公民的共同利益服务。罗马法学家们认为，法用以确定和保护权利，权利乃法所确定保护的利益。[②]

在18世纪，利益更被有些人视为社会生活的中心概念。法国哲学家爱尔维修较早地系统论述了利益规律问题，他认为，“如同物质世界为运动规律所支配，精神世界为利益规律所统治；河水不会向河源倒流，人们不会逆着利益的浪头走”。其后，爱尔维修从其利益规律理论出发，论述了以法治国问题，对利益要用法加以约束和制导，使之“把私人利益与公共利益很紧密地联系起来”。[③] 他断言，无论在道德上或认识问题上，都只是利益主宰着我们的一切判断，利益能赋予人们快乐或消除人的痛苦。他提出一种“合理的利己主义”，即正确理解个人利益，如果法律完善，利己心也不一定导致罪恶。总之，一切错综复杂的社会现象，包括法律现象，都可以从利益那里得到解释。作为社会生活的基础，利益是社会生活中唯一、普遍起作用的社会发展动力和社会矛盾根源。

进一步发展，英国功利主义法学家边沁提出，法一般的和最终的目的，不过是整个社会的最大利益而已。立法者的职责是在公共利益和私人利益之间造成调和；提倡个人利益第一，虽然个人利益应与公共利益统一，但真实存在的还是个人利益；社会公共利益是许多私人利益的相加，增进私人利益，就增进了整个社会的利益。[④] 德国法学家耶林继承了边沁的功利主义传统。他和他的继承者继续把权利作为法的目的和法的根本标志，而权利就是法上保护的利益。而该理论同边沁的区别在于，不着重强

---

① 〔美〕科尔曼：《社会的基础理论（上）》，邓方译，社会科学文献出版社，2001年第28期。

② 参见〔意〕登特列夫《自然法－法律哲学导论》，李日章译，新星出版社，2008，第10～16页。

③ 〔苏〕赫·恩·蒙让：《爱尔维修的哲学》，涂纪亮译，商务印书馆，1962，第263～270页。

④ 〔英〕边沁：《政府片论》，沈叔平译，商务印书馆，1995，第196～200页。

调个人利益，而强调社会利益或社会利益与个人利益的结合，力求平衡个人原则与功利原则。[①] 其“社会利益”说则直接构成了利益法学的思想渊源。

依据这些理论观察医疗保险法实施情况可以发现，一方面由于地方法律在实施中的弱化以及参保各方的利益适应性调整等原因，2004 年迄今图像趋势趋于直线，显示其斜率趋于定值，更显现出法律所调整的职工医疗参保利益趋于平衡。另一方面就受益层面而言，《社会保险法》相关规定大量沿用 1998 年国务院《关于建立城镇职工基本医疗保险制度的决定》等法规条款，新的中央性立法内容改进停滞，使得基金结余出现上扬趋势变缓慢。

3. **依据社会法原则之分析**

社会关系的多层次决定了法划分的多层次，与此相适应，社会法的原则也应是多层塔形结构，按照原则的效力和适用范围。社会法原则必须将本质与功能统一起来，并划分为不同层次，构成一个蕴涵丰富的有机体。其居于基础地位的是基本原则，之后是部门性原则和制度性原则。[②]

（1）从基本原则看保障水平之提高

社会法的基本原则是社会法的法域性原则，更是曾经市民法分离后剩余物中一般价值的衍生。[③] 由于大部分弱势群体的身份，决定了无法用“意思自治”的纯私法利益进行调整。同时，也不能采用依法行政的公法来调整。社会法总的基本原则只能是“倾斜保护”,[④] 具体是由“保护弱者”到“倾斜立法”层层递进来构建。

就保护弱者而言，社会法是以一种特殊的标准衡量当事人的地位及分配利益。由于社会各成员财产的不平等性的客观存在和难以消除，为实现“当事人机会公平和参与过程正义”，应采取如下“更多注意天赋较低和出生于较不利社会地位的个体”且“依系于在机会公平平等的条件下职务和

---

① N. MacCormick. Right in Legislation, from Hacker and Raz (ed.), Law, morality and society Oxford Press, p. 190.

② 董保华：《社会法原论》，中国政法大学出版社，2001，第 139～141 页。

③ 参见：徐国栋：《民法哲学》，中国政法大学出版社，2001，第 15～30 页。

④ 董保华：《社会法原论》，中国政法大学出版社，2001，第 143 页。

地位向所有人开放”准则。[①] 这些特殊标准源于社会弱者的“身份”认定，是以特殊身份来决定利益的分配，使这种分配结果有利于具有“弱势身份”的一方。因此，在以提高职工基本医疗保险权利保障水平为目的之法律制定过程中应尤其注意将“保护弱者”的理念予以贯彻。“保护弱者”相似地转化到提高职工基本医疗保险权利法律保障水平上来，即是对弱者身份细化，最早在1994《关于职工医疗制度改革的试点意见》中是“老红军”“二等乙级以上革命伤残军人”“低收入和家庭生活困难的职工”等，后来发展到“混合所有制企业和非公有制经济组织从业人员”“农民工”“城镇灵活就业人员”等，未来还应更加细化。

要实现“保护弱者”，则必须通过“倾斜立法”来实现。其具体包含两内涵：第一，立法可以在法律维护的利益上有所倾斜，但在执法、司法上却必须严守平等之原则；否则，如果将倾斜的重点放在司法，由于法官“自由裁量”的尺度不同，就有可能形成新的利益分配不公。第二，即使在立法利益的分配，也只是限定在“倾斜”，仍给当事人的协商留出充分的余地。倾斜保护的原则不能以牺牲经济效率为代价。

以上也可以相似地转化到提高职工基本医疗保险权利保障水平法律保护方面：第一，立法可以在不同职工群体的基本医疗保险权利保障上有所倾斜，但在执法、司法上则必须平等对待不同群体的诉求。第二，即使在不同职工群体的基本医疗保险权利保障上，通过对利益的分配也仅能限定在“倾斜”，仍以留出充分余地给参保个体协商。

（2）从部门性原则看保障水平之提高

社会法的部门性原则是指社会法所包含的各部门法的基本原则。“社会法的基本原则并不能取代部门性原则，且对各个法律结构要素而言，其包含的部门法仍不失其独立地位。”[②] 而对于职工基本医疗保险权利的相关保障性法律而言，其所属的部门法原则应是社会保险法的部门性原则，具体如下，[③] 保险水平与社会生产力发展水平相适应原则、权利与义务相统一原则、公平与效率相结合原则、政事分开服务社会化原则、统一性与多

① 前者准则源于补偿原则，后者源于差别原则。具体见〔美〕约翰·罗尔斯著《正义论》何怀宏等译，中国社会科学出版社，1988，第79~99页。

② 董保华：《社会法原论》，中国政法大学出版社，2001，第141页。

③ 谢建华：《社会保险法学》，北京大学出版社，1999，第47~49页。

样性相结合原则。若能将这些部门性原则注入相关立法、执法、司法中，就能有效地提高职工基本医疗保险权利保障水平。

坚持保险水平与社会生产力发展水平相适应原则，将保证职工基本医疗保险权利的保障水平不高于、更主要是不低于社会生产力发展水平，从而保证职工基本医疗保险权利的合理化实现。坚持权利与义务相统一原则，将体现职工基本医疗保险权利平等保障的同时，又要尽量考虑职工基本医疗保险资源利用的效率。坚持政事分开服务社会化原则，则体现了职工医疗保险自身的客观要求，将各部门、各单位分散管理逐步转为统一的社会化管理，将企业承担的社会保险方面事务性工作转为社会化服务。坚持统一性与多样性相结合原则，是承认我国各地区经济发展水平差异、参保个体收入水平差异的现实需要。在国家统一政策指导下，各个地区允许出现职工基本医疗保险的待遇和形式不同，但应注意因地因时制宜，依据实际情况而实时实地予以调整。

（3）从制度性原则看保障水平之提高

制度性原则是指“社会法的各部门法中，在具体的制度上存在的一系列具体原则”。[①] 纷繁复杂的法律规范可以依据部门性原则形成社会法的法律部门，可以依据制度性原则形成社会法的法律制度。而这些原则内化而对于职工基本医疗保险权利的相关保障性法律方面，就是职工基本医疗保险权利保护所需遵循的制度性基准。这在国务院 1998 年《关于建立城镇职工基本医疗保险制度的决定》中已经予以明确规定：“基本医疗保险的水平要与社会主义初级阶段生产力发展水平相适应；城镇所有用人单位及其职工都要参加基本医疗保险，实行属地管理；基本医疗保险费由用人单位和职工双方共同负担；基本医疗保险基金实行社会统筹和个人账户相结合。”这些制度性原则也在之后的立法上乃至到 2010 年《社会保险法》对职工基本医疗保险权的规定中得到了延续和发展。

由于原则层次划分的原因，许多制度性原则本身就是基本原则和部门性原则的细化。如此再细分下去，便会发生原则向规则的转化。而正是通过这种转化，社会法的立法理念才能灌注到职工基本医疗保险权利的法律保护中来，以求得该项权利保障水平的提高。

① 董保华：《社会法原论》，中国政法大学出版社，2001，第 142 页。

（二）若干具体建议

参考社会法的基本原则（法域性原则）、部门性原则和制度性原则，并结合对前文农村职工参保水平不足、职工总体参保水平过低、人均次医药费用不断升高、职工医药费用无法得到足够保障等问题的实证分析，对提高职工基本医疗保险权利保障水平的法律保护作如下具体建议。

1. 扩大农村职工群体参保面

《社会保险法》中的“职工应当参加职工基本医疗保险，由用人单位和职工按照国家规定共同缴纳基本医疗保险费”规定已确立职工基本医疗保险权，其范围也不局限为城镇职工这一群体，所以如何提高农村职工群体参保水平就成为当务之急。《中国统计年鉴》中就农村就业劳动者的统计数据分成乡镇企业、私营企业和个体三大类。其中由于乡镇企业、私营企业作为混合所有制企业和非公有制经济组织，其中已要求职工按照原劳动和社会保障部2004年《关于推进混合所有制企业和非公有制经济组织从业人员参加医疗保险的意见》中的规定参与职工基本医疗保险。

（1）将农村个体劳动者纳入体系保护

建议地方政府先行立法，试点将农村个体劳动者纳入到职工基本医疗保险权保护中来，以提高职工基本医疗保险权的保障水平。目前，该群体中部分个体参与了新农村合作医疗保险，而绝大部分群体的个体尚未纳入社会医疗保险体系中来。即使纳入了新农村合作医疗保险，该类医疗保险的受益水平与职工基本医疗保险仍然存在巨大差距。待地方试点成熟时，建议国务院在制定《社会保险法》相关实施细则中，参考原劳动和社会保障部2004年《关于推进混合所有制企业和非公有制经济组织从业人员参加医疗保险的意见》以及2006年《关于开展农民工参加医疗保险专项扩面行动的通知》的做法，将农村个体劳动者纳入职工基本医疗保险。

（2）降低农村职工缴费系数

农村户籍职工的缴费比率至少应降到城镇籍职工应缴费率75%，这是在城乡恩格尔系数换算下得到的。仅以2001～2009年10年间的数据统计，农村恩格尔系数都在 46 以上，城镇相应仅处于 36 左右。[①] 总体上农村职工收入水平较城镇职工较低和农村生活水平较城市低的现实，为实现“倾斜保护”原则，不能对农村职工额定与城镇职工相同的缴费系数，而应对农村职工群体适当倾斜。

（3）保障农村职工基本医疗受益水平

在降低缴费水平的同时，必须保证农村职工享有与城镇职工同等水平的基本医疗受益水平。对农村职工的低缴费及高保障等特权是保证实质平等的必要治理手段。基于上文职工医疗保险进入与导出关系的分析，低缴费水平并不意味着仅给予农村职工基本医疗低受益水平，否则就无法达到“倾斜保护”的效果，与居民医疗保险无异。同时也为了保证有限平等不得滥用，农村职工基本医疗受益不能也不必要高于城镇职工水平，因此定为与城镇职工同等较为适宜。

2. 适度降低职工与企业的缴费水平

应重视降低企业缴费水平的要求，这是绝对性的，缴费率建议降低到 4%。同时建议在职工缴费立法中分群体来“倾斜”性地降低缴费率，这是相对性的，具体值要依据所照顾群体特性而定。其中尤其注重对缴费能力弱的群体的照顾，特别是灵活就业劳动者群体、混合所有制企业和非公有制经济组织中职工群体、农民工群体等。

这是由于即使排除农村职工群体参保水平低下因素，职工基本医疗保险参保最高水平仍在 50% 左右，未能满足职工基本医疗保险权保护的需要。其中很大的原因在于缴费门槛设置的不恰当，这种不恰当存在于用人单位和参保劳动者两方面。

对用人单位而言，缴费率一般在职工工资总额 6% 左右。[②] 那么，2009 年城镇单位就业人员平均工资为 32244 元，[③] 用人单位在该年就要为职工缴纳 1934.64 元的基本医疗保险费用。再加上基本养老保险，工伤保险等等，用人单位所支付费用将达到职工工资总额的 50%，这将给用人单位带来了极大的人

① 国家统计局：《中国统计年鉴 2011 卷》，http://www.stats.gov.cn/tjsj/ndsj/2011/indexch.htm，2011-08-16/2012-03-23，访问时间：2013-03-08。

② 国务院 1998 年《关于建立城镇职工基本医疗保险制度的决定》。

③ 国家统计局：《中国统计年鉴 2011 卷》，http://www.stats.gov.cn/tjsj/ndsj/2011/indexch.htm，2011-08-16/2012-03-23，访问时间：2013-03-08。

力成本。而对职工而言，缴费率一般为本人工资收入的2%。[①] 而仍以2009年计算，单位缴费率确定为4%，用人单位在为职工缴纳1289.76元，平均雇佣成本下降了644.88元。这部分可由国家承担，作为对企业的扶持。

对于一般劳动者，这个缴费要求可能不高，但对于灵活就业者、失业者、困难企业职工、混合所有制企业就业人员、非公有制经济组织从业人员等低收入或收入不固定群体而言，由于其收入水平偏低，导致其缴费能力偏弱，其缴费负担不断加重。为此，必须依据参保群体个性对缴费标准进行细分，以实现“倾斜保护”的价值。

3. **制度化财政投入基金方式**

前述用人单位和职工均降低缴费水平需要降低，而医疗保险基金收入不得减少，故建议加强政府公共管理资金投入的力度，这也是政府公共管理职能所要求的。在《社会保险法》相关实施细则中，政府在职工基本医疗保险的基金投入的原则性规定应予以再次明确。1998年国务院所颁布的《关于建立城镇职工基本医疗保险制度的决定》中，通过提高立法层次的方式，来实现职工基本医疗保险权的保障。其指出医疗保险制度改革的主要任务：“是根据财政、企业和个人的承受能力，建立保障职工基本医疗需求的社会医疗保险制度”。

除了提高原则性立法层面的手段外，还必须注重制度化的规定。第一，作为社会公共管理部门的政府机构，还必须保证在基本医疗保险基金方面的投入，以补充因降低用人单位和职工的缴费水平所造成职工基本医疗保险基金巨大的缺口。具体财政扩大的额度，要对应用人单位降低的2%人均缴费率和各特殊群体所享受降低缴费率造成的资金空缺。第二，应注重划分该投入过程内中央财政和地方财政各占的比重。基于目前国地税收分家的状况，必须合理分配医疗保险基金中央财政投入和地方财政投入的水平。具体而言，中央应占投入的60%左右，剩下的则由应由省级财政负担。第三，国家投入方式应采用补贴方式，因此补贴必须分对象、分群体进行，将补贴资金给予最需要的参保群体，贯彻社会法“倾斜保护”的基本原则。

4. **强化参保程序之监管**

2003年以后，原劳动和社会保障部一再颁布行政规章和法律性文件，

---

① 国务院1998年《关于建立城镇职工基本医疗保险制度的决定》。

逐渐将城镇灵活就业人员、混合所有制企业就业人员、非公有制经济组织从业人员等边缘群体纳入基本医疗保险体系，但是，实践中往往由于落实不到位而出现相关法律性文件的实施“落空”。城镇职工基本医疗保险覆盖面值尽管稳步增加，但2010年最高值仅略微超过一半，职工基本医疗保险参保水平依然过低。因此，在《社会保险法》相关实施细则的规定中，对应参保群体应加强监管。

（1）重点监察长期未参保群体

各级劳动监察大队注重依据新颁布的《社会保险法》规定内容，制定相应具体操作规程，将应参保职工群体及时纳入到职工基本医疗保险的范围中来，重点监察长期未参保的职工群体。由于历史惯性，长期未参保的职工群体常成为职工基本医疗保险拓展的死角，而未来职工基本医疗保险改革的重点正是要清除这些死角，同时相关立法也已经对这些群体参保提供了制度的保障。为此下一步的工作重点便移至重点监察督促长期未参保群体参保这一工作上来。这将有利于保证所颁布法律法规的实施质量。

（2）督促履行“平等缴纳”义务

保证职工的缴纳水平，即立法中应注重于“平等缴纳”，即在立法“倾斜保护”下的平等缴纳。“倾斜保护”只是为达到尽可能之平等而在法律实施前对特殊群体的参与就职工基本医疗保险增加一定特权，决非放任其在法律执行中滥用。只有如此，才能避免给予执法者和司法者过大的选择空间，避免不必要的自由裁量。

5. 明确基层医疗服务机构的投入标准

国家在制定《社会保险法》相关实施细则时，应当明确规定国家在基层医疗服务机构方面的投入标准。这种投入不仅应是财政方面的，更应是人力方面的。

在财政方面，要减少甚至免除在大型医院的补助，而加大基层医疗服务机构的基础性投入。政府在医疗保险方面的资金投入是有限的，资金主要流向除了向社会保险基金财政补贴外，对医疗服务机构的补助也是一大块。但正如前文所述，政府所投入的资源大部分集中在大型医疗服务机构，而对于基层医疗服务机构重视不足。

在人力方面，国家在相应卫生服务体制改革中，应制定激励性法规，鼓励人才到基层医疗服务机构锻炼，保证基层医疗服务机构的软件性资源。只有采取以上措施，才能保证国家在职工基本医疗保险方面的资金投入有效发挥作用。

6. 缓和医药费用增长趋势

必须强化对医疗服务机构的监管，降低职工基本医疗中检查费和药品费，以缓和医药费用增长趋势。随着医学技术的发展，参保职工对健康的要求也不断提升，医药费用出现一定增长是合理的。然而，前述图6、图8中增长速度明显过快，有必要予以缓和。目前医药费用增长的“水分”主要集中在检查费和药品费两块，造成了极大的医疗资源浪费。

在降低检查费用方面，建议国家对主要常见的数种疾病建立检查标准，并将该类标准补充进《社会保险法》的实施细则中，以控制检查的种类和形式，避免重复检查。在控制药品费用方面，建议以卫生服务机构主要专家为主体建立监察委员会，对日常治疗的用药情况进行抽查。抽查重点应放在避免过度用药和追求新药上，以避免重复治疗和过度治疗的发生。

对于过度治疗和重复治疗的，政府主管部门依据地区情况制定相应的地方规章，对实施该行为的医疗机构和医生进行一定的处罚。对于医疗机构，可采取将该状况列入卫生资金分配考核内容等措施；对于医生，可采取取消奖金、个人晋升机会等措施。

结　语

1994年原国家体制改革委员会《关于职工医疗制度改革的试点意见》、1998年国务院《关于建立城镇职工基本医疗保险制度的决定》、2010年《社会保险法》中关于职工基本医疗保险的规定以及国家相关职能部委颁布的一系列法律性文件组成了提高职工基本医疗保险权保障水平的法律体系。该体系自新中国成立以来，历经了劳动保险医疗制度、城镇职工基本医疗保险制度、职工基本医疗保险制度的演变，在60多年过程中不断发展、完善。我国职工基本医疗保险制度，作为《社会保险法》规定的重要制度，目前参保水平不高、保障水平低下、医疗服务水平价高质低等显而易见的弊端。为此，需要全面审视和深刻分析我国职工基本医疗保险权利保障水平的不足状况，并分析其原因。根据基本国情，来设定完善相关法律制度的目标与任务，开展相关具体制度的规划设计。本文正是遵循该研究思路，就如何提高职工基本医疗保险权利保障水平这一社会法问题展开探索。其中，本文注重用当前权威的社会统计数据来分析和思考职工基本医疗保险权利的保障水平，并寻找所出现问题的实质原因。在最后部分，对应上述问题的原因分析，总结出完善建议，建议的提出分成两个过程：第一过程，选取出合适的理论基点，通过对参保水平与受益水平中法与利益平衡的相关联系，以及社会法的法域性原则、部门性原则、制度性原则思考，总结和升华具体措施的理论基点。第二过程，则是将前述总结的理论点贯注到相关具体法律完善过程中，以求得提高职工基本医疗保险权保障水平的效果。本文的论述和所采用研究方式在法学论著中尚属少见。

本文存在以下几点不足。第一，由于篇幅限制和研究重点的选定，本文研究职工基本医疗保险权利基本理论时没有更深的挖掘，未能借鉴外国社会法的相关规定进行研究。第二，由于保障水平的法学文献较少，对提高职工基本医疗保险权保障水平的实证研究方式主要仅从参保和受益两方面思考，略显粗糙。第三，对职工群体内部各部分个体基本医疗保险权的研究不足，有待进一步细化。第四，由于篇幅限制和模型局限，文章结尾所提出的降低缴费水平、扩大财政投入等资金数额估算，仅能估算出粗略值，有待未来研究中建立新模型来精确统计。

总之，职工基本医疗保险权保障水平的提高需要靠《社会保险法》等相关行政法律法规以及规范性法律文件的协调和统一，需要在社会数据分析的基础上对相关法律法规进行进一步完善，更需要立法、执法、司法机关的相互配合。这样，职工基本医疗保险法律制度才能拥有旺盛的生命力，职工基本医疗保险权也才能得到有效的保护，进而实现社会主义和谐法治社会的伟大目标。

Research on the Protective Level of Employee's Right of Basic Medical Insurance

Liao Xiaohang

Abstract: Employee right of basic medical insurance is the basic right of legal mechanisms in the Universal Health Insurance, related to whether legal mechanisms to protect the lives and health of employees. Although it is China's social security law in the protection of the right to basic medical insurance that made tremendous progress, there are a great deal of problems which should be solved. At present, the level of participation of employee basic medical insurance right and the level of benefits from employee basic medical insurance Right remained to be perfected. To improve the level of protection of employee right of basic medical insurance, it is necessary to improve the level of groups of rural Employees participation, make modest reduction in payment levels of participation, Strengthen the monitoring process, make institutional financial funding investment, identify of standard of primary health care service providers, moderate slow medical cost growth down.

Key words: Employee Basic Medical Insurance Right; The Level of Participation; The Level of Benefit; The Protection Level of Right

生育保险实施现状及改善对策研究

——以福建省为样本

“福建省生育保险实施状况及对策研究”课题组*

摘　要： 为了解福建省生育保险政策实施状况，经调查问卷、实地访谈、座谈会等形式调查研究，回收和统计 739 份有效调查问卷。问卷统计结果显示，确有部分企业未履行或未充分履行为职工参保生育保险的义务。受访女职工所在单位为职工参保并足额缴纳生育保险费占 58.3%，部分缴纳的占 12.6%，完全未缴纳的占 4.6%，还有 24.6% 的女职工不清楚所在单位是否参保缴费。产假制度实施中，国家产假 98 天执行情况较好，但大多数企业未执行延长产假的“省标”。在福建省各统筹地区之间，生育医疗费用报销标准存在较大差异；生育津贴的发放方式不统一，实际发放的生育津贴数额明显偏低；中断就业的女职工享受生育保险待遇难；生育保险纠纷的救助渠道不顺畅。为此，除了应加大生育保险法规政策宣传，使劳动者普遍知悉其生育保险权外，更应适时修改《福建省企业女职工生育保险规定》，扩大生育保险的对象和待遇范围，适度提高生育保险待遇标准，组建“五险合一”的社会保险经办机构，加大征缴生育保险费的力度，实行完全社会化的生育保险待遇发放机制，完善生育保险待遇纠纷解决机制。

关键词： 福建省　生育保险　实施状况　存在问题　完善对策

生育保险是在生育事件发生期间对生育行为承担者给予收入补偿、

---

* 本文是在福建省总工会 2015 年委托项目“福建省生育保险实施状况与对策研究”之结题成果基础上修改而成。本课题组成员：蒋月、张红璇、潘峰、张嘉、池桂钦、陈紫、叶爱琴、林丽玲、尤素芬、冀庆龄、谢微微、杨俊玲。项目主持人：蒋月；执笔人；潘峰。

医疗服务和生育休假的社会保障制度。[①] 它不仅是满足女职工个人特殊时期生存发展的需求，而且是对人类自身再生产活动的社会保障，是促进社会性别平等的重要机制，已成为妇女就业和生育权益的重要保障。《中共中央关于全面深化改革若干重大问题的决定》确定我国社会保障制度改革的目标是“建立更加公平可持续的社会保障制度”。国家在社会保障制度改革中高度重视生育保险制度的建立与完善，随着《社会保险法》和《女职工劳动保护特别规定》颁布实施，国家法对生育保险政策已做了较大调整和改变。当前，我国经济发展步入新常态，人口和计划生育政策也在逐步完善之中，党的十八届五中全会宣布全面实施一对夫妇可生育两个孩子政策。生育保险制度的实施和完善面临诸多机遇和挑战。

《社会保险法》实施后，福建省及时调整了生育保险政策，各统筹地区也相继发布了关于生育保险的地方政策，在操作层面上细化对国家和本省的规定。但是，目前各统筹地区生育保险政策不统一，企业参保缴费状况和女职工享受生育保险待遇情况存在较大差距。为有效推动我省生育保险工作，充分保障女职工生育保险权益的实现，福建省总工会和厦门大学法学院联合组成课题组，于 2015 年 10 月 ~11 月开展福建省生育保险实施现状的研究。本课题的研究目的在于：调查福建省生育保险政策的实施状况，评估现行政策对用人单位、劳动者的影响，分析现行制度在运行中存在的主要问题和困难，并提出政策改进建议。本次调研主要采取问卷调查、召开座谈会、个别访谈等形式，重点调查掌握了解地方性生育保险法规政策的实施效果、生育保险政策对职工权益的保障效果等问题。问卷调查以福州、泉州、漳州、三明为调查点，以企业女职工为对象，共回收问卷 858 份，其中有效问卷 739 份，问卷有效率为 86.1%。课题组利用 SPSS 会计软件对回收问卷进行了数据整理和统计。座谈会和实地访谈在漳州、龙岩和厦门三地进行，访谈对象包括社会保险行政部门、社会保险经办机构、地税部门、定点医疗机构工作人员、企业管理人员、女职工代表等。

① 潘锦棠：《中国生育保险制度的历史与现状》，《人口研究》2003 年第 2 期。

一　福建省生育保险制度的实施现状

《社会保险法》实施以来，福建省生育保险政策与国家法律和政策实现了衔接，生育保险的覆盖面不断扩大，参保人数逐步上升，生育保险待遇有所提高，生育保险服务管理水平也得到提升。

（一）福建省生育保险法规政策的制定情况

《社会保险法》和《女职工劳动保护特别规定》相继颁布实施后，国家法律和行政法规对现行生育保险政策做了较大调整和改变，福建省地方政策亦随之作了调整。2010 年，福建省人力资源和社会保障厅、地方税务局、财政厅联合制定《福建省医疗工伤生育保险费征缴管理业务规程（试行）》，从社会保险征缴范围、社会保险登记、社会保险缴费申报、社会保险费征收、社会保险费监督检查等方面对社会保险费征缴做出规范。2014 年，福建省人民政府办公厅转发省人社厅、省财政厅《关于进一步加强生育保险工作意见的通知》，从生育保险适用范围、生育保险费率、生育保险基金管理、生育保险待遇、转移接续政策等方面提出了生育保险的具体实施意见，实现了我省政策与《社会保险法》的平稳衔接。2015 年初，福建省人社厅出台了《关于印发福建省职工生育保险关系转移接续办法的通知》，统一规范了全省职工生育保险关系转移接续业务经办流程和标准。

福建省各统筹地区结合自身具体实际情况，也相继制定本地区有关生育保险政策的规范性文件，如福州市人力资源和社会保障局、福州市财政局《关于进一步做好我市生育保险工作的补充通知》（榕人社保〔2014〕269 号）、莆田市人民政府办公室转发市人社局市财政局《关于进一步加强生育保险工作意见的通知》（莆政办〔2014〕134 号）、漳州市人社局《关于印发〈漳州市工伤、生育保险业务经办管理职能整合移交实施方案〉的通知》（漳人社［2014］123 号）、漳州市医保中心《漳州市职工生育保险业务经办管理暂行办法》（漳医保［2014］49 号）、泉州市人社局市财政局《关于进一步做好我市生育保险工作的补充通知》（泉人社〔2015〕199 号）、《龙岩市职工生育保险市级统筹实施意见》、三明市人力资源和社会保障局三明市财政局《关于进一步加强生育保险工作的通知》（明人社〔2014〕123号）、三明市人力资源和社会保障局三明市财政局《对〈关于进一步加强生育保险工作的通知〉若干问题的补充通知》（明人社〔2015〕8号）等。各统筹地区所出台的规范性文件均依据福建省《关于进一步加强生育保险工作意见的通知》的精神制定，将机关事业单位人员纳入生育保险参保范围，对生育医疗费用的范围和不同参保主体的报销标准进行细化规定，要求对生育医疗费用实现即时刷卡结算，生育津贴标准基本统一，有利于保持与国家和福建省生育保险法规和政策的一致性，增强了生育保险政策的可操作性。

（二）生育保险经办机构的设置情况

从2013年起，福建省各统筹地区按照省人社厅部署着手进行生育保险业务经办管理职能的整合工作，将生育保险工作逐步交由医保经办机构负责。至今为止，除厦门、龙岩、三明三市外，所有统筹地区均已完成职能整合。例如，根据漳州市人社局《关于印发〈漳州市工伤、生育保险业务经办管理职能整合移交实施方案〉的通知》（漳人社〔2014〕123号）规定，自2014年10月1日起，原由社保中心经办的生育保险业务移交医保中心经办，原由医保中心经办的工伤保险业务移交社保中心经办。

在福建省内，厦门市生育保险经办机构的设置情况较为特殊，2003年，厦门市政府下发《厦门市人民政府办公厅转发市劳动保障局财政局税务局关于社会保险登记、申报工作移交地方税务部门办理意见的通知》（厦府办［2003］133号），决定将社会保险费的征收工作全面移交地税部门，同时与征收相关的登记、催缴、监督、检查等职责一并移交，形成了“地税征收、社保发放、财政监管”的厦门社保模式。目前，厦门市社会保险管理中心为社会保险的经办机构，但社会保险实行地税部门全责征收模式。全责征收模式下，地税部门除了征收、清欠之外还增加了社会保险费的登记、催缴、核定、监督、检查等职责，事实上承担了部分社会保险经办机构的职责。①

（三）生育保险参保缴费情况

自《社会保险法》施行以来，福建省生育保险的参保人数逐年稳步增加，生育保险不断扩大影响范围，让更多的职工得以享受生育保险待遇。尤其是2014年《关于进一步加强生育保险工作的意见的通知》实施后，机关事业单位也纳入生育保险的参保对象，参保范围进一步扩大，基本涵盖所有用人单位。截至2013年11月底，全省生育保险参保人数为538.54万人；截至2014年12月底，全省生育保险参保人数为556.73万人；截至2015年9月底，全省生育保险参保人数已经达到567.14万人。调查问卷结果显示，受访女职工所在单位为职工参保并足额缴纳生育保险费占58.3%，部分缴纳的占12.6%，完全未缴纳的占4.6%，还有24.6%的女职工不清楚所在单位是否参保缴费。

（四）女职工享受生育保险待遇的情况

1. 产假执行情况

调研结果显示，与其他生育保险待遇比较，产假制度的实施情况较好。84.0%的受访女职工表示，所在单位执行98天产假。《福建省人口与计划生育条例》第45条规定："机关、企业事业单位工作人员晚婚的，婚假为十五日；晚育又领取独生子女父母光荣证的，女方产假为一百三十五日至一百八十日，男方照顾假为七日至十日"。在访谈中发现，对于延长产假的规定，机关事业单位执行较好，大部分企业却没有落实。

2. 生育医疗费用的报销情况

生育医疗费用报销标准在福建省各统筹地区之间存在较大差异。例如，厦门市实行生育医疗费用实报实销。龙岩市是按医院等级在限额标准内予以实报实销，标准为顺产限额：一级医院1300元、二级医院1600元、

① 《社会保险法》第8条规定："社会保险经办机构提供社会保险服务，负责社会保险登记、个人权益记录、社会保险待遇支付等工作"。《社会保险法》对地税部门的定位是征收机构，属于一般代征，全责征收模式与《社会保险法》存在抵触。目前全国21个征收社会保险费的省市，仅有广东省和厦门市属于全责征收，其他都是一般代征。但从厦门社会保险的实施状况来看，"五险统征、全责征缴"的社保费征缴模式取得了良好的效果。

三级医院1900元；难产限额：一级医院3200元、二级医院3900元、三级医院4600元。凡多胞胎生育的，每多生育一婴，在上述限额基础上标准增加1000元。漳州市只有顺产包干1300元，难产（剖腹产）2800元等规定。省会城市福州则是对生育产前检查费按产前检查基本项目实行包干管理，包干标准为1000元。

在受访的女职工中，生育医疗费用支出为1000元以下的占13.4%，支出为1001~2000元的占23.5%，支出为2001~4000元的占25.6%，支出为4001~6000元的占22.2%，支出为6001~8000元的占8.8%，支出为8000元以上的占6.4%。从报销比例看，受访女职工表示完全自费的占18.0%，报销比例为30%以下的占5.8%，报销比例为31%~50%的占10.5%，报销比例为51%~70%的占14.5%，报销比例为71%~80%的占18.8%，报销比例为81%~99%的占9.0%，全额报销的占23.5%。显然，福建省女职工生育医疗费用的报销情况并不乐观，未能满足大部分女职工的生育开支要求。

3. **生育津贴的发放情况**

关于生育津贴的发放标准，《关于进一步加强生育保险工作的意见》第7条规定："机关、财政核拨或核补的事业单位参保人员按原渠道领取工资，不享受生育津贴。生育津贴按职工所在用人单位上年度月平均工资，以每月30天进行折算，按日计发"。① 但在受访的企业女职工中，未领取过生育津贴的占25.2%，生育津贴为1000元以下的占22.3%，生育津贴为1001~2000元的占30.8%，生育津贴为2001~3000元的占14.7%，生育津贴为3001~4000元的占4.1%，生育津贴为4001~5000元的占2.9%，生育津贴为5000元以上的占0.9%。与2014年福建省城镇单位在岗职工平均工资4520元/月相较，生育津贴的实际发放数额明显偏低。

关于生育津贴的发放方式，全省各统筹地区并不统一。54.1%的受访女职工表示，生育保险津贴由社会保险基金直接汇入个人账户，而45.9%

---

① 厦门除以用人单位上年度职工月平均工资基数计算生育津贴外，还同时给予生育生活补助：(1) 正常分娩（含怀孕7个月以上早产）的，享受三个月生育津贴，生育生活补助1500元；(2) 难产（含剖宫产）的，享受三个半月生育津贴，生育生活补助2000元；(3) 多胞胎生育的，每多生1个婴儿，增加半个月的生育津贴，生育生活补助2000元；(4) 怀孕4个月以上（含4个月）、7个月以下流产（引产）的，享受一个半月生育津贴，生育生活补助600元；(5) 怀孕不足4个月流产或患子宫外孕的，享受半个月生育津贴。

的受访女职工则表示仍由企业代为发放。我们在漳州、龙岩调研时了解到，生育保险待遇仍由参保单位代发，而目前省本级、福州、厦门等地已经实现了生育津贴社会化发放。例如，福州市社会劳动保险管理中心于2012年12月11日发布《关于生育保险待遇实行社会化发放的通知》（榕社保〔2012〕72号），自2013年1月1日起对生育保险待遇实行社会化发放。具体做法是：参保职工在办理生育保险待遇审核时，需提供由参保单位盖章的《同意个人领取生育保险待遇的承诺函》、职工二代身份证正反面复份件、本人社会保障卡复印件各两份。审核通过后，生育保险待遇将于次月底前汇入职工本人社会保障卡的海峡银行账户。

二　福建省生育保险制度实施中存在的问题

尽管近年来福建省生育保险工作取得了不少进展，但现行生育保险政策在执行过程中仍然存在不少问题，主要表现为：生育保险法规政策知晓程度低；生育保险覆盖面不足，实际参保人数与应保尽保人数差距大；生育保险待遇实际享受面较小，地区间不平衡；生育保险基金结余较高，没有充分利用等。这些问题导致育龄女职工的权益得不到切实保障，影响了生育保险制度的实施效果。

（一）职工对生育保险法规政策的了解有限

生育保险作为国家强制推行的旨在维护女职工基本权益的社会保险制度，已经形成较为完善的法律和政策体系。然而，我省企业职工对于生育保险法规政策的知晓情况却并不乐观，且存在诸多误解。调研结果显示，仅有13.6%的女职工具体了解生育保险法规政策的规定，74.1%的女职工了解部分规定，而完全不了解生育保险政策的女职工则占12.3%。我们在访谈中发现，即使是声称了解生育保险政策的企业职工对于生育保险政策仍存在误解：（1）男职工或者已超过育龄的女职工认为自己并不是生育保险待遇的享受主体，没有必要参加生育保险。（2）部分职工误认为劳动者也要承担生育保险缴费义务，故而缺乏参保的积极性。（3）在生育津贴未实行社会化发放的地区，不少职工误以为生育津贴是企业发放的工资。究其原因，一方面主要是由于政府、企业的宣传不到位，或者企业本身对于生育保险政策也没有准确的了解，甚至有意误导劳动者；另一方面的原因是职工的维权意识不足，对与自己利益相关的生育报销政策缺乏关注。

（二）部分地区生育保险参保缴费情况有待改善

1. 生育保险的推进力度和监管力度低于其他社会保险险种，以致生育保险参保缴费的比例一直是五大险种中最低的。[①] 值得注意的是，目前福建省生育保险经办机构的调整在一定程度上对生育保险参保缴费情况造成了消极影响。例如，漳州市自 2014 年 10 月 1 日起，原由社保中心经办的生育保险业务移交医保中心经办，原由医保中心经办的工伤保险业务移交社保中心经办。从漳州龙海市参保缴费的情况来看，2015 年 1 月至 9 月，生育保险参保单位共有 589 个，参保人数 36049 人，其中女职工 15689 人，男职工 20360 人。而在生育保险移交医保中心经办前，龙海市生育保险参保人数有 60000 多人。造成这种现象的原因主要在于用人单位对用工成本的考虑。用人单位为规避工伤风险，相对乐于为劳动者投保工伤保险。当生育保险与工伤保险捆绑时，生育保险参保缴费率较高。一旦生育保险与工伤保险脱钩，用人单位为降低成本，实行选择性投保，生育保险参保缴费的比例就出现明显下降。

2. 部分企业生育保险缴费基数不符合法律规定。福建省各统筹地区的生育保险政策都明确规定了具体的缴费基数和标准。如《龙岩市职工生育保险市级统筹实施意见》规定：“企业用人单位按其职工工资总额的 0.5%，机关事业单位按其职工工资总额的 0.35%，按月向生育保险经办机构足额缴纳生育保险费，职工个人不缴费。用人单位缴纳生育保险费的基数，最高不超过当地上年度职工月平均工资的 300%，最低不得低于当地上年度职工月平均工资的 60%”。但实际上，不少单位瞒报、少报缴费基数的现象较为严重。特别是部分单位因为经营困难问题存在的瞒报、少报、拖欠缴费的问题比较严重。在龙岩市长汀县调研时发现，不仅企业职工参加生育保险的比例低，而且参保企业也往往是按照最低工资标准缴费。由于当地经营困难的企业较多，生育保险行政部门、经办机构为了减

① 厦门实行“五险统征、全责征缴”的社会保险征缴模式，五种社会保险费捆绑参保缴费，生育保险参保缴费的比例较高，与其他统筹地区差异大。目前，厦门市的企业参保覆盖率达 99%、入库率达 98%、参缴率达 97%。

轻企业负担，也对此持放任态度。生育保险基金实行市级统筹，按照“以支定收，收支平衡”的原则筹集和使用资金，企业缴费按照最低标准执行的做法势必影响生育保险基金的筹集，限制生育保险基金的增长，将严重影响女职工享受生育保险待遇，不利于保障妇女的合法权益。

（三）中断就业的女职工享受生育保险待遇难

女职工因生育而中断就业的现象具有一定普遍性，然而按福建省现行政策，这些中断就业的女职工无法享受生育保险待遇。2011 年全国妇联和国家统计局联合进行的第三期中国妇女社会地位调查数据显示，32% 的职业女性有过职业中断，其中 49% 的人职业中断的原因为结婚生育或照顾孩子。[①] 我们在调研中也发现，很多女职工在打算生育或者知道怀孕后，主动选择辞职，怀孕期间几乎不从事工作。原因之一是其所从事的工作通常为体力方面的劳动，且工作时间和工作强度，都不是怀孕期的女性劳动者能够承受的。加之，有些工作存在辐射、污染等，对胎儿的发育不利，考虑到下一代的健康，只能放弃工作，在家里等待生产。所以，对文化技能较少的女性劳动者而言，生育就意味着不能继续工作，同时也使家庭的收入减少和检查费等方面的经济支出无法承受。

（四）生育保险医疗费用报销标准偏低导致生育保险基金未得到充分利用

目前，机关事业单位女职工生育医疗费用实行实报实销的制度，因而不存在生育保险医疗费用报销标准偏低的问题。而对于企业女职工，除厦门实行实报实销政策外，生育医疗费用系根据各地不同标准包干。调查结果显示，60% 以上的女职工生育医疗费用超过 2000 元，但生育医疗费用得到全额报销的比例仅为 23.5%，而报销比例在 80% 以下的情形超过 65%。而且，各统筹地区对生育医疗费用规定实行不同的包干范围与标准，也有可能对生育保险管理工作造成阻碍。例如，在统筹地以外地区或非协议定点生育医疗机构生育的情形中，若因此发生了更多（或

---

① 蒋永萍：《社会性别视角下的生育保险制度改革与完善——从〈生育保险办法（征求意见稿）〉谈起》，《妇女研究论丛》2013 年第 1 期。

较少）的医疗费用，但由于报销标准仍执行参保地的政策，则职工支出的费用将得不到全额报销（或者构成对生育保险基金的不恰当利用）。因此，很多农村户籍的女职工更倾向于选择新农合报销医疗费用。因为相对于生育保险而言，新农合的覆盖面更大，手续简便，甚至生育医疗费用的报销比例更高。但女职工若选择通过新农合报销生育医疗费用，就无法享受生育津贴待遇。

生育保险待遇标准偏低带来的一个直接后果是，目前福建省生育保险基金存在较多结余。2014 年福建省生育保险基金收入 13.38 亿元，支出为 9.15 亿元，累计结余 22.72 亿元。省内各统筹地区生育保险基金结余的情况存在差异。例如，由于厦门实行较高的生育保险待遇标准，生育保险基金收入与支出基本平衡，收入略多于支出。而有的地区生育保险基金结余较多。例如，龙岩长汀县 2015 年 1 ~ 9 月的基金结余加上历年结余，总的基金结余达到 226.74 万元。漳州龙海市 2014 年 10 月到 2015 年 9 月生育基金共征收 1023.13 万元，支出仅 518.58 万元，这一时间段的基金结余就达到了 504.55 万元。在女职工生育保险待遇享受比例不高，生育保险基金包干未能满足女职工生育开支的情况下，生育保险基金却出现较多的结余，这就违背了“以支定收，收支平衡”的原则。生育保险基金结余较多主要由两个因素导致：一是部分女职工怀孕后就离职，未享受生育保险待遇；二是医疗费用包干标准比较低。例如，我们在龙海市调研时了解到，龙海市第一医院是一家二甲医院，在第一医院顺产所需的医疗费用为 1500 ~ 2000 元，剖腹产所需的费用大约为 4500 元。但是龙海市执行的包干费用标准是顺产为 1300 元，难产（剖宫产）为 2800 元。因此，女职工通过生育保险报销的医疗费用通常是难以支付其所实际花费的医疗费用的。此外，随着福建省各统筹地区生育保险扩面工作开展，九个地市先后将机关事业单位纳入了生育保险参保范围，势必进一步增加生育保险基金的收入。而机关事业单位女职工的平均生育年龄通常较迟，生育意愿也低于企业女职工，如不适度提高生育保险待遇标准，生育保险基金收入高于支出的现象可能会进一步加剧。生育保险基金存在的目的是为了对女职工生育在经济上作补偿，更好地保障女职工的就业权益和生育权益。生育保险基金结余过多意味着未对生育保险基金进行充分利用，与生育保险基金建立的目的不相符。

（五）生育津贴发放未完全实现社会化

《关于进一步加强生育保险工作的意见的通知》提出："生育保险经办机构要加强信息系统建设，进一步提高管理服务水平，努力实现生育津贴的社会化发放和生育医疗费即时刷卡结算，为参保职工提供优质、高效的服务"。目前省本级、福州、厦门、莆田、泉州等地已实现生育医疗费用即时刷卡结算，但关于生育津贴，目前还只有省本级、福州、厦门等地实现了生育津贴的社会化发放，其他地市仍未完全实现生育津贴社会化发放，而是由企业代为发放，企业挪用、拖欠或者克扣生育津贴的现象时有发生，影响了职工参加生育保险的积极性。企业往往会以已发给女职工产假工资为由，拒绝再发放生育津贴。由于生育津贴由企业代发，加上女职工对生育保险不了解，致使许多女职工误以为生育津贴就是企业给予的工资，而不知道是自己参加了生育保险理应获得的社会保险待遇。此外，由企业代发的生育津贴领取方式，透明度也比较低，社会保险行政部门、经办机构很难对女职工是否按时、足额领取了生育津贴进行及时监督，因此对女职工的生育保险权益难以提供切实可行的保障。

（六）生育保险纠纷的救助渠道不顺畅

《社会保险法》第 83 条第 3 款规定："个人与所在用人单位发生社会保险争议的，可以依法申请调解、仲裁，提起诉讼。用人单位侵害个人社会保险权益的，个人也可以要求社会保险行政部门或者社会保险费征收机构依法处理"。《社会保险法》第 86 条规定："用人单位未按时足额缴纳社会保险费的，由社会保险费征收机构责令限期缴纳或者补足，并自欠缴之日起，按日加收万分之五的滞纳金；逾期仍不缴纳的，由有关行政部门处欠缴数额一倍以上三倍以下的罚款"。但目前社会保险征收机构主动履职的情况并不多见，劳动者遇到此类情况仍然要向劳动监察机构投诉，希望帮助维权，对这种情况，如果劳动监察机构不作为，劳动者就无处维权。我们在调研中发现，龙海市劳动监察机构仅在 5 年前接到过一宗关于生育保险的投诉，而劳动仲裁机构在七、八年内都未受理过生育保险纠纷的案件。但是生育保险纠纷案件少，并不是因为没有生育保险争议的存在，而是因为生育保险争议的救助渠道不通畅。

从司法救济渠道看，目前生育保险争议得到劳动仲裁机构和法院受理的比例很低。生育保险纠纷可分为三种类型：用人单位未依法为劳动者参保、用人单位拖欠缴纳生育保险费、用人单位与劳动者对生育保险缴费基数核定的争议。《最高人民法院关于审理劳动争议案件适用法律若干问题的解释（三）》（以下简称《劳动争议司法解释（三）》）第1条规定："劳动者以用人单位未为其办理社会保险手续，且社会保险经办机构不能补办导致其无法享受社会保险待遇为由，要求用人单位赔偿损失而发生争议的，人民法院应予受理。"原最高人民法院民一庭庭长杜万华就该司法解释答记者问时称："《调解仲裁法》确定了社会保险争议属于劳动争议，但是否应把所有的社会保险争议不加区别的纳入人民法院受案范围，确是一个在实践中争议广泛的问题，需要司法解释进一步明确。我们研究认为，用人单位、劳动者和社保机构就欠费等发生争议，是征收与缴纳之间的纠纷，属于行政管理的范畴，带有社会管理的性质，不是单一的劳动者与用人单位之间的社保争议。因此，对于那些已经由用人单位办理了社保手续，但因用人单位欠缴、拒缴社会保险费或者因缴费年限、缴费基数等发生的争议，应由社保管理部门解决处理，不应纳入人民法院受案范围。对于因用人单位没有为劳动者办理社会保险手续 ，且社会保险经办机构不能补办导致劳动者不能享受社会保险待遇，要求用人单位赔偿损失的，则属于典型的社保争议纠纷，人民法院应依法受理"。因此，在《劳动争议司法解释（三）》出台后，各地法院开始对社会保险缴费争议不予受理，甚至于对当事人依据仲裁裁决书的执行请求也不予受理。同时，对社会保险待遇争议的受理或处理，甚至要求当事人先行向社会保险经办机构请求出具"不能补办"的证明。在厦门市调研时我们了解到，除受理用人单位未为女职工参保，且社会保险经办机构不能补办导致其无法享受生育保险待遇要求赔偿的争议外，厦门劳动仲裁机构和法院还受理用人单位未为女职工参保，女职工要求补办社会保险手续的争议。但接受访谈的法官也表示，法院虽然作出要求用人单位和劳动者应在一定期限内参加社会保险的判决，但如果用人单位此后仅为劳动者办理了参保手续，却未实际缴费，法院也无法再行介入此类纠纷，劳动者只能向劳动监察部门求助，判决可能成为一纸空文。因此，劳动仲裁机构和法院将社会保险缴费争议排除在劳动争议处理范围以外，有可能导致实质上排除所有生育保险争议得到司法救济。

三　改善福建省生育保险制度实施状况的对策建议

《社会保障“十二五”规划纲要》提出：“未来五年社会保障事业发展的主要目标是：社会保障制度基本完备，体系比较健全，覆盖范围进一步扩大，保障水平稳步提高，历史遗留问题基本得到解决，为全面建设小康社会提供水平适度、持续稳定的社会保障网。”生育保险对于保护女职工及其家庭，对经济和社会发展意义重大。针对当前福建省生育保险政策实施中存在的上述问题，应以完善生育保险法规政策为中心，配合其他手段尽快加以解决。应当根据《社会保险法》《女职工劳动保护特别规定》等上位法的规定，吸收现行有效的地方生育保险政策，并修正现行政策中存在的不合理因素，增强生育保险制度在实践中的可操作性。对于生育保险权益已经受到侵害的女职工，应通过行政手段和司法救济等多种途径为她们提供救济渠道。

（一）适时修改《福建省企业女职工生育保险规定》

现行《福建省企业职工生育保险规定》自 1996 年 10 月 1 日起施行，1998 年根据《福建省人民政府关于省政府规章和省政府规章性文件修订的决定》进行修订，此后一直未再调整。然而，随着《社会保险法》和《女职工劳动保护特别规定》的实施，国家已对生育保险政策作了重大修正，《福建省企业职工生育保险规定》的大部分条款已不能适应新形势、新要求。如不适时适度进行调整，这些矛盾和问题势必影响生育保险制度的运行和可持续发展，对职工权生育权益保障造成不利影响。

2010 年以后，国内已有多个省级行政区修改了生育保险地方性法规。例如，2014 年 6 月 20 日江苏省政府第 34 次常务会议审议通过《江苏省职工生育保险规定》，从 2014 年 10 月 1 日起施行，废止了 1999 年 9 月 10 日发布的《江苏省城镇企业职工生育保险规定》。福建省于 2014 年出台的《关于进一步加强生育保险工作的意见》，相较于《福建省企业女职工生育保险规定》，扩大了生育保险的受众范围，延长了产假期限，适当提高了报销费用，实现了与《社会保险法》《女职工劳动保护特别规定》的衔接，对于保障女职工生育保险权益具有积极作用，但是，《关于进一步加强生育保险工作的意见》仅具有规范性文件的性质，作为社会保险重要组成部分的生育保险制度理应上升到法律层面进行规范。因此，我们建议福建省人民政府修改《福建省企业职工生育保险规定》或重新立法，在生育保险适用范围、统筹层次、保障待遇、管理服务、相关各方的权责等方面与上位法衔接，并根据上位法授权，结合福建省实际情况，在总结省内各统筹地区生育保险政策经验的基础上，借鉴其他地区有益经验，提升福建省生育保险管理法制化水平，从法律层面对女职工生育保险权益提供源头保障。

（二）加大生育保险法规政策宣传

企业职工对生育保险的知晓程度有限，认知存在误区，直接影响了生育保险政策保障职工权益的效果。促使企业职工产生了解生育保险制度的感知因素包括对生育保险法规政策重要性的感知和对生育保险法律知识重要性的感知。企业职工能否感知到生育保险制度的不可或缺以及与自己的利益息息相关，将会直接影响其是否会主动去了解和掌握生育保险相关知识。在生育保险政策的施行中，政府部门、工会组织需要多形式、多渠道地开展生育保险宣传，使男女职工均能意识到生育保险对自身及家庭的重要性，以有效强化劳动者的保险意识，普及生育保险政策知识，引导用人单位自觉履行参加生育保险的法律义务，引导职工依法维护自身的权益。一方面利用可以继续利用传统手段如新闻广播、报刊杂志、开展咨询活动、印发宣传资料等对生育保险政策进行普法宣传；另一方面，应考虑到“90后”女职工已成为育龄妇女的主力军，应多利用新兴媒体加以宣传，如微博推荐、微信推送和公众号关注等手段。

（三）组建“五险合一”的社会保险经办机构

社会保险经办机构的设置要能够满足公众对社会保险公共服务的需要，组织形式的选择要符合技术的要求，能够充分运用各种技术资源，形成核心能力，组织的构建要有效率。[①]《社会保险费申报缴纳管理规定》第3条第3款规定：“社会保险经办机构负责社会保险缴费申报、核定等工

① 顾海：《我国社会保险经办组织体系的环境变化与组织变革》，《南京社会科学》2015年第10期。

作。省、自治区、直辖市人民政府决定由社会保险经办机构征收社会保险费的，社会保险经办机构应当依法征收社会保险费。社会保险经办机构负责征收的社会保险费，实行统一征收”。第 32 条规定：“社会保险费由税务机关征收的，社会保险经办机构应当及时将用人单位和职工应缴社会保险费数额提供给税务机关；税务机关应当及时向社会保险经办机构提供用人单位和职工的缴费情况”。目前，除厦门外，福建省各统筹地区的社会保险征缴均实行地税部门代征模式，由各级地方税务机关按照属地管理原则负责征收。而社会经办机构却处于分散状态，除了造成社会保险经办组织重复设置、办公分散等问题外，对参保缴费也造成不利影响，参保单位办理社会保险需要多头办事，费时费力，甚至出现选择性参保等情况，用人单位只给职工办理工伤、养老等“两险”甚至“一险”以节省成本，这也是造成生育保险参保缴费比例低的原因之一。

从国内其他地区的实践来看，“五险合一”即五种社会保险统一管理、统一登记、统一基数、统一征缴，已经成为社会保险经办机构改革的趋势，如海南、天津、宁夏、新疆等地区已经开始实行全省范围内的“五险合一”管理。例如，2015 年宁夏出台《社会保险“五险合一”经办体制改革方案》，整合市、县社保局医保中心，成立新的市、县社保局，统一经办养老、医疗、工伤、生育、失业五项社会保险业务；自治区社保局负责制定全区统一的“五险合一”业务经办流程等事宜，在实现自治区社会保险“五险”信息数据“省集中”的基础上，开发“五险合一”信息管理系统。事实证明，“五险合一”管理模式有助于消除目前存在的社会保险经办机构重复设置、办公分散等导致行政管理成本上升的问题，可以降低社会保险管理和运行成本，提高工作效率和服务质量，也有助于改善社会保险参保缴费状况。①

在目前实行“五险合一”改革的地区有两种模式：一种是对现有经办机构进行改革，形成统一集中的社会保险经办组织，顺利地实施五险统管；另外一种就是在经办组织分设的情况下，将社会保险公共业务抽出来，如以统一申报，一票征收等方式进行五险合一的运作。我们建议福建

① 顾海：《我国社会保险经办组织体系的环境变化与组织变革》，《南京社会科学》2015 年第 10 期。

省可探索建立统一的社会保险经办机构，各统筹地区将社会保险经办职能统一纳入社会保险管理中心，由社会保险管理中心统一负责五种社会保险的登记、个人权益记录、社会保险待遇支付等工作，执行“社保五险”的捆绑征缴，可有效提升生育保险的参保率。

（四）加大征缴生育保险费的力度

《社会保障“十二五”规划纲要》提出：“逐步实现统一受理社会保险参保登记、统一核定缴费基数和数额、统一征收社会保险费、统一社会保险稽核、统一查处社会保险违规行为，加强社会保障业务档案、数据、信息网络管理，保证资料和信息的完整、准确、安全”。为防止用人单位瞒报、少报缴费基数的现象，可以参考福州市的做法，以城镇在岗职工工资的一定比例核定生育保险的月缴费基数最低标准。2014 年度福州市城镇单位在岗职工年平均工资为 58839 元，从 2015 年 7 月 1 日至 2016 年 6 月 30 日，职工生育保险月缴费基数最低不得低于 2941. 95 元，最高不超过 14709. 75 元。

社会保险行政部门、生育保险经办机构、地税部门需建立联合参与的联动监督机制，保证生育保险费登记、申报和征缴工作顺利开展。地税部门对于有能力缴纳欠费的企业要及时采取措施实施清缴，防止费款流失；对于非正常户欠费单位，管理部门应实地访查，向相关部门、单位了解情况，按照规范流程，尽职履责。缴费单位在办理注销登记前，应当结清应缴费款、滞纳金。生育保险经办机构要加强对生育保险的稽核，要将优势企业、大型企业、外商投资企业和欠费企业作为实地稽核重点对象，主要稽核用人单位申报的缴费人数和缴费基数情况、参保单位和个人按时足额缴纳生育保险费情况、欠费单位按计划补缴欠缴的生育保险费情况等。要通过社保稽核，对缴费单位瞒报、漏报和拖欠生育保险费的行为进行纠正，对于拒不改正的缴费单位，社会保险行政部门要依法进行行政处罚。此外，还应当建立地税部门与法院的协调机制，切实旅行《社会保险法》赋予的职责，《社会保险法》第 63 条第 3 款规定：“用人单位未足额缴纳社会保险费且未提供担保的，社会保险费征收机构可以申请人民法院扣押、查封、拍卖其价值相当于应当缴纳社会保险费的财产，以拍卖所得抵缴社会保险费”。

（五）扩大生育保险的对象和待遇范围

根据党的十八届三中全会提出的“适时适当降低社会保险费率”的精神，2015年人社部下发《关于适当降低生育保险费率的通知》，要求生育保险基金累计结余超过9个月的统筹地区，应将生育保险基金费率调整到用人单位职工工资总额的0.5%以内。福建省也执行了这一规定。但我们在调研中发现，目前企业社会保险负担偏重，“五险一金”已占到工资总额的50%左右，影响了企业依法参保缴费的积极性，并未因生育保险费率的降低而有所改善。《关于进一步加强生育保险的意见》第14条规定：“用人单位未按规定及时为职工办理参保并足额缴费，或中断缴费致职工生育待遇无法享受的，其职工产假、流产或计划生育手术期间的生育津贴和生育医疗费用，由用人单位按照当地生育保险规定的项目和标准支付”。但经营困难的企业已无力缴交社会保险费，自然更难以向职工直接支付生育保险待遇，该条规定事实上难以保障困难企业劳动者生育保险权益的落实。因此对于经营困难的企业，政府应落实企业帮扶政策，对其予以财政支持，对其职工参加生育保险予以补贴，或是将暂不参加生育保险的企业特殊对待，对确无缴费能力的停产、半停产等困难企业，由社会保险经办机构会同地税机关核实，报当地政府批准后，单列征收计划，同时确保劳动者不因企业的缴费不能而丧失生育保险待遇的享受资格。

针对部分女职工在生育前辞职，导致其无法享受生育保险待遇的现象，我们建议参照上海、河南、深圳等地的做法，将因生育中断就业的女职工明确纳入生育保险受益范围。例如，《河南省职工生育保险办法》第17条规定：“参加生育保险1年以上不满3年的女职工，与用人单位依法解除或者终止劳动关系后，在24个月未就业期间生育或者实施计划生育手术的，生育或者实施计划生育手术的医疗费用从生育保险基金中支付。参加生育保险3年以上的女职工，与用人单位依法解除或者终止劳动关系后未就业，生育或者实施计划生育手术的医疗费用从生育保险基金中支付”。《〈上海市城镇生育保险办法〉实施细则》第4条规定，具有本市城镇户籍的失业妇女从业时按规定参加本市城镇社会保险并按规定建立了个人账户的，可按《办法》规定申请享受生育生活津贴、生育医疗费补贴。《深圳市人力资源保障局关于〈广东省职工生育保险规定〉的实施办法》第7条规定，失业前已参加生育保险的职工，其领取失业保险金期间发生的生育医疗费用，在其分娩、终止妊娠或者施行计划生育手术后1年内提出申请报销申请。

（六）适度提高生育保险待遇标准

“以支定收，收支平衡”要求促进生育保险基金的充分利用，实现资源的优化配置。但就目前的情况看，福建省生育保险基金结余较多，没有实现资金的充分利用，未达到最佳效果。我们建议，各统筹地区应适度提高生育医疗费用报销标准，以满足女职工支付生育医疗费用的需求，在经济发达、生育保险基金结余较多的地方则可实行实报实销政策。政策调整后，享受生育保险待遇人次、生育医疗支出、人均生育医疗支出有可能出现大幅增长。因此，要在保证待遇提高的同时，防止不合理的医疗支出，以防生育保险基金出现缺口。

（七）实行完全社会化的生育保险待遇发放机制

福建省生育保险待遇应完全实行社会化发放方式，独立于单位之外，生育津贴的发放直接转入职工个人账户。目前生育保险的待遇一般是由生育保险经办机构转账到单位账户，之后再由劳动者参保的单位转发到职工个人账户。这样做一方面会让职工认为这是企业给予的工资福利，不利于职工对于提高对生育保险的重视程度，另一方面，单位可能会出现克扣以及延迟发放的问题，这样直接影响到职工生育保险权益的享受。将生育津贴由生育保险基金直接转入职工的个人银行账户有利于生育保险机制的完善，也有利于进一步加强生育保险政策的宣传与实施。

（八）完善生育保险纠纷的处理机制

加强劳动监察部门的事前介入和事后干预机制。现阶段对于实践中存在的发生在劳动者与用人单位之间不交，少交或迟交生育保险费争议，立法上规定尚不明确，认识也不统一。贯彻执行社会保险立法是劳动监察部门的责任与义务，劳动监察部门的及时介入对于生育保险纠纷的处理是十分必要的。2004年《劳动保障监察条例》第11条规定：“劳动保障行政部门对下列事项实施劳动保障监察：……（七）用人单位参加各项社会保险和缴纳社会保险费的情况”。因此，劳动监察部门有义务对生育保险工作的实施进行监察。现阶段劳动监察部门事后干预较多，而事前介入较少。加强劳动监察部门的事前介入有利于生育保险的纠纷减少，而在出现生育保险纠纷后，劳动监察部门的事后干预有利于快速解决生育保险纠纷，保障劳动者的利益。对于劳动者的生育保险投诉，劳动保障监察机构应当按照《劳动保障监察条例》的规定，在接到投诉之日起 5 个工作日内依法受理，并于受理之日立案查处。不属于劳动保障监察职权范围的投诉，劳动保障监察机构应当告诉投诉人；对属于劳动保障监察职权范围但不属于受理投诉的劳动保障监察机构管辖的投诉，也应当告知投诉人向有关劳动保障监察机构提出。

完善司法救济机制。目前，劳动仲裁机构和法院不受理生育保险缴费争议，导致女职工对用人单位侵害其生育保险权益的行为，只能通过请求行政处理，并对行政不作为或乱作为的行为，申请行政复议或者提起行政诉讼的渠道进行。这将迫使劳动者从“告”用人单位转向“告”行政部门，被迫走向“民告官”。[①] 行政、司法多渠道处理是保护女职工生育保险权益的有效手段。司法作为最终的救济渠道，理应发挥其托底的重要作用。只有行政、司法机关均有效作为，各司其职，发挥各自优势，才能使得女职工生育保险权益得到确实保障。从避免部门间推卸职责，有效提升劳动仲裁和司法的权威及公信力出发，建议将生育保险缴费争议、生育保险待遇争议均纳入劳动争议处理范围。

A Study on the Present Situation of Improvement of Maternity Insurance and Countermeasure Improved in the Future

——Based on the Practice of Fujian Province

The Team for Provincial Maternity Insurance Project of Fujian

Abstract: In order to understand the status of maternity insurance policy in

① 周国良：《社会保险争议的受理困境》，《中国劳动》2013 年第 6 期。

Fujian province, 739 valid questionnaires were collected and analyzed by questionnaires, field interviews and symposia. Questionnaire statistics show that there are some enterprises have not fulfilled or not fully fulfill the obligations of workers insured maternity insurance. Of the female workers and staff members interviewed, 58.3% of the insured workers paid their premiums, 12.6% paid part – time, 4.6% did not pay, and 24.6% did not know whether their units were insured or not. Payment. Maternity leave system implementation, the national maternity leave 98 days to perform better, but most companies do not extend the maternity leave "provincial standard." There is a big difference in the standard of reimbursement of reproductive medical expenses among the co – ordinating areas in Fujian Province. The payment method of maternity allowance is not uniform, and the amount of maternity allowance actually paid is obviously low. The female workers who are interrupted are entitled to maternity insurance; Dispute relief channel is not smooth. To this end, in addition to increasing maternity insurance laws and regulations should be publicized, so that workers are generally aware of their maternity insurance rights, but also should be amended in time, "Fujian women workers maternity insurance provisions" to expand maternity insurance targets and treatment range, Maternity insurance treatment standards, the formation of "five – in – one" social insurance agencies, increase the collection of maternity insurance strength, the implementation of a fully socialized maternity insurance treatment mechanism, improve maternity insurance treatment dispute resolution mechanism.

Key words: Fujian Province; Maternity Insurance; Implementation Status; Existing Problems; Improved Countermeasure

社会福利法研究

课后儿童照管福利服务供给与建设调查研究

——以福建省厦门市为基本样本*

蒋　月　王钿镱**

摘　要：孩子放学与父母下班到家之间存在1~2小时的时间差，这容易形成监管“空隔期”而产生问题。在此期间，孩子可去哪里获得应有照管？这是令许多中小学生家长纠结的“四点钟问题”。为促进儿童健康成长，减轻父母照管放学后儿童的负担而能安心就业，沿海地区部分省市先后创办社区“四点钟学校”，为放学后儿童提供照管与服务。然而，因这类服务的法律属性不明、资金不足、法律责任大等原因，多地实践发展与放学后儿童照管服务的巨大需求之间存在较大落差。假期的儿童能享有哪些提升其素质和学业的公共服务？现有儿童福利除了公共图书馆外，似乎难找出其他。从域外经验看，课后的儿童照管是一项政府福利服务。美国、英国、法国等工业化国家均设立形式多样的国家照顾制度，作为一项全民福利，不但配合就业父母的工作时间，政府也大量补贴，让妇女外出工作无负担。要改善我国儿童福利服务，应借鉴域外经验，针对不同年龄段学童，分别建设收费、免费两种形式的托管服务，其中，公立的或者公益组织负担建设免费的学童照管服务。对照管机构的场所和设备、工作人员、服务项目、卫生、消防、安全等进行详细规范，明确法律关系和法律责任，鼓励热心儿童福利服务的机构、人员、资金参与、支持。

---

* 本文是在福建省厦门市妇女儿童工作委员会2012年委托课题《放学后儿童特色福利服务供给与建设调查研究》的结题成果基础上修改而成的。该项目主持人为蒋月教授，课题组成人员：吴亚汝，福建省厦门市妇女联合会主席；朱秀敏，福建省厦门市妇女联合会副主席；王钿镱，厦门大学法学院2012级博士研究生；陈雯雅、郑慧华，厦门市妇女联合会干部；陈泗川、陈晶华、李萍，厦门大学法学院2012级硕士研究生。特别感谢为本课题的调查研究提供大力支持的有关单位、社区、学校及人士。

** 蒋月，厦门大学法学院教授，博士生导师；王钿镱，福建省社会科学院法学研究所研究人员，厦门大学法学博士。

通过建设这类专项福利服务，以帮助所有学童特别是为来自弱势家庭的儿童提供学业辅导、丰富兴趣爱好、开阔视野，促进儿童健康成长的各种服务。

关键词： 课后儿童　照管服务　公共福利　地方探索　制度建构

引　言

“大人5时半下班，回家路上需要半小时，如果在路上买点菜，至少要6点才能到家。可是，学童4点半就放学了，在大人回到家里之前的这段时间，孩子会去哪里？他（她）会做什么？能做什么？”这段监管的“空隔期”就是令许多中小学生家长纠结的“四点钟问题”。同时，经济社会快速发展过程中，城市越来越大，年轻父母们的职业竞争压力大，工作忙碌，针对在放学后儿童与父母下班回家之间客观存在的1~2小时时间差，政府和社会能为儿童和家长做些什么，以减轻家长们的压力呢？为促进儿童健康成长，减轻父母照管放学后儿童的负担而能安心就业，浙江省宁波市于1998年率先创办社区“四点钟学校”，提供照管与服务放学后儿童的社会福利项目。福建省厦门市作为沿海开放地区的发达城市，公共服务供给水平较高。为了解决小学生放学后托管问题，2007年，厦门市妇女联合会等机构经过调研，设想在厦门市尝试建立“四点钟学校”。2008年初，厦门市湖里区金山社区创办了本市第一所“四点钟学校”。经过近五年推广，厦门市“四点钟学校”不断增多、发展，社会影响扩大。但是，由于缺乏相关管理规范、资金不足、存在一定安全隐患等，该服务项目的效果尚不尽如人意。本课题组接受厦门市妇女联合会委托，于2012年9月至12月就“厦门市放学后的儿童特色福利服务供给与建设”开展专题调查研究。为了解家长和儿童两个直接受惠群体对这类服务的认识和意愿，课题组实行了问卷调查，调查问卷分为儿童版和家长版两类。课题组共发放儿童问卷314份，收回有效问卷284份，回收有效率为90.44%；发放家长问卷462份，回收有效问卷242份，回收有效率为52.38%。课题组还实地考察访问了厦门市四个区的七个放学后儿童照管服务机构及其运行情况，对部分儿童和家长进行面对面访谈。总体来看，家长和儿童对放学后的照顾服务有一定需求量，现有这类服务福利模式是合理的，但服务供给和服务内容等还有较大改善、提升的空间。以"四点钟学校"这种针对放学后儿童的特色服务为典型，在总结本市和其他地区的相关经验基础上，探讨其中存在的困难和问题，借鉴域外经验，探讨更好地为放学后儿童提供照管、服务的机制，依据现行政策和法律，分析这类服务的性质、资金来源、机构、服务项目、管理者、各方法律关系、法律责任承担等，为放学后儿童照管服务的建设及其制度化、规范化提供全面、具体、有操作性的对策建议。

一　课后儿童照管服务福利供给与建设的现状与经验

浙江省宁波市，江苏省南京市、常熟市，黑龙江省大庆市[①]等地都先后推行"四点钟学校"这类服务。浙江省宁波市江东区紫鹃社区于1998年在社区办公室旁的空地上盖了一间20余平方米的小屋，率先创办帮助社区居民照看下午放学早的儿童，将社区内无人照顾的未成年人集中起来，为他们安排课外活动。从此，家长们亲切地称这个托管孩子的地方为"四点钟学校"，这是国内最早的"四点钟学校"。宁波全市推广江东区"四点钟学校"模式的实践，[②]经过十五年左右的建设，截至2012年底，宁波全市已有近200所"四点钟学校"，制定了规章制度，包括考核奖励办法，"四点钟学校"甚至被誉为该市儿童福利的一张名片。[③]宁波市江曙区则统一称这类服务机构为"社区青少年俱乐部。[④] 学生们放学后主动来"四点钟学校"做课外作业、集体游玩，参与各类讲座和活动。宁波市政府决定，从2013年1月起，每个街道都要确定1~2所小学，作为"四点钟学校"建设试点学校。到2014年底，宁波市将全面建成"四点钟学校"。江苏省的南京市、常州市等城市借鉴宁波市的经验，相继提供类似于"四点

① 龚卿：《莫道桑榆晚 为霞尚满天 记志愿者赵振钧和他的4点钟学校》，新民网，http://news.xinmin.cn/shehui/2012/10/03/16577650.html，访问时间：2012-12-10。

② 朱振岳、陈浩：《"四点钟学校"演活社区教育戏》，《中国教育报》2006年4月25日第1版。转引中国教育报网，http://www.jyb.cn/gb/2006/04/25/zy/jryw/2.htm，访问时间：2012-12-18。

③ 《宁波将大力推进"四点钟学校"建设 2014年底建成》，宁波广播在线，http://www.nbradio.com/node2/news/gbxw/userobject1ai306082.html，访问时间：2014-12-30。

④ 海曙区关工委：《海曙区社区青少年俱乐部的建立与探索》，浙江在线新闻网，http://www.qsn365.com/qsn365/articles/77769，访问时间：2012-12-18。

钟学校”的社会服务。为了保证广大儿童的健康成长，帮助父母减轻负担与压力，打消家长的顾虑，厦门市从 2008 年初试办“四点钟学校”，此后，这类特色照管服务供给不断增多。“四点钟学校”不仅填补了“孩子放学后的真空时段”，而且为儿童提供了实践锻炼平台，还发挥了“德育课堂”的作用，成为儿童们的第二课堂，受到儿童和家长的欢迎。各地的实践和做法，相互启发、借鉴，既有共性，又有个性。

（一）课后儿童照管服务等福利需求量较大

通常，小学放学时间在下午 4 点左右，而在职父母的下班时间在下午五点半，加之路途交通用时，两者之间的时间差有 2 小时左右。很多双职工家庭在这段时间内的照顾和指导遇到很大困难。问卷调查表明，厦门市需要“四点钟学校”服务的家长占受访家长总人数的 55.4%。从实地考察厦门市“四点钟学校”的情况看，居住着较多非本地户籍人口的社区，以核心家庭为主，且不具备亲友协助条件的家长，对“四点钟学校”的需求较大。有些社区，四点钟学校一天内有近百儿童流动量；寒假和暑假对“四点钟学校”的需求量又明显高于平常时段。

（二）社区创办“四点钟学校”等不同模式的福利服务

根据社区居民需求量大小、周围是否有小学等实际情况，厦门市创办了不同类型的“四点钟学校”，包括无偿服务、低价服务、四点钟放心班、四点钟小书桌等。

在厦门市，四点钟学校被定位为一项无偿、免费的福利服务。“四点钟学校”是开放的、包容的，一般不需要报名即可享受此项福利服务，对接受服务对象人数不设限制。除寒暑假的冬令营、夏令营活动，非本社区的儿童亦可进入该场所学习娱乐。部分家长表示，他们希望有志愿者辅导儿童写作业并愿意提供补贴。家长希望儿童在这类服务场所得到很好的照顾，如果儿童能够在其中得到更好的发展机会，家长不介意每月支付适当费用，但是该费用不能过高，至少要低于社会上专门提供托管服务的私营机构的收费标准。

办校场地寻求社会各界支持解决。各地区根据自身情况，寻找一些涉及教育职能的单位或者公共服务单位提供场地。例如医院、学校、交警队、消防机构等单位。事实上，在“四点钟学校”开放服务时段内，许多机构都有闲置的场地、设施。[①] 此类资源可以充分利用为“四点钟学校”服务。对于照管儿童需求量不大的社区，利用小学放学后空置的教室，由志愿者轮流值班。厦门现有“四点钟学校”的场所设置地点有三类：一是设在社区居委会办公大楼内；二是设置在社区附近的小学内；三是设置在学校附近的小区居民楼内。从现场观察，场所大多位于建筑物一层，有的是社区居委会腾出的办公场所，有的是小区的车库。在用地较紧张的社区，“四点钟学校”充分利用现有的场所资源，在社区的原有设施中找出适合儿童活动的场所，比如社区图书馆、小学放学后的闲置教室、社区的道德讲堂等，以及一些可与四点钟学校错开使用时间的活动空间。宁波市白鹤街道贺丞社区“四点钟学校”是校内校，设在镇安小学的实验楼内，学校无偿提供4间教室，其中2间教室供学生做作业，2间教室为活动室。教室内的孩子做作业时，有教育指导人员，活动室内小朋友三五成群，有的玩陀螺，有的踢皮球，有的做手工，有的下棋等。[②] 附近无小学的社区则在居委会设立小型的学习、游戏场所。

（三）课后儿童福利服务的举办者和协助者

在厦门市，“四点钟学校”是由社区居委会举办的一项免费福利服务，通常由社区或小学提供场所，供下午放学较早的儿童学习和活动。“四点钟学校”的运营资金及物资主要来自于社区居委会为创办四点钟学校向相关政府部门申请到的专项资金、区政府拨款和社会捐助。其中特别是场地设置在小区居民楼内的，其场所的解决主要依靠当地政府的划拨。同时，社会组织、团体对四点钟学校也有一些捐助。

1. 举办者与协助者。目前“四点钟学校”的举办者并不明确。走访发现，大多工作人员和家长都认为，社区居委会是此类机构的举办者。“四点钟学校”的建设十分需要与社会各组织、各团体、各机构开展广泛的合作才能调动来自社会各界的想投身公益的资源，同时减轻社区居委会的负

---

① 王正娟：《四点钟以后，到社区学校》，《社区》2005年2月（下）。

② 王景波、胡龙召等：《社区“四点钟学校”解除家长后顾之忧》，中国宁波网，转引自新浪新闻，http：//news. sina. com. cn/s/2005 – 03 – 14/15445357358s. shtml，访问时间：2012 – 12 – 18。

担。目前的协助者包括：（1）市文明办曾给部分四点钟学校捐助电脑；（2）妇联为部分四点钟学校捐助投影仪、图书；（3）厦门市少儿图书馆与多个社区居委会合作开办少儿图书馆分馆，向儿童提供免费书籍借阅，并且定期更换书籍；（4）有些四点钟学校与附近的小学合作，由小学为四点钟学校提供场所，同时与民办教辅机构合作，教辅机构以做公益为名，轮流派出辅导老师免费辅导四点钟学校的学生完成作业。

2. “四点钟学校”的服务人员。目前主要由志愿者和兼职的社区居委会工作人员构成。其中，志愿者的来源多样。当前从事“四点钟学校服务”的志愿者主要包括下列三类人群：

（1）社区老年居民。身体较硬朗且热心公益愿意的退休老人应邀承担四点钟学校的管理责任。目前，这类人员是“四点钟学校”最稳定的志愿工作人员。这些退休人员大都受教育程度较高，具有引导、教育儿童的能力。特别是退休教师承担此类服务，很受家长、学生欢迎，只是这类人数量极有限。一般情况下，社区支付这些志愿者 300～500 元不等的补贴。老年志愿者表示四点钟学校工作充实了他们的生活。一般情况下，老人们就能胜任工作，但是有时儿童人数多，工作人员就显得不足。工作的主要内容包括照管学生、整理、卫生等。邀请社区中有志愿服务意愿又有特长的老年人、老教师担任“四点钟学校”的老师或工作者，为小朋友提供课外辅导、托管服务，老年人可以有去处，小朋友能有人看管，听爷爷奶奶讲故事，学习一些技艺，是两全其美之事。例如，有的社区老党员自愿到“四点钟学校”义务值班；有些社区组织居民中的“五老人员”担任故事讲解员，为孩子们讲故事。

（2）大学生志愿者。这是“四点钟学校”的志愿服务主力。这些学生志愿者可以分为四类：第一类是固定的大学生志愿者，这是学生志愿者的主力军。通常，“四点钟学校”所在社区或附近有大专院校，“四点钟学校”与大学的志愿者协会合作，请求派遣专业对口的学生参与。“四点钟学校”对学生志愿者有固定的工作时间要求，提供交通费等补贴，该类志愿者较为稳定。第二类是阶段性的大学生志愿者。有的社区居委会兼具大学生实习基地的功能，每年都有大学生前来实习而成为“四点钟学校”的工作人员。不过，学生实习时间不长，最多是几个月。第三类是通过厦门市少儿图书馆登记的志愿者，通常被派往的岗位是以管理图书为主。第四类是单个的志愿者，他们主要是通过其他途径前来四点钟学校当志愿者的大学生。该类大学生志愿者分散、流动性强，无法持续地成为四点钟学校的人力资源。

(3) 其他社会志愿者，主要是公立小学老师或者民办教育机构的老师。这是四点钟学校工作人员的辅助力量。社区附近的小学教师在授课之余，有些会到“四点钟学校”无偿为学生辅导功课，或者与“四点钟学校”的专职管理志愿者沟通交流学生情况。有的社区与福建小学有共建合作关系，小学的科技课、手工课的课堂设置在四点钟学校内，由学校老师带领学生来四点钟学校完成课程，通常这部分课程也被认为纳入“四点钟学校”的活动范围。另外，民办教育机构与社区合作，在“四点钟学校”开放时间，派遣老师辅导儿童作业，保证每天都有老师免费辅导学生。此外，还有其他合作方式，如社区居委会在办公楼内为私营教育培训机构提供教育场地，培训机构则无偿为社区“四点钟学校”免费指派辅导老师、夏令营时免费提供各类教学活动等。但是，也有社区表示不太愿意与私营商业机构合作，以免被商业机构用于广告宣传，也担心居民有微词或引发矛盾纠纷。

在浙江省的宁波市，“四点钟学校”或“社区青少年俱乐部”也是由社区主办。社区是人们生活、居住的主要场所，对儿童而言，“一头连着学校，一头连着家庭”，①是未成年人的主要校外社会活场所。”波市江东区范围内，已创办 32 所大小不一的“四点钟学校”，而且数量还在增长。而宁海曙区各社区的关工委大胆创新，经过几年实践，总结探索了“青少年协会”、“四点钟学校”、“少先队俱乐部”等多形式的青少年活动基地，构建起学校、家庭、社会“三位一体”的未成年人思想道德建设有效途径；2010 年初，区关工委将其统一命名为“社区青少年俱乐部”。②

（四）经费来源

1. 财政拨付。为确保“四点钟学校”规范化建设，宁波市专门设立了

① 海曙区关工委：《海曙区社区青少年俱乐部的建立与探索》，浙江在线新闻网，http：//www.qsn365.com/qsn365/articles/77769，访问时间：2012－12－18。

② 海曙区关工委：《海曙区社区青少年俱乐部的建立与探索》，浙江在线新闻网，http：//www.qsn365.com/qsn365/articles/77769，访问时间：2012－12－18。

社区经费“432保障机制”，明确规定市财政每年拨1000万元用于社区硬件设施建设，社区居委会不搞“三产”经营，工作经费和人员津贴由市、区、街道下拨，以辖区内每100户居民为单位，市、区、街道每年分别拨付经费4000元、3000元、2000元。①

2. 零利润经营。宁波市“四点钟学校”以“零利润”考量制定收费标准，收取的费用主要用于学生们的点心、聘请教师的补助、购置用习用品、活动器具等。学校还将收入的5%~10%留作风险保证金，以应对意外安全事故。收费标准由学生家长听证会讨论决定。参加听证会的成员主要是“四点钟学校”校务委员会成员和各班的家长代表，校务委员会委员先向家长代表介绍学校运行情况，家长代表对“四点钟学校”提出自己的意见和建议。例如，在2005年，白鹤街道所属“四点钟学校”收费是每人每月50元。②

（五）课后儿童福利服务的项目和内容

服务项目和内容侧重于儿童课外兴趣与素质提高。“四点钟学校”除了指导学生完成家庭作业，更组织丰富多彩的活动，提高儿童的综合素质。受场所限制，“四点钟学校”举办或组织的活动主要是室内活动。例如，厦门市的“四点钟学校”活动场所以室内为主。在调研走访的社区看到，最大规模的“四点钟学校”有近250平方米空间，最小的不足100平方米。室外场所较少见，只有少数社区的“四点钟学校”外有体育设施、小菜园等户外项目，儿童在菜园种的菜丰收后，志愿者会组织他们送给社区的残疾人或者孤寡老人，有利于培养儿童助人为乐的精神。例如，湖里区金山小区的“四点钟学校”，大约200平方米空间，设置5个功能区：机械人拼接游戏区、杂志阅览区、图书室、科谱室和绿色网吧。

1. 学习辅导。(1)“四点钟学校”提供桌椅，供学生们写作业，有些还配备有专门的作业辅导员，减轻儿童回家后的课业负担；有的四点钟学

① 朱振岳、陈浩：《“四点钟学校”演活社区教育戏》，《中国教育报》2006年4月25日，第1版。转引中国教育报网，http://www.jyb.cn/gb/2006/04/25/zy/jryw/2.htm，访问时间：2012-12-18。

② 王景波、胡龙召等：《社区“四点钟学校”解除家长后顾之忧》，中国宁波网，转引自：新浪新闻，http://news.sina.com.cn/s/2005-03-14/15445357358s.shtml，访问时间：2012-12-18。

校播放英语学习片，供儿童们学习；这些服务促进了学生学业进步。(2) 少儿图书馆可供儿童借书、阅读，大大扩展了儿童的知识面。

2. 邀请老师或专业人士开设讲座，传授科学知识，激发儿童的学习热情或扩大儿童视野。组织人员给学生讲故事。社区经常邀请老红军、老战士、退休教师等给小朋友讲革命历史、励志等故事。发动社区居民中的科技工作者、医生、教师等专业人士开设科技知识讲座，开展生命教育，扩大儿童的视野。例如，宁波市江东区东柳街道华侨城社区“四点钟学校”内设有“智慧之源”、“网络空间”、“太空揭秘”、“三模天地”等活动项目，并组织青少年观察天文、参观爱国主义教育基地。[①] 邀请消防人员，讲授消防常识，提高儿童应对紧急状况的能力。创办“微型法庭”，开展普法教育。邀请社区居民中的律师、法官等开讲案例，培养少年儿童的法律意识，树立正确的是非观。宁波市社区未成年人思想道德教育取得了良好效果。据 2006 年统计，宁波全市 411 个社区中，在校生犯罪率为零的社区有 408 个，中小学生犯罪率仅为 0.001%。[②]

3. 休闲娱乐。很多社区的“四点钟学校”都有绿色网吧，供儿童熟悉电脑操作、查阅资料、玩游戏等。在不同社区，绿色网吧的开放时间不尽一致，有仅在周五、六、日开放而与社区“四点钟学校”开放时间不一致的，有与社区四点钟学校同时开放的。但是，各个社区均会限制儿童在绿色网吧的时间，以保护其视力，避免儿童沉迷电脑游戏。此种方式既满足了儿童上网需求，又有效地避免产生家长担忧的网吧负面影响。绿色网吧建设了内部局域网，每台电脑可以直接链接市少儿图书馆、法制图书网等放心网站，纳入全国文化信息资源共享工程，可供儿童学习最新的知识。

社区根据自身情况还会设置其他娱乐项目，包括棋牌室，由“四点钟学校”提供跳棋、象棋等棋类供儿童玩；民间手工艺术坊，有专门手工老师教儿童手工或者拼图；青少年科技活动室，主要是模型等科技小制作，根据活动内容对参与活动的学生有相应的年龄要求，以确保操作安全。

---

① 朱振岳、陈浩：《“四点钟学校”演活社区教育戏》，《中国教育报》2006 年 4 月 25 日，第 1 版，转引自中国教育报网，http://www.jyb.cn/gb/2006/04/25/zy/jryw/2.htm，访问时间：2012-12-18。

② 朱振岳、陈浩：《“四点钟学校”演活社区教育戏》，《中国教育报》2006 年 4 月 25 日，第 1 版。转引中国教育报网，http://www.jyb.cn/gb/2006/04/25/zy/jryw/2.htm，访问时间：2012-12-18。

大多数“四点钟学校”按照不同用途将教室分类，而非按照儿童年龄段作适当区隔。少数社区的“四点钟学校”有专供给一年级以下的幼儿活动教室（内有适合幼儿玩的积木等玩具），这种分类活动有助于保障年龄较小的儿童的安全。儿童进入“四点钟学校”后，可免费享受其提供的服务，提供多项活动服务的，儿童可以自主选择自己感兴趣且年龄和智力状况允许参加的活动，该做法极大地提高“四点钟学校”对儿童的吸引力。有的项目由于缺乏志愿者持续性的组织，因此无法天天开放，更多儿童在“四点钟学校”的活动是写作业。

针对学生长假，“四点钟学校”会安排内容较丰富的夏令营、冬令营活动，社区内的学生可免费报名参加。夏令营和冬营的活动中，社区组织报名人员分班级活动，有参观科技馆、各式工厂、参加模型比赛、陶艺制作等。所有社区均反映，夏令营和冬令营很受学生和家长欢迎，需求很旺，常常人满为患。一到假期，“四点钟学校”就成为“全天候学校”，有的四点钟学校开办了科技夏令营、国防教育夏令营等新形式，并以此为依托，举办南音培训班、口琴兴趣班、书法、绘画培训班、经典诵读及“小小主持人”等活动，并在推动海峡两岸少年儿童的交流交往中进行了成功的探索。①

4. 组织有一技之长的志愿者为儿童提供文体、艺术培训服务。孩子们在“四点钟学校”可以学吹奏铜管乐等乐器，练习跆拳道、学习手工制作等。例如宁波市江东区白鹤街道的“四点钟学校”，除提供常规课程作业的辅导外，还开设了科技制作、艺术书画、语言技能等 6 个兴趣小组，还有“关心下一代德育讲师团”讲授革命历史小典故、国防科技小知识、社会公德小故事等。②

5. 组织未成年人参与社区活动，办社区报。宁波市的部分社区开展“当社区小主人”活动，让未成年人担任“红领巾楼长”“见习楼道长”等，开展“以小手拉大长”活动，带动全体社区居民参与到社区活动中。③

---

① 吴军华：《四点钟学校成为社区家教新模式》，《中国妇女报》2010 年 11 月 16 日，第 A02 版。

② 朱振岳、陈浩：《“四点钟学校”演活社区教育戏》，《中国教育报》2006 年 4 月 25 日第 1 版。转引中国教育报网，http：//www. jyb. cn/gb/2006/04/25/zy/jryw/2. htm，访问时间：2012 - 12 - 18。

③ 朱振岳、陈浩：《“四点钟学校”演活社区教育戏》，《中国教育报》2006 年 4 月 25 日第 1 版。转引中国教育报网，http：//www. jyb. cn/gb/2006/04/25/zy/jryw/2. htm，访问时间：2012 - 12 - 18。

办社区报。成立少年编辑室，让小编辑、小记者自主采访、组稿、设计版面等，讨论发生在身边的事，使未成年人在实践中锻炼成长。①

6. 提供心理辅导服务。几乎每个社区的“四点钟学校”都设置心理咨询室提供咨询，减轻并消除儿童心理问题，帮助儿童健康成长。开展“心灵之约”之类的活动，向青少年传授科学的心理知识，举办儿童倾诉沙龙等，开展心理疏导。

此外，也举办亲子互动活动，促进父母对孩子的了解，引导家长树立正确的教育理念。② 例如，举办家长孩子“换位体验”活动，“亲亲乐园”等活动，引导孩子与家长换位思考，促进相互了解、相互尊重、相互理解。

（六）“四点钟学校”的管理与监督

1. 学校管理。“四点钟学校”成立7人校务委员会，由学校的代表、家长代表、社区代表共同组成，负责管理“四点钟学校”。成立家长委员会，参加“四点钟学校”各项管理工作，监督各项经费使用，每年向家长公示经费开支情况。③浙江省宁波市江东区白鹤街道紫鹃社区还编制了《四点钟学校管理手册》，并配套一系列程序文件，使“四点钟学校”运营有章可循。④ 设立“四点钟学校”办公室，负责对日常教育工作专业指导。

对工作人员的管理。街道加强对“四点钟学校”专业管理教师和志愿者队伍针对性培训，建立健全培训档案。通过每月工作经验会、每学期培训班和研讨会等形式，提高师资队伍水平，确保工作质量和水平。按照德才兼备的原则，严格把好进人关，不断发展壮大“五老”人员、大学生志愿者等“四点钟学校”工作者队伍，培育“四点钟学校”的持久发展力。

“四点钟学校”的老师每天都要比孩子们早半小时“到校”，有老师专

① 朱振岳、陈浩：《“四点钟学校”演活社区教育戏》，《中国教育报》2006年4月25日第1版。转引中国教育报网，http：//www. jyb. cn/gb/2006/04/25/zy/jryw/2. htm，访问时间：2012－12－18。

② 何伟：《宁波“四点钟学校”让家长放心》，《人民日报》2006年4月10日，第002版

③ 王景波、胡龙召等：《社区“四点钟学校”解除家长后顾之忧》，中国宁波网，转引自：新浪新闻，http：//news. sina. com. cn/s/2005－03－14/15445357358s. shtml，访问时间：2012－12－18。

④ 朱军备、陈伟凤：《“四点钟学校”有了“质量管理体系”》，《宁波日报》2007年6月21日，第A04版。

门陪着最后一个孩子等家长。“四点钟学校”在社区共建单位建立了各类儿童教育和实践基地，[①] 管理制度较严格。有些四点钟学校会在年初会制定活动计划，制作联系卡。

“四点钟学校”对志愿者尚无成文的规范要求。“四点钟学校”会考察志愿者的背景，机床操作等有一定风险的活动仅允许专业对口的志愿者前来帮助管理，以降低安全风险，也给相关专业学生提供实习机会，具有推广价值。

2. 对外服务的管理。“四点钟学校”均公开张贴自身的管理制度。内容多为开放时间、管理人员需要保障四点钟学校的正常开放、学生需讲文明等基本守则。这类学校的开放时间不同。有些“四点钟学校”开放周一至周五，下午 4 时到 6 时；有的还开放周六日上午 9 时到 11 时，下午 3：30 至 5：30 时；还有的社区则周六、日不开放。寒暑假期间，“四点钟学校”对开放时间做相应调整。通常，周一至周五上午、下午均开放，有的每天开放，有的则周末不开放。若有年纪较小需要父母接送的儿童，“四点钟学校”的工作人员会等待其父母前来才下班，有的会安排儿童到居委会的其他安全地点等候父母。在有的社区，若家长确有需求，“四点钟学校”工作人员会适当地延时下班，免除家长后顾之忧。一定条件下的延时服务体现了“四点钟学校”的优质。

有些社区的“四点钟学校”内设“全球眼”摄像头，有的则依靠人工看管。有的“四点钟学校”也配备保安，保安多为兼职类型，偶尔巡视“四点钟学校”。这些措施都在一定程度上保障了“四点钟学校”内儿童的安全。

3. 对儿童的管理。有些地区的四点钟学校对入校儿童实行管理，有些地区则放任儿童自由进出，不管理。宁波市白鹤街道的“四点钟学校”，每天实行孩子们点名，放学时，必须有家长来接，才能让孩子离开。[②]每天由管理人员记录儿童的考勤、学习、纪律状况，与孩子的家长保持联系，

① 参见浙江省文明办《思想道德建设——浙江省宁波市开设“四点钟学校”》，《中国精神文明建设年鉴》，2007。

② 王景波、胡龙召等：《社区“四点钟学校”解除家长后顾之忧》，中国宁波网，转引自：新浪新闻，http：//news. sina. com. cn/s/2005 - 03 - 14/15445357358s. shtml，访问时间：2012 - 12 - 18。

设置考评奖励制度，提高儿童学习、活动的积极性。[①] 厦门市尚无规范的登记制度管理参与“四点钟学校”活动的儿童。对学生参与，无强制性准入标准，学生进出“四点钟学校”的流动性大。无签到、签退制度，儿童的进出均无记录。少数“四点钟学校”对所接受学生有一定要求，其与社区附近的小学合作，规定三年级以上且学习上有一定困难的学生方可进入“四点钟学校”，每个学期均有固定的学生，且安排有座位表。各“四点钟学校”的儿童一般是自己来去，不是父母接送，工作人员并不限制其行动。

“四点钟学校”内设的网吧有较严格的登记制度，深得民心。图书馆借阅须登记。

（七）法律性质和责任

“四点钟学校”是新生事物，当前暂无法律确认的机构批准、监督四点钟学校开办，也无专门的法律规范规制。

“四点钟学校”免费为儿童提供服务，在社区已经形成了共识：“四点钟学校”仅仅是一个来去自由的活动场所而非托管机构，家长对工作人员无过高要求。各社区普遍表示，很少发生安全事故，唯儿童之间发生小争执，目前暂未遇到棘手的责任承担问题。大多社区未对可能存在的法律风险做预案。调研中，“四点钟学校”普遍反映，社区“四点钟学校”是免费的公益活动，安全责任是其最大顾虑！若儿童在“四点钟学校”停留期间发生安全事故，责任应由何方承担？若儿童往返途中发生安全事故，应由谁承担责任？社区无资金和能力承担过大的法律责任，社区居委会希望在其尽职情况下可免责或者少担责任。

简而言之，对于社区创办“四点钟学校”，居民评价“为居民办了一件实实在在的好事，替家长解决了很大的后顾之忧”。[②]家长表示“很满意”，“ 孩子在这里完成功课，还能学到课外的知识”，“我们下班比较晚，

① 朱军备、陈伟凤：《“四点钟学校”有了“质量管理体系”》，《宁波日报》2007 年 6 月 21 日，第 A04 版。

② 王景波、胡龙召等：《社区“四点钟学校”解除家长后顾之忧》，中国宁波网，转引自：新浪新闻，http：//news. sina. com. cn/s/2005 - 03 - 14/15445357358s. shtml，访问时间：2012 - 12 - 18。

学校安排这样活动就很放心”。[①]孩子们说：在“四点钟学校”里，我们玩得很快乐！“四点钟学校”受到中央文明办的肯定。早在2005年2月，中央文明办副主任瞿卫华、未成年人思想道德建设局局长李伟等一行对浙江宁波市调研，参观了部分街道的“四点钟学校”后，肯定和勉励“四点钟学校”的做法和经验。[②]

二 儿童和家长对于课后学童照管服务的意愿和需求

要做好课后儿童福利服务供给与建设，应全面了解服务对象即儿童、家长这两个群体的需求、意愿，了解他们对于“四点钟学校”这类放学后学童照管服务的认识和考虑。针对这两个群体的需求来改善、完善这类服务。

（一）课后学童照管的需求

厦门市委、市政府公开征集惠民利民项目意见后，部分市民建议，“希望政府牵头，在有条件的社区推广‘四点钟学校’”；还有家长期待在全市开设“四点钟学校”，发动社区退休老人和社区志愿者，共同管理孩子，以解决成千上万父母的切身担忧”。[③]

55.4%的受访家长需要、支持“四点钟学校”这类放学后儿童提供托管服务。家长作为儿童的监护人，本身肩负着照顾监管儿童的职责，儿童放学后理应回到家里由家长照顾。但是，现实状况是有些家长工作下班时间与儿童放学时间不协调，在儿童放学后至家长下班中间有一到两个小时的时间差，儿童在这段时间可能会出现管理真空状态，举办“四点钟学校”正好满足了家长们的现实需求。

儿童问卷统计结果表明，只有29.2%的儿童表示想在放学后家长没空

① 沈阳、刘康亮：《南京"四点钟学校"面临推行难 社区遭遇经费不足尴尬》，中广网，http：//news. online. sh. cn/news/gb/content/2011－09/15/content_ 4830977. htm，访问时间：2012－12－11。

② 王景波、胡龙召等：《社区“四点钟学校”解除家长后顾之忧》，中国宁波网，转引自：新浪新闻，http：//news. sina. com. cn/s/2005－03－14/15445357358s. shtml，访问时间：2012－12－18。

③ 易福进、黄智敏、吕寒伟：《父母望推广“四点钟学校”填补孩子“管理真空”》，新浪网，http：//fj. sina. com. cn/xm/news/ms/2011－03－18/073814876. html，访问时间：2012－12－05。

接的时候去“四点钟学校”等专门负责照管儿童的地方；而68.7%的大部分儿童表示不想去“四点钟学校”这类场所。课后儿童多数不愿再去“学校”，主要担心或害怕放学后又进学校被管束，很不自在，更喜欢回家；也因为现有“四点钟学校”的活动内容或项目过于简单，甚至成为辅导学习场所，对儿童的吸引力不大。课后儿童对“四点钟学校”接受度不高，并不否定该类服务的建设或供给的价值和意义，毕竟有近1/3的课后儿童是接受的，课后儿童不接受的部分原因是现有这类服务内容或形式不足以吸引儿童。这提示着要在增强活动或服务的接受度方面，“四点钟学校”的举办方多做努力。

（二）对需要托管服务的对象：儿童的年龄段

“四点钟学校”的服务对象应以12岁以下儿童为主，即小学阶段的学童。受访家长中，52.1%的人认为12岁以下的儿童需要这类服务；34.3%的人选择9岁以下，8.7%的人倾向于6岁以下。超过半数的家长都认为12岁以下的儿童需要这种托管服务，高达34.3%的家长认为9岁以下的更适合。可见，需要这类服务的儿童主要是小学生，“四点钟学校”应该为各个年龄的小学生提供多种可供选择的服务。

（三）对“四点钟学校”的活动内容的需求

鉴于儿童是“四点钟学校”的主要受益主体，“四点钟学校”的活动应该依照儿童的需求和喜好而设置。在“我喜欢的活动”调查中，66.9%的儿童选择“做作业”；12.7%的儿童“想要跟其他小朋友玩游戏”；7.7%的儿童选择“学习课外的知识或者进行课外活动”；6.0%的儿童选择“希望由老师或者高年级的同学辅导功课”；6.7%的儿童选择“其他”。虽然大部分儿童（72.9%）把“四点钟学校”视为做功课的场所，这只能说明小学课业负担重，并不等于“四点钟学校”就应把辅导功课规划为“主业”。儿童对于“四点钟学校”服务的要求多样化，“四点钟学校”应该首先要丰富其服务内容，增添儿童去“四点钟学校”的兴趣。

家长们更多选择多元化服务。47.9%的受访家长希望“四点钟学校”能同时提供组织丰富的游戏活动、教授课外知识、督促儿童做作业、有老师或者高年级的同学辅导功课。其中，21.9%的比例支持“四点钟学校”

应该督促儿童做作业，间接性地把“四点钟学校”当作了第二课堂，希望是学校教学的延伸。这可能跟目前的大多“四点钟学校”所提供的服务有关，但实际情况是，家长对于其他各种开发智力、增长见识的得活动也有需求，因此，“四点钟学校”应该针对多种需求开展服务，既可以满足家长以及儿童们的实际需要，又会增加这种特色服务对儿童的吸引力，克服儿童对于现有“四点钟学校”接受度不高的问题。

（四）对“放学后学童照管”服务机构地址的选择意愿

近六成儿童更愿意“四点钟学校”这类机构开设在学校或学校附近。受访儿童中，58.8%的人喜欢“四点钟学校”设在学校或附近的地方。其中，45.8%的人选择了学校；13.0%选择了学校附近的地方；12.7%的人想要设在自己家附近；有11.3%的人喜欢开设在父母工作单位附近；选择了“其他”的，也占17.2%（如图1）。按照儿童对于“四点钟学校”校址的选择，“四点钟学校”应尽量设在学校或学校附近的社区居委会。在实际操作中，当面临一个四点钟学校会接纳多个学校儿童的问题时，应尽量做到照顾多数儿童的需求，选择距离多数儿童所在学校附近的场所。

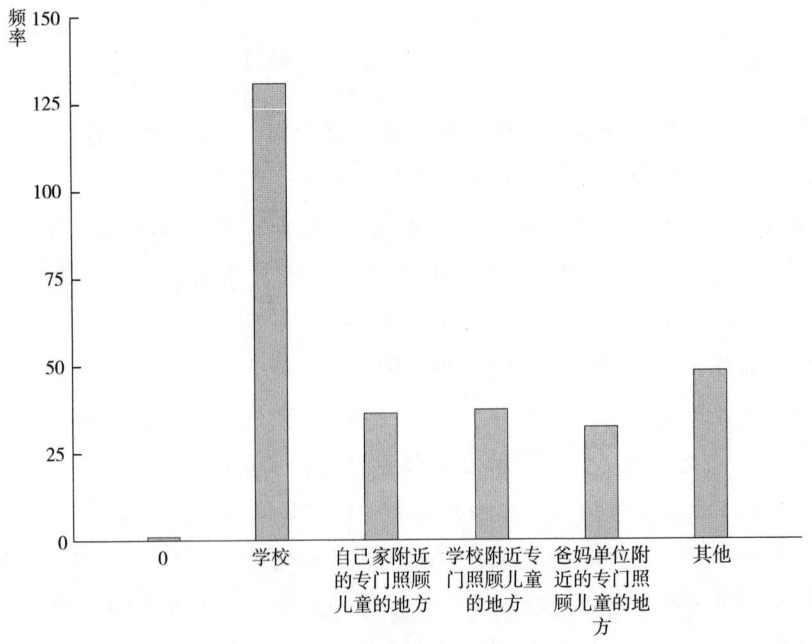

图1　儿童喜欢的地方

家长们分别有37.0%与38.0%的比率选择了在学校或者学校附近，意味着支持“四点钟学校”设在儿童学校或者学校附近的家长占75.0%，与儿童的需要不谋而合（如图2）。可能是家长们考虑到“四点钟学校”如果设在其他地方，儿童放学去“四点钟学校”的途中安全问题便成为担忧，所以设在学校或学校附近是更合理。

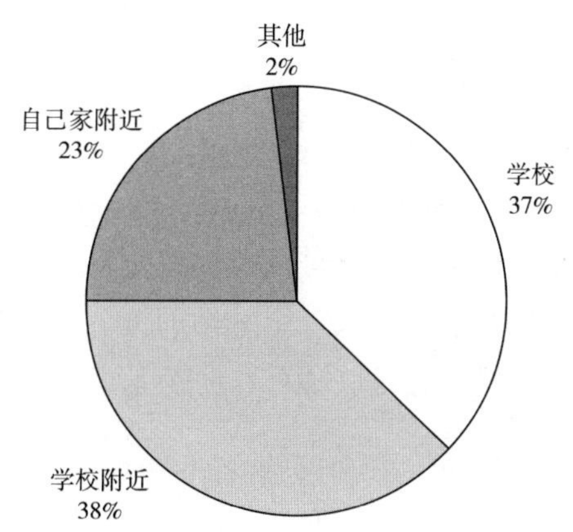

图2　家长对“四点钟学校”地址选择的意愿

（五）对活动场地的要求

关于“四点钟学校”的场所，55.0%的人选答“室内与室外场所结合”；20.7%的人选答“限制在室内”；14.9%的人倾向于“面积较大”；7.0%的人选答“限定在一楼”。家长们在儿童处于托管服务期间，除了关注服务内容、质量，安全问题很重要，室内、一楼相对比较安全，但是局限于室内会限制儿童的活动范围，因此，可适当地开展室外活动。对于场所的大小，不能太拥挤，也要确保儿童的活动范围在服务工作人员的视线范围内当场所太大而监管人员不足时，也可采用摄像头监控的替代办法。

（六）意向中的“四点钟学校”服务的提供机构

对于“你能接受哪一类机构提供的学童托管服务”？回答这个问题的家长中，54%的人选答“政府设立的专门托管机构”；26.0%的人选择“具备资格的专业人员”；12.0%的人选择“由社区设立的专门托管机构”；

仅有5.0%的人选择“私人设立的专门托管机构”。即超过一半的人倾向于政府设立的托管机构，这体现出家长们对于政府的信赖。四成家长选择了具备资格的专业人员设立的托管机构，说明家长们希望托管机构应该具备一定的专业性，提供更专业的服务；一成余的家长选择了社区设立的，表明居委会在现在生活中作用日益彰显，其作为现有“四点钟学校”服务的提供者已经被部分人接受，这个比例数较低也因为有部分家长以为社区提供的这类服务就是政府提供的。极小部分家长选择私人托管机构，是基于目前需要托管的儿童很多，社会上营利性质的私人专门托管机构纷纷成立，收取的费用较高，所提供的服务比较全面，富裕家庭可以接受。但是，大部分家庭不太可能承担较高付费去接受这类服务。

如果政府愿意使用给家长发放现金补贴的方式来提供福利产品，让家长可选择去专门托管机构，也是一种服务创新。

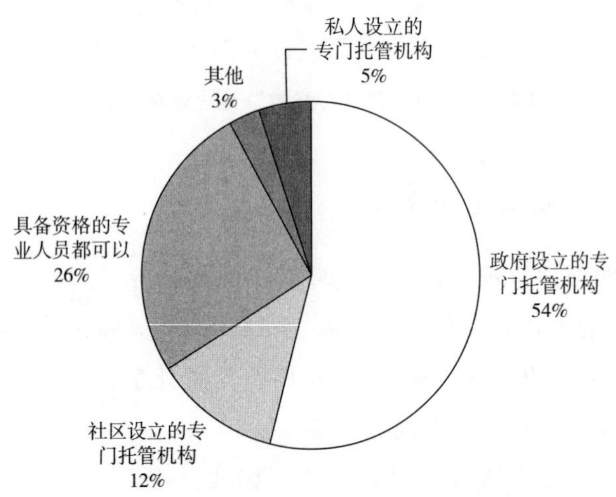

图3　家长意向的“四点钟学校”服务的提供机构

（七）对服务照顾人员来源或背景的选择偏好

在儿童问卷调查的统计结果显示，近半数儿童希望由“学校老师”或者具有老师身份者担任照顾服务人员，排位第一。46.5%的儿童选答“学校老师”，13.4%的儿童选答“在专门照顾儿童地方工作的大人”，2.5%选答“社区工作者”，也有10.2%的儿童选答“谁都可以”，另有27.1%选答“其他”。这些数据表明，儿童青睐学校老师，对于其他群体的人员担任管人，儿童群体的接受率不高。不过，这不意味着来自其他群体的工作者不适合担任“四点钟学校”的工作人员。我们认为，除了儿童在日常学习中与老师接触最多，老师可以有效地帮助辅导功课外，还与儿童不了解其他人群有关。

（八）担忧照管服务中可能存在的问题和安全隐患

受访儿童中，29.6%的孩子选答“被人管着，很难受”；22.5%的孩子“害怕被小朋友欺负”；17.3%的孩子担心家人太晚来接，可能会挨饿；9.2%的孩子担心课外活动不好玩，其余20.8%的儿童选答“其他”。各个选项之间的比例差距不明显，说明针对选项中的担忧都普遍存在。这也可能是致使四点钟学校在儿童中接受度不高的原因之一。不喜欢被人管，担心受到束缚成为被选择最多的选项。儿童天性好玩，现在的儿童学习压力本身就比较大，放学后再让他们置身于另外一个类似学校的场所，担心再受到束缚是无疑的。害怕被别的小朋友欺负也占据较大比例，这表明“四点钟学校”要有严格的管理制度、服务照管人员尽心尽责，尽量避免这一状况的出现。较多儿童选择了家长太晚来接，肚子会饿，这种情况在所难免，针对这个问题，“四点钟学校”可以提供相应对策，对于出现这种情况的儿童提供适当延时服务，避免“四点钟学校”闭校与家长接回孩子之间出现“管理真空”。对于晚回儿童，“四点钟学校”应提供食品充饥。针对儿童担心“课外活动不好玩”“四点钟学校”无趣等，“四点钟学校”应该做更多改进和准备，使儿童能够安心、安全地在此接受服务。

家长们对于托管服务的顾虑，不仅在儿童安全保障上，也关切“四点钟学校”工作人员的专业水准、是否尽责以及管理是否规范。关于家长对托管服务的顾虑调查（多项选）中，受访家长中，30%的人顾虑“托管场所内的工作人员不尽责、不专业”，28%的人担心“存在安全隐患”，24.0%的人顾虑“托管场所管理制度混乱”，16.0%的人顾虑“孩子受伤”，选答“其他”的人占2.0%。“四点钟学校”应该针对家长们的主要顾虑实行有效防患，避免家长担忧之事发生。

（九）对“四点钟学校”开放服务时间的需求意见

关于照管服务的最佳时间段，受访儿童中，44.6%的人选择“放学后

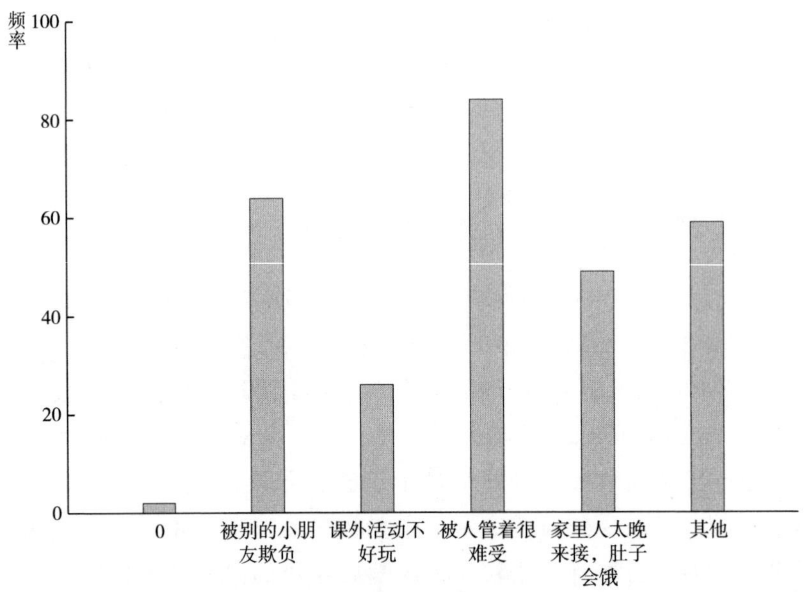

图 4　儿童担心的事项

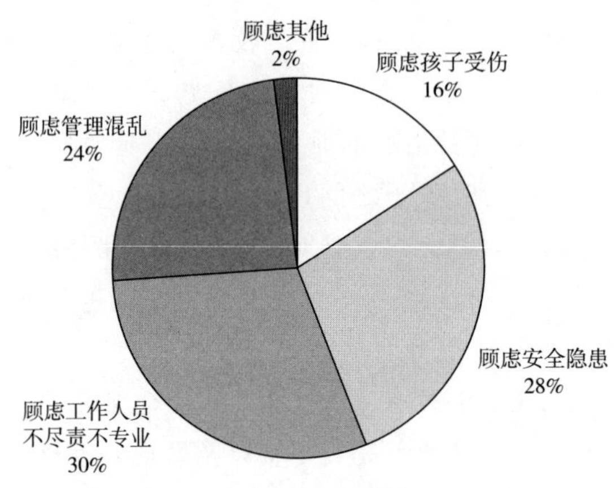

图 5　家长对“四点钟学校”服务之顾虑

至家长有空来接之前”；38.4% 的人选择“放学后至家长常规下班时间”；7.4% 的人选择“放学后回家路上交通拥堵的时段”；5.8% 的人选择“其他”。放学后至家长常规下班时间本应作为正常时间段，但是，调查数据显示，最多的群体倾向于放学后至家长有空来接之前。家长们下班后可能出现加班、堵车等情况，使儿童不能在家长下班后即离开“四点钟学校”。家长们不希望儿童们处于管理真空状态，所以，在家长们忙碌时，“四点钟学校”可以延时提供服务，解决家长们后顾之忧。

（十）可能承受“四点钟学校”等专项服务价格之意愿

目前，“四点钟学校”这类服务通常是免费的。同时，为了能够接受更好的服务，家长是愿意适当付费的。事实上，社会上也存在着大量提供托管服务的营利性商业机构。如果由社区主办的这类托管服务实行收费，什么价格是家长可接受呢？受访家长中，38.0%的人选答“每月300~500元”，29.0%的人选答“愿意为不同服务支付不同档次的价格，支持服务内容和定价的多元化”，19.0%的人选答“每月501~800元”，2.0%的人选答“每月801~1200元”，12.0%坚持应当“免费”。这说明，家长们殷切期望“四点钟学校”服务的高质量。要想更好地创办“四点钟学校”，资金的确是一个重大问题，只有相应的资金保障，才能在场地、工作人员、设施配备等方面有更好的配置。当然，要切记，这类服务的宗旨，一定考虑到大多数家庭的经济负担能力。

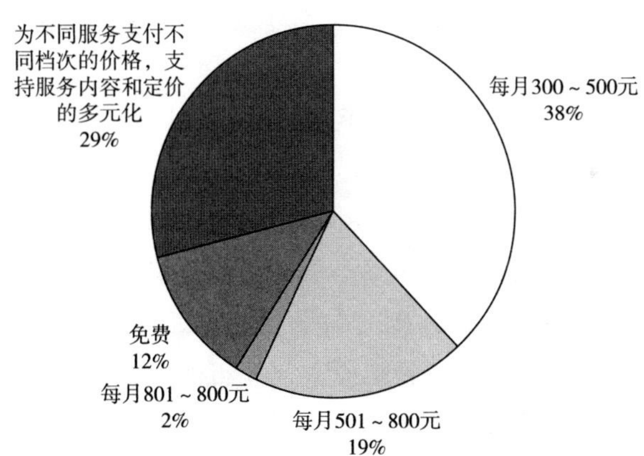

图6　家长可接受“四点钟学校”服务的价格

问卷调查所反映的情况，应当在未来建设完善这类福利服务供给中充分予以关注。

三　课后儿童福利服务供给与建设中的困难与问题

包括厦门在内，各地创办“四点钟学校”为课后的儿童提供专门的福利服务，已取得一定成绩和经验，但也面临着租借场地难、资金不足、安全隐患、管理成本较大等困难。课后儿童福利服务供给与建设中存在下列九个方面主要问题。

（一）这类服务的法律性质不明确

对儿童放学后的照管服务如何定性，即它是政府公共服务还是居民自我服务，是无偿的公益性福利服务还是可以适度收费的有偿性服务？这是个基础问题。目前，厦门市由社区为主向放学后儿童提供的特色服务，都是由社区为主要负责人，完全免费，已经被居民普遍接受。但是，社区居委会作为居民自治组织，它并非行政主体，故将目前由社区居委会为主提供此类服务定位为福利服务是否妥当，仍有一定商榷余地。若由社区居委会来提供，涉及资金、成本、工作人员等筹措和安排之困难，长期由社区免费服务，是否是在社区居委会承受能力范围之内？事实上，社会福利服务的供应者应当是政府。

（二）福利服务的提供主体和协助主体不够明确

目前，此类服务仅仅由社区居委会创办和提供，尽管间或有社会团体或组织不定期地捐赠物资、协助提供该服务。现行做法不利于“四点钟学校”长期发展。

1. 完全由社区负责提供此类服务受制于资金、场地等因素，难免使其裹足不前。儿童福利服务的发起者应该具备相应场地、设施、人员的条件。然而，社区为创办“四点钟学校”而获得的拨款资金有限，又受制于社区组织的性质而无法向社会募捐或收费等，以至于巧妇难为无米之炊。儿童福利托管服务，需要资金投入，配备工作人员、相应设施。调查中，几乎每个社区都反映，资金投入少或资金缺乏，很多好的想法或创意没有条件实施，甚至正常托管场所所需的桌椅、电脑、投影仪等基本设施都无法配备。从事照管服务的工作人员待遇太低，很少有人愿意从事托管服务，更无法商请专业辅导人员辅导儿童们。

2. 社区组织无提供此项服务的法律义务。福利服务的供应主体理当是政府，社区组织协助政府可以承担其力所能及的工作，而其他社会团体和组织的捐赠较随意，无法持续地保障“四点钟学校”服务供给，尽管此类协助者对“四点钟学校”发展的协助有待于进一步挖掘。调研发现，有些组织或个人真心想为“四点钟学校”发展尽力，却因缺乏相应信息对接和合作渠道，捐助无门。

3.“四点钟学校”的工作人员不足或者不能给满足为儿童们提供福利服务的要求。有的社区“四点钟学校”主要依靠随意型的大学生志愿者，这些在籍大学生有功课学业，流动性强，组织性弱，服务不能固定。“四点钟学校”工作人员不稳定是社区居委会遇到的较大困扰。作为公益服务，社区为热心提供服务的居民支付的补贴也很有限，很少有人愿意长期承担。而且年迈的退休人员，由于隔代及缺乏新鲜知识，儿童的可接受度不高。在海沧区海兴社区，服务场地充足，设立了专门的科普中心，但是，碍于无专门服务人才，不能向儿童们开放。在服务人员的担任方面，针对儿童的调查结果显示，儿童们需要有能够辅导他们功课的人员，如老师来担任“四点钟学校”的照管工作。这类服务机构如果能够与适当教育机构合作，有辅导儿童学业的固定志愿者，更能满足儿童们的学习要求。同时，照顾到儿童们发展多元性，服务人员应该能够满足此方面需求。在有固定工作人员的基础上，能够吸引更多志愿者投入其中，满足儿童们多方面学习知识、拓展素质的需求。

（三）社区居委会主办“四点钟学校”的能力不足

在厦门市，现有“四点钟学校”都由社区居委会主办。接受访问的社区居委会表示，居委会自身在常规工作中负担的任务已经偏多，要由社区居委会主办“四点钟学校”，的确勉为其难，既不利于“四点钟学校”的发展，也不利于社区居委会为居民提供更称职的服务。提出“四点钟学校”应由政府主办，既是为了给社区居委会松绑，也是因为社区居委会没有独立的财产不利于保证“四点钟学校”所需经费，当发生意外时，也无力承担赔偿责任。其次，社区居委会主办“四点钟学校”，其最大顾虑就是怕承担意外事故的法律责任。为此，社区居委会无多大意愿来主办“四点钟学校”。在现在社区主办“四点钟学校”的实践中，社区因为承担法律责任方面的顾虑不愿开展更多的拓展服务，导致“四点钟学校”对于家长、儿童的吸引力不足。这既不利于“四点钟学校”发挥其应有的作用，又不利于该类服务自身发展。

（四）经费不足且来源不稳定

经费筹措困难是各地“四点钟学校”遇到的最大难题，场地、设施、人员配备等与此有关。无论是南京、厦门，对“四点钟学校”，家长叫好，社区犯难，其中主要困难之一是经费不足问题。在南京晓庄附小，全校700多名学生，打算报名上“四点钟学校”的有100多人，而学校附近的兆园社区只能容下23人；换言之，每个班实际上只能有1人可以报名上“四点钟学校”。而场地小的原因主要经费，如果租间房，一个月数千元房租，是社区无力承担的，更别说其他费用开支。①

由于没有资金，难以找到这类服务的场所及配套设备提供。有些社区没有举办“四点钟学校”，原因就是没有场地、资金。一些社区居委会的办公场地本来就不大，腾不出专门场地设立“四点钟学校”。已设立的“四点钟学校”，居委会需指派专人负责管理。而稳定管理人员，就必须有相应的报酬待遇，资金来源就是一大困难。如果“四点钟学校”场地狭小简陋，又没有配备相应设施，服务内容不丰富，孩子们就不乐意去了。

（五）服务项目和内容与儿童需求之间差距明显

调研发现，除了个别社区（海沧区的海兴社区）外，大多数这种福利服务机构无专门场地、场地太小或者说场地仅限于室内。尤其是岛内的社区，土地资源的紧张，管照放学后儿童的福利服务场地很狭窄，严重制约服务项目和内容设置。而儿童进入这类服务机构，愿意参与游戏、娱乐活动，需要更大场地、空间。调查显示，儿童、家长们都殷切需求一个不仅能够做作业学习的场所，还能进行一些其他的能够参与游戏等娱乐性的场所。

我们认为，除了托管已经提供的服务外，可供发挥的服务空间还很大。例如，拓展室外活动、组织儿童们开展更多室内集体活动、进行科普知识的宣传等。场地紧张是使这类福利服务受限的最关键因素。空间狭小，一方面使这一服务主要成为儿童们临时停留场所或写作业的场地，而

---

① 沈阳、刘康亮：《南京"四点钟学校"面临推行难 社区遭遇经费不足尴尬》，中广网，http://news.online.sh.cn/news/gb/content/2011-09/15/content_4830977.htm，访问时间：2012-12-11。

无法多元化，无法满足家长的多种需求，无法针对儿童们的发展提供一些多元化的作为课后拓展开发儿童们智力的服务，服务提供者针对特色福利服务只能心有余而力不足；另一方面场地空间的限制，无法容纳更多儿童，使得服务面向的对象有限。

（六）缺乏有效的管理和监督制度

关于儿童的管理，在被托管期间中的儿童安全问题是家长以及服务机构最为关心的问题之一，在儿童放学后至家长们有时间监管期间，儿童们在托管服务场地应该受到安全性照顾。无论是儿童们出现伤害还是造成他们伤害都是令人担忧的问题。在走访的几个社区中调查发现，除了一些特别情况，工作人员大都反应基本上没有出现过安全问题，大都反应儿童们在场地内都很乖巧，活动本身没有什么危险性，即使有活动存在危险的也有年龄限制，如有的儿童托管场所青少年科学工作室内有机床设备以及一些模型，有专门的老师看管并限制开放年龄。另外，有的社区的管理人员能够应对管理上的要求，并且社区会派保安人员定期去服务机构照看，儿童们在托管服务场所很安全。

（七）确定法律关系和法律责任有困难

安全隐患是家长们的最大担心。这类服务机构所在场所大多数都较为简陋，存在一定安全隐患。楼层的高低、托管场地地板、桌椅的设置、托管机构管理的有序与否、管理人员的是否尽责都是影响被托管儿童安全的因素。虽然目前的托管场所很少出现安全问题，但是这一问题不容忽视，无论是家长还是托管服务人员都要时刻给予重视。对儿童放学后的托管服务需要完善的监管制度才能使托管有效进行，在对家长的关于托管服务的担忧调查结果显示，24.5%的家长都担心管理混乱。

涉及安全问题主要呈现为以下几个方面：（1）儿童进出的登记。由于此福利服务是无偿免费面向所有儿童开放，因此在正常开放时间内儿童可以自由出入，那么登记与否成为困扰工作人员的一个问题。儿童进出登记制度可能会使得管理上有序，但是由于是自由进出，儿童们走进走出次数频繁，登记成为儿童们自由进出的一个障碍，也加重了工作人员的工作量。如若不登记，可能更方便儿童们在托管中心自由出入，使得这一公益性的机构更符合儿童们需求，但是不登记会使得管理上无序，甚至出现混乱。(2) 场所内是否需要监控设施。监管设施会使服务人员能有效地观察儿童们在服务中心的活动，同时能避免儿童们出现一些不必要的麻烦与事故。但与此同时，监控设施的使用限制了儿童们的自由行动。

儿童在接受托管服务过程中遭遇到有意外伤害的，该由谁承担责任？这是现行社区"四点钟学校"举办者和实际管理者最担忧之事。长期照管、服务儿童过程中，完全杜绝意外事件确有困难。例如，儿童在托管过程中致人伤害或者受到其他儿童伤害或者受到托管场所内的第三人伤害。《中华人民共和国民法通则》（以下简称《民法通则》）第 133 条规定："无民事行为能力人、限制民事行为能力人造成他人损害的，由监护人承担民事责任。监护人尽了监护责任的，可以适当减轻他的民事责任。"最高人民法院《关于贯彻执行〈中华人民共和国民法通则〉若干问题的意见（试行）》）（以下简称《民通意见》）第 22 条规定："监护人可以将监护职责部分或者全部委托给他人。因被监护人的侵权行为需要承担民事责任的，应当由监护人承担，但另有约定的除外；被委托人确有过错的，负连带责任"。该规定明确监护职责可以因委托而转移。监护人如果想将监护职责部分或者全部委托给学校，则须与学校达成明确的委托约定。没有明确的委托约定，不能推定学校已经接受监护人的委托，对到校学习的未成年学生，承担起部分或全部监护职责。[①]学校作为履行监护职责的受托人，受托管学生受到伤害的，承担责任时适用过错责任原则，在其尽到委托监护职责而无过错时，被监护人之行为如依法律仍须由监护人负责时，仍应由法定监护人承担。[②]《民通意见》第 22 条规定"因被监护人的侵权行为需要承担民事责任的，应当由监护人承担，但另有约定的除外。"换言之，在内部责任分担上，如果委托人与受托人之间无约定的，则对于监护人应当承担的民事责任，被委托人不负责；如果委托人与受托人之间另有行约定由委托人负责的，则应从其约定，由委托人对受害人受到的损失承担责

① 最高人民法院办公厅编《中华人民共和国最高人民法院公报》，北京：人民法院出版社，2007 年。

② 国家司法考试中心编《国家司法考试辅导用书》（2005 年修订版），北京：法律出版社，2005 年。

任。[①] 最高人民法院《关于审理人身损害赔偿案件适用法律若干问题的解释》（以下简称《人身损害赔偿解释》）第 7 条规定："对未成年人依法负有教育、管理、保护义务的学校、幼儿园或者其他教育机构，未尽职责范围内的相关义务致使未成年人遭受人身损害，或者未成年人致他人人身损害的，应当承担与其过错相应的赔偿责任。"据此规定，在一般学生伤害事故中，学校承担教育、管理和保护职责。而在学校托管班学生伤害事故中，学校承担的是受委托的监护职责。这两种职责的性质和法律渊源不同，前者是学校作为承担公共教育职能的社会机构，基于《中华人民共和国教育法》《中华人民共和国教师法》《中华人民共和国未成年人保护法》等所生成的公法范畴的职责与义务；后者是基于《民法通则》和当事人的委托协议确定的私法范畴的监护职责和义务。从两种职责的内涵看，学校的教育、管理和保护职责与学校受委托的监护职责虽有相近内容，如受委托的监护职责中也能涉及教育、管理和保护职责，但"照顾被监护人的生活"的义务一般为后者所特有。[②] 在儿童被托管过程中，父母是临时性地将监护权移交给服务者，服务者应对被监管儿童可能受到损害风险承担责任。

然而，现行的这类福利服务是公益性质的，服务提供者大都本着为民利民的宗旨服务社区居民，工作人员基本上是志愿者，让服务者负担如此大责任未免不合理。但是，总是应该有人为受害人的损失承担相应责任。

对服务儿童托管的工作人员是否应限定一定资格要求？这是另一个值得研究的问题。需要经过审查批准才能进入，例如，全职服务人员、志愿者，将有利于托管服务质量，但是，在托管服务人员缺乏的情况下，这么做又不利于服务人员数量增长。

对儿童托管服务实施分类管理，不失为有益举措。在受访的几个社区，一般的服务项目有图书室、绿色网吧、小自习室、手工室等。对这些项目进行分类服务会更加有利于管理，同时，也需要增加资金投入。

（八）选址和建设可能受到附近居民排斥

"四点钟学校"是服务本社区居民家庭的，故其通常应设立在本社区，便

---

① 王利明著《中国民法案例与学理研究（总则篇）》，法律出版社，2003。

② 解立军：《托管班学生伤害事故中的责任分析》，《中小学管理》2008 年第 9 期。

于居民、儿童就近接受服务。然而，建立托管服务机构的校址与附近的居民之间，也可能达不成一致意见，甚至受到排斥，因为社区居民出于安全考虑，顾虑具有公益性质的托管服务机构吸引周边儿童自由进出，又家长接送儿童，使得社区不得不对外开放，人员来往比较复杂，社区内的安全困扰着居民。儿童聚集，吵闹难免，有时给邻近的住家居民的安静生活带来不利影响。

调查中发现，37.2%的家长和45.8%的儿童希望托管场所设在学校，所以应对这一要求，服务中心最好设在学校或学习附近。如果是设在社区的话，服务管理人员应该对儿童们进行管理，托管服务的保安人员以及小区保安人员应该加强警惕，确保小区内人员人身以及财产的安全，同时小区内居民应该对这一公益性的福利服务负有一定的容忍义务，平时加强对家庭人身财产安全管理。

综上，课后儿童特色福利服务还存在诸多待解决问题，需要在今后发展中给予完善，以减少家长们担忧，化解社区压力，更使儿童从这类服务中获益。

五　课后儿童福利服务供给的域外经验考察

（一）课后儿童福利服务供给的性质

放学后的儿童照管应是一项政府福利服务。照顾年幼子女是父母的责任，由父母照顾亦符合年幼子女的最佳利益，满足他们的成长需要。工业革命之后，越来越多的妇女愿意外出工作以改善家庭经济状况，但是，由于托儿服务不足，为避免独留儿童在家，不少妇女被迫放弃从事有酬劳动或者兼职工作而留在家中照顾12岁以下的幼童。从20世纪中期开始，工业化国家和地区开始有计划地、系统地建设儿童社会福利。日托中心正是工业社会发展的产物，它适应了大量产生的小规模家庭对儿童进行照料的需求也适应了妇女要求平等工作权的需求。从英美国家看，课后照顾服务是以支持妇女传统照顾者角色作为出发点。美国的家庭政策将相关社会公共服务定位为弥补残缺，认为现有家庭的基本经济结构是以男性为首及由男性养家，因此，在家庭功能未能实现的前提下，这些政策服务才会介入提供补助。英美的托育照顾政策主要是在补足妇女传统角色功能之不足以及失能家庭的特殊需要。英国《1989年儿童法》法中规定了日间照护，挪威《教育法》也规定所有的市必须对一到四年级的学生提供日托服务。20世纪80年代，美国由于贫穷家庭增加，使政府从最少干预的政策理念转为扩大政府干预，倾向强调家庭的维系，政府制定儿童福利政策的理念发生了变化，故政策导向从个人干预延伸到家庭照顾。1998年，时任总统克林顿正式提出在全美设立“21世纪社区学习中心”计划（The 21st Century Community Learning Center，简称21st CCLC），[①] 并于当年下拨4000万美元启动该计划，努力为放学后的中小学学生提供一个安全的学习场所；同时为他们提供一些可供选择的学习项目，如课后辅导、艺术、生存技能、体育俱乐部等，使来自处于不利地位家庭的学生能够避免不良环境影响，在学业上取得成功。[②] 该计划基于校外教育的重要性，针对孩子们80%的非睡眠时间都在校外度过的事实，重新规划各个年龄段的校外生活，将社区教育与课外教育相结合，通过社区、学校、家庭相互接力，提高学生的学业成绩，拥有健康丰富的课余生活。可以说，21st CCLC取得了成功。在法国，托育照顾政策是从女性的家庭照顾者和社会就业者的双重角色出发（Pedersen，1993），因此法国设有完善的国家照顾制度，照顾的形式多样化，不但配合就业父母的工作时间，政府也大量补贴，是一种全民福利，让妇女出外工作时无负担。[③] 在西方国家，儿童放学后的照管服务机构通常被称为“课后俱乐部”或“日托中心”。[④]

在亚洲，日本和中国台湾地区的课后儿童照管服务发达。依据日本《儿童福利法》第6条第2项第7款之规定，学童保育的对象儿童为，监护人因工作等原因白天不在家的就读小学未满10岁之儿童。但若是部分10岁以上有需求的儿童也不会拒绝，所谓“其他需要健全培育养成方面之指导的儿童亦得加入”是指下列两项：（1）包含超过10岁的课后儿童中的一部分。（2）盲、聋、养护学校小学部1～3年级的课后儿童。孩童照顾是为了代替就业父母无法照顾的时间，因此时间不仅限于平常放学时间，

① See U. S. Department of Education，1999a.

② 参见董秀兰《21世纪美国社区中心学习计划研究》，华中师范大学硕士学位论文，2009年。

③ 曾昱萤：《各国课后照顾政策及对台湾“携手计划——课后扶助”政策之启示》，《网路社会学通讯》第76期，2009年1月15日，http：//www. nhu. edu. tw/～society/e－j/76/76－19. htm. 2012/11/30。

④ 参见维基百科，http：//en. wikipedia. org/wiki/Day_ care，2012/11/27。

也包含寒暑假、校庆等等休假日；课后照顾的地点可利用现有儿童福利设施，如儿童中心、学校多余的教室或社区活动中心等等。[①] 在机构性质方面，域外即有政府主办的“儿童之家”类型的福利机构，同时也有大量的商业机构，但政府通常会给予此类商业机构在房租等方面一定的优惠以推动此类机构的设立。如英国政府虽不愿承担服务提供者角色，但政府提供大量课后照顾服务资金补助家长，另外，由于为数众多的教会、慈善机构与志愿团体愿意提供低廉的服务，所以在相当程度上弥补了政府的角色，减轻家长们的负担。[②] 在中国香港特区，则称此类福利服务为“课余托管”。在中国台湾地区，则称为“课后照顾班”。台湾于 2004 年 12 月 23 日颁布《儿童与少年福利机构设置标准》，将课后托育机构纳入“福利机构”的范畴，因此，课后托育服务在中国台湾属于一种福利服务。

课后儿童照顾服务的福利性质即体现在国家资金的支持和鼓励上，也体现在对家庭适应现代化进程的帮助上。从各国对课后照顾政策的立法、实施及评估，可看出儿童放学后的照管服务是各国改善儿童福利的主要项目之一。

（二）课后儿童福利服务供给与建设的提供主体和协助主体

综观有关国家和地区规定，托管服务的提供者分为政府和在政府监督下的公立机构、公司或私立机构。域外的政府与某些私营机构之间，也可以是合作关系。美国的 C. S. Mott 基金会和联邦教育部负责 21 世纪社区学习中心计划的官员合作，使得经费能得到最佳使用是相当典型之公部门与民营的合作；在日本，地方政府将课后照顾工作以补助金的方式委托于民间企业，民间企业提供设备或资源给学校，使孩童能有更多资讯学习；英国因常以津贴作为补助，因此较依赖民间机构，但因数量多、竞争大，也能维持相当水准；德国政府单位将社会资源与学校资源整合，因此孩童不论是“向内”或“向外”都能持续学习；民间照顾机构在北欧的机构式照

① 曾昱萤：《各国课后照顾政策及对台湾“携手计划——课后扶助”政策之启示》，《网路社会学通讯》第 76 期，2009 年 1 月 15 日，http：//www. nhu. edu. tw/ ~ society/e – j/76/76 – 19. htm. 2012/11/30。

② 曾昱萤：《各国课后照顾政策及对台湾“携手计划——课后扶助”政策之启示》，《网路社会学通讯》第 76 期，2009 年 1 月 15 日 . http：//www. nhu. edu. tw/ ~ society/e – j/76/76 – 19. htm. 2012/11/30。

顾中扮演重要的角色，但这跟北欧模式并不冲突，因为经费大幅度仍是来自于税金，因此民间社会跟公部门是密切连结的。[①] 在挪威，日托机构的资金来源分为三个方面，即国家、市政府的补助和父母缴纳的费用。无论公立还是私立，都可以从中央政府那里得到补助。资助的资金分配时还考虑了市立日托和私立日托相比接受了更多的残疾或特殊儿童以及两类机构的工资和退休金方案的不同。[②] 在中国台湾地区，由公立小学或乡（镇、市、区）公所进行设立课后照顾服务班性质为公立，需采用政府采购法等相关法律法规来公开招标，由经过登记或立案的各类公私立机构、法人、团体竞标而成为受托人，开办照管服务机构；公立课后照顾班优先免费招收低收入户、身心障碍及原住民儿童。不过，地方政府与私营机构之间联系似不够紧密。

在中国香港，社会福利署负责规划和建设儿童托管服务。截止到2012年，18个区内均设立有独立幼儿中心、附设于幼稚园的幼儿中心、暂托幼儿服务及邻社支援幼儿照顾计划（照顾计划）的服务，并为低收入家庭提供服务收费资助，确保有需要的家庭获得所需服务。社会福利署一向还透过资助非政府机构为6至12岁儿童提供多元化和弹性的幼儿服务；截止到2013年4月，全港142间课余托管中心共提供约5400个服务名额。[③]

（三）福利服务的法律责任认定

在法律关系方面，以台湾为例，公立机构是政府和公立小学采用招标方式寻找托管机构，因此，主办人为政府或公立小学，它们也是日托服务的委托人，而实际提供托管服务的托管机构则为受托人。政府和公立小学为日托服务的法律责任承担者，需要为受托人的失职和违法行为负责。

---

① 曾昱萤：《各国课后照顾政策及对台湾“携手计划——课后扶助”政策之启示》，《网路社会学通讯》第76期，2009年1月15日．http：//www. nhu. edu. tw/ ~ society/e – j/76/76 – 19. htm，访问时间：2012/11/30。

② 贺颖清：《福利与权力——挪威儿童福利的法律保障》，中国人民公安大学出版社，2004，第151 ~154页。

③ 《答复立法会问题·立法会九题：托儿服务》，香港政府一站通，http：//www. lwb. gov. hk/chs/legco/24042013_ 1. htm，访问时间：2016 – 10 – 04。

（四）课后儿童福利服务的内容

在发达地区，课后照管机构提供的福利服务的内容非常丰富。日托中心除了照料和教育功能外还提供替代照料服务并承担传输基本价值观的任务。

在日托机构的时段设置方面，美国除了在课后的下午提供服务，也在晚上和周末提供服务。在中国香港，非政府机构设立的课余托管中心为6至12岁儿童提供的服务，包括功课辅导、技能学习、社交活动等。一般来说，这类托管中心在星期一至五于不同时段提供服务至晚上七时或八时，个别中心亦会按地区的实际需求将服务延至黄昏后，以及在周六或暑假提供服务，照顾家长的特别需要。①

活动内容方面，不同国家和地区的做法不同。挪威的日托中心则将教育内容分为无时间限制的在成人引导下参与游戏和活动来接受持续性学习和有时间限制的有组织的主题学习。挪威的《日托机构法》明确要求日托机构保障为儿童提供良好的游戏条件。而课程学习则按五个领域划分：社会、宗教和道德规范；美学；语言和交流；自然、环境和手工；体育和卫生。该规定的宗旨在于这些课程能发展儿童的基本技能，儿童可按照他们的年龄和发展阶段被给予一定的自由区处理自己的事情。② 而有的国家则直接对托管中心的活动内容做出列举式规定，还常列举托管机构主办方应负担的责任和义务，包括：为小学生的若干小时的日常活动做出计划和准备，提供安全、娱乐又有趣味性的机会，对儿童在室内外的玩耍和活动进行恰当的监管；带领学生进行各式各样的个人或集体活动，教授或指导特点的手工活动、游戏、运动或课程，另外也可提供合适的技能课程满足不同参与者的需求；回答儿童的问题；阅读故事；提供零食并清理厨房；设立手工活动、游戏和运动项目并清理活动场所；确保儿童安全；为教学场所和玩耍场所提供安全的环境；监管活动能保持安全标准；在需要时能提供急救措施或者应急医疗救治；为活动提供桌椅和其他设施；与家长交流

① 《答复立法会问题·立法会九题：托儿服务》，香港政府一站通，http：//www. lwb. gov. hk/chs/legco/24042013_ 1. htm，访问时间：2016 - 10 - 04。

② 贺颖清：《福利与权力——挪威儿童福利的法律保障》，北京：中国人民公安大学出版社，2004，第151 ~154页。

儿童的行为趋势、才艺和问题；监管参与儿童的行为；建立和保持必要的记录和汇报措施；请求物资供给。在中国台湾，日托机构同时具备了托管和辅导课业的功能，通常将国小一年级的学生定义为托管班，其主要服务内容为学生安置。而国小三至六年级学生则属于课辅班，其主要服务内容就是协助学生完成学校所规定完成的家庭作业，并针对其在学校所学课程进行授课或预习、复习的工作。①

在收费方面，各国和地区都有区分为收费与免费两种形式的日托。免费的日托机构通常是公立的或者公益组织建立的，而商业机构提供的服务是收费的。以台湾为例，单纯提供托管服务的日托机构很少，因为成本高，收益低。因此，台湾的安亲课辅班都是依附在收费的短期文理补习班之下的一种班别。其收费方式为注册时收取注册费，每月再收月费。通常服务机构也提供其他才艺课程要另外收费。新西兰也按照托管中心提供的服务分为不同的项目，收取不同的费用。② 在挪威，即使是市立的日托机构，父母也依旧要支付部分的费用。③

对场所的规范，中国台湾地区的《儿童课后照顾服务班与中心设立及管理办法》做了以下规定，课后照顾中心之室内楼地板面积及室外活动面积，扣除办公室，保健室，盥洗卫生设备，厨房，储藏室，防火空间，楼梯，阳台，法定停车空间及骑楼等非儿童主要活动空间之面积后，应符合下列规定：一，课后照顾中心总面积：应达一百平方公尺以上。二，室内活动面积：儿童每人不得小于一点五平方公尺。三，室外活动面积：儿童每人不得小于二平方公尺，设置于直辖市高人口密度行政区者，每人不得小于一点三平方公尺。但无室外活动面积或室外活动面积不足时，得另以室内相同活动面积替代之。前项第三款所定高人口密度行政区，由中央主管机关会商直辖市主管机关定之。并规定课后照顾中心应该有固定地点和完整专用场地。而在楼层方面则以一楼到四楼为限。④

① 维基百科：http：//zh. wikipedia. org/wiki/% E5% AE% 89% E8% A6% AA% E8% AA% B2% E8% BC% 94% E7% 8F% AD，最后访问日期：2012/10/15。

② 维基百科 http：//zh. wikipedia. org/wiki/% E5% AE% 89% E8% A6% AA% E8% AA% B2% E8% BC% 94% E7% 8F% AD，最后访问日期：2012/10/15。

③ 贺颖清：《福利与权力——挪威儿童福利的法律保障》，北京：中国人民公安大学出版社，2004，第 151 ~ 154 页。

④ 中国台湾地区《儿童课后照顾服务班与中心设立及管理办法》，2012 年 06 月 04 日发布。

（五）福利服务的管理制度和监督制度

许多国家和地区制定了监管制度，明确规定了监管主体、监管内容等。

1. 监管主体

以英国为例，对儿童之家等日托机构的监督职能与责任由国务大臣来承担。国务大臣可以进行检查、调查并提供财政支持。挪威则由市政府来承担监管职责，同时市政府的资质也是日托服务的资金来源之一。

2. 对儿童活动过程的监管

凡收费的日托服务都会在服务时段内限制儿童在服务中心的控制范围内活动并对儿童的安全，而在免费且开放式的日托服务中，挪威则要求儿童必须由大人陪同。

3. 对照护中心工作人员的监管格外严格

挪威《日托机构法》规定小组和教师员工必须是在国家或教会大学接受2～3年的本科水平的培训。要求他们不仅有抚养儿童的能力并且还能与家长沟通合作并提供育儿指导，为少数民族儿童开办的日托中心还必须懂得少数民族语言。日托中心也必须制定长期的职工培训计划。除了专业要求外，还需要出具警方提供的没有性虐待儿童而被控告、起诉或被判有罪。[①] 在英国，不具备看护资格的人进行看护儿童工作还将有被视为犯罪的可能。

在中国台湾地区，规定课后照顾班，中心之执行秘书，主任及课后照顾服务人员，应具备下列资格之一：（1）高级中等以下学校，幼稚园或幼儿园合格教师，幼儿园教保员、助理教保员。（2）曾依中小学兼任代课及代理教师聘任办法或公立中小学教学支援工作人员聘任办法聘任的教师。但教学支援工作人员为高级中等以下学校毕业者，应经直辖市，县（市）政府教育，社政或劳工相关机关自行或委托办理之180小时课后照顾服务人员专业训练课程结训。（3）公私立大专校院以上毕业，并修毕师资培育规定的教育专业课程者。（4）符合儿童及少年福利机构专业人员资格者，

① 贺颖清：《福利与权力——挪威儿童福利的法律保障》，中国人民公安大学出版社，2004，第149～150页。

但不包括保姆人员。（5）高级中等以上学校毕业，并经直辖市，县（市）政府教育，社政或劳工相关机关自行或委托办理之180小时课后照顾服务人员专业训练课程结训。[①] 日托中心的教职部分取代了父母职责，在照护过程中对儿童有言传身教作用，不可小觑，因此，对工作人员的监管要求十分严格。

4. 场所及设备

场所、空间和设备配置有政府强制标准，以实现安全监管。在中国台湾地区，要求课后照顾中心应具备下列设施，设备：教室、活动室、游戏空间、寝室、保健室或保健箱、办公区或办公室、厨房、盥洗卫生设备以及其他与该类服务相关之必要设施或设备。

在场所安全上，台湾地区要求，课后照顾班，中心之建筑，设施及设备，应符合下列规定：（1）依建筑，卫生，消防等法规规定建筑及设置，并考量儿童个别需求。（2）配合儿童之特殊安全需求，妥为设计，并善尽管理及维护。（3）使身心障碍儿童有平等使用机会。（4）环境应保持清洁，卫生、室内的采光及通风应充足。[②]

五　课后儿童福利服务供给与建设的构想

放学后儿童照管福利服务，有针对性地满足了课后儿童照管及活动需求，有效地缓解了双职工家庭的困难，提升儿童福利服力水平，是社会管理和服务中的一项创新，受到居民的普遍肯定和欢迎。针对当前这类服务供给中存在的困难和不足，政府应当考虑给予财政支持，制定这类服务的制度，使之规范化。《福建省儿童发展纲要（2011～2020年）》明确指出，“每个街道和乡镇至少配备一名专职或兼职的儿童社会工作者”；“90%以上的城乡社区建设一所为儿童及其家庭提供游戏、娱乐、教育、卫生、社会心理支持等服务的儿童之家”。厦门市政府于2011年12月颁布《厦门市儿童发展纲要（2011～2020年）》，其中也明确指出，“95%以上的社区建立一所为儿童及其家庭提供游戏、娱乐、教育、卫生、社会心理支持等

① 《儿童课后照顾服务班与中心设立及管理办法》，2012年6月4日发布。

② 《儿童课后照顾服务班与中心设立及管理办法》，2012年6月4日发布。

一体化服务的儿童活动中心”。结合本地政策，提出以下初步构想。

（一）课后儿童福利服务的定性

“四点钟学校”这类专项为课后儿童提供的服务应定位为政府提供的社会福利项目。地方政府提供的福利面向全体居民，人人有权享受。特别是为了解决社会上部分居民遇到的实际生活困难，政府提供物质性、精神性、服务性的供给，有助于减轻享受服务者的焦虑感，满足其切身利益之需，将有效地改善社会人际关系，改善市民的生活条件，提升市民的生活水平，增加服务享受者的幸福感。

1. 课后儿童福利服务是惠民利民政策的实践。建设人民满意的服务型政府是中国行政管理改革的目标。① 早在 2006 年，《中共中央关于构建社会主义和谐社会若干重大问题的决定》中指出，服务型政府的理念主张管理就是服务，政府的存在是为了满足社会的需求，政府应该尽可能地为社会提供满意的公共产品。政府职能应当从“划桨”改为“掌舵”。随着我国的计划经济体制逐渐转型为市场经济体制，与其匹配的新的行政模式也应当随之产生，它应当是“为全社会提供基本而有保障的公共产品和有效的公共服务，以不断满足广大社会成员日益增长的公共需求和公共利益诉求，在此基础上形成政府治理的制度安排”②。按照美国公共行政学家罗伯特·B·登哈特为代表的新公共服务理论的主张，政府的角色更应当是服务，而非“划桨”，公共利益是目标而非副产品。③

构建福利政府的途径包括以下三种：首先，政府应当把改善和提供国民的生活质量作为自己的发展目标，不断增加财政收入，增加福利投入，保障公民的福利权利，提高社会弱势群体的生活水准。其次，保证福利供给更多地流向社会收入较少者以实现社会公平。在厦门市的不同区域，放学后儿童特色福利服务供给状况不均衡，地域差别较大。因此，在考虑福利投入时除了总量的考虑还应当考虑分配的均衡与否，保障福利提供的公平性。最后，提供较为全面的福利供给。除了物质型福利，也应当提供精

① 十八大报告强调：“深入推进政企分开、政资分开、政事分开、政社分开，建设职能科学、结构优化、廉洁高效、人民满意的服务型政府。”

② 迟福林：《全面理解“公共服务型政府”的基本内涵》，《人民论坛》2006 年第 5 期。

③ 郁建兴、徐越倩：《服务型政府》，中国人民大学出版社，2012，第 33～37 页。

神型福利。放学后儿童福利服务除了为部分家长免去安排儿童去营利性课辅机构的经济负担之外，也为儿童身心发展提供了良好的环境，是物质型和精神型结合的双重福利供给。①

2. 政府的福利服务支出应当随着经济发展水平提高而升高。伴随着公众收入水平的提供，公共产品和公共服务需求的增加，公共支出需求也应当相应增加。一个地区的经济发展水平对公共服务水平有着决定性的影响，经济水平越发达，就应当提供越好的公共服务。② 厦门的人均 GDP 在 2011 年已突破一万美元，③ 步入高收入地区行列，提供生活质量、更加注重精神层次的消费成为公民主要的公共服务需求。因此，厦门市的公共服务产品应当符合其经济发达水平，政府应当提高福利服务的支出，而儿童放学后特色福利服务也为应当成为加大投入的福利项目之一。

3. 家长最期待获得免费的福利服务。“四点钟学校”存在的主要意义是为那些无法或者说不愿送儿童去营利性托管机构的父母提供一个可以让他们放心的课后儿童停留之地。“四点钟学校”是为解决市场这只无形之手不能解决的问题而存在的。本次调研 7 个社区的“四点钟学校”提供的服务均是免费的；“四点钟学校”的主要生源是中低收入家庭的子女，特别是外来务工人员的子女；高收入家庭较少选择将儿童送往“四点钟学校”。尽管有些名称不叫“四点钟学校”，但是，所提供的服务都是“四点钟学校”应该也能够涵盖的。

社会公共服务理应包括对于放学后家长无法监护的儿童提供相应的服务。若“四点钟学校”提供服务时要收费，可能与社区居委会作为居民自治组织的机构定位有一定矛盾，也与政府提供的社会福利服务不甚吻合。部分居民对这类服务收取可能会有一定抵触心理。当然，借鉴宁波经验，如果“四点钟学校”提供服务时收取成本费，是家长们能够接受的。确立“四点钟学校”免费提供服务的这种地位，有利于在不改变现况的基础上完善“四点钟学校”，确保和提高社区居民对于“四点钟学校”的信赖。

---

① 秦燕、孙伟：《政府理念创新的重要维度：构建“福利政府”》，《新东方》2012 年第 3 期，第 71 ~ 72 页。

② 郁建兴、徐越倩：《服务型政府》，中国人民大学出版社，2012，第 41 页。

③ 《2011 年厦门市人均 GDP 首破 1 万美元》，中商情报网，http：//www.askci.com/news/201202/09/133740_20.shtml，访问时间：2016 - 10 - 04。

为儿童放学后提供特色服务在某种程度上是一种惠民政策，公益性质的福利服务会缓解居民生活压力，使更多儿童能得到这一福利照顾，有利于社会稳定。

4. 将儿童课后服务定性为福利服务是工业化国家和地区的经验。在美国、英国、法国、挪威、日本等发达国家，以及在中国的香港、台湾地区等发展较快的地区，政府均为放学后的儿童提供照管服务，且作为一项政府福利服务。尽管因各自的社会现实在具体实施上有差异，但在性质上都定位为福利性质。即为福利，就应当由政府进行提供。我国儿童放学后的专门福利服务也应当定位为福利服务，应当由政府免费提供。

（二）课后儿童福利服务供给与建设的提供者和协助者之确定

政府应该是该儿童群体专项福利服务的主要负责人。政府可以考虑委托社区实施这一公益活动。在受访家长中，过半的家长表示愿意接受政府设立的专门托管机构。

1. 服务提供主体应当为政府。“四点钟学校”应是政府设立的公益性托管机构。“四点钟学校”应是由政府中的教育部门创办的公益性托管机构。建议在全厦门市 319 个社区设立“四点钟学校”列入 2013 年市政府为民办实事项目，加大对社区“四点钟学校”的财政投入，从经费、场所、人员等各方面予以扶持。

第一，政府有足够的财力来主办“四点钟学校”。由政府主办，经费有政府财政做保证就没有了后顾之忧。政府财政现在在社会福利投入上的比重仍偏低，在社会福利投入上政府作为的空间大。例如，厦门市 2011 年在社会福利上的支出为 3281 万元，而在 2012 年在社会福利上的财政预算支出为 4004 万元，增长了 22.0%。[①] 由此可见，政府既已经加大了社会福利投入的力度，又已准备了充足的财政来投入社会福利。儿童放学后服务据前一部分对其性质的分析已可确定为社会福利中的一种。“四点钟学校”作为具体实施儿童放学后服务的机构，理应得到政府财政的支持。

第二，“四点钟学校”运行困难也证明了此事应为政府主办的福利。

① 厦门市财政局网站，http://www.xmcz.gov.cn/czsj/2010nsmczys/2012/02/08/33603.html，访问时间：2012－12－06。

“四点钟学校”在运行中面临着服务内容单一、出现意外事故时法律关系和法律责任认定困难、管理制度和监督制度缺乏、选址等问题。上述这些问题都是社区居委会有心而无力解决的，亟待政府的介入。鉴于我国民间社团发展尚处于起步阶段，还没有专业的民间社团来为放学后的儿童提供照管服务。由民间公益团体主办“四点钟学校”是不现实的。相反，政府对于解决“四点钟学校”面临的困难有资金、人员、管理经验等多方面优势。政府主办“四点钟学校”将极大地促进该项福利服务的良性发展。

第三，多数家长认为政府应主办“四点钟学校”。此次问卷统计结果显示，53.3%的家长倾向于政府设立“四点钟学校”。由政府设立“四点钟学校”，其可靠性让更多家长放心。

在资金来源上，“四点钟学校”的资金应当主要源自政府的财政投入，另外社区居委会在力所能及的范围内也应当对“四点钟学校”提供一些资金支持。建议由市、区两级财政配套经费用于添置硬件及购买公益岗位。其中第一年每个社区10万元，其中5万元用于添置课桌椅、游戏道具、配备卫生间、安全监管等硬件设施，5万元用于购买政府公益岗位配备管理员，共需经费3190万元。以后每年每个社区5万元用于购买政府公益岗位。同时“四点钟学校”应在社区公开栏上公开每季度的财政开支，接受社区居民监督。四点钟学校现有的资金来源比较单一，应逐步探索“四点钟学校”资金来源的社会化。如争取红十字基金会的拨款支持，探索企业、个人为“四点钟学校”捐款的规范化制度化。如社区作为服务提供者应该建立专门对于儿童托管服务的资金管理小组，针对政府拨款、社会捐赠款应该有合理的资金进出记录管理并定期公开以便受到监督。同时对于资金的使用应该合理，不能只顾场所设施的齐全而完全忽视托管服务人员的素质要求。应尽量把资金用在具有紧迫性的基础性事项，如桌椅、卫生间的配备，对于志愿者的交通补贴费用等，以使有限的资金利用率达到最优。

2. 受托人为社区居委会。政府虽是“四点钟学校”这类服务的提供主体，但是“四点钟学校”日常运行仍需由社区居委会主持实施，或者说政府委托社区居委会来具体负责“四点钟学校”的日常管理。这一设计既可避免社区居委会负担过大，也可使社区居委会发挥自身优势协助“四点钟学校”运行。首先，对于儿童放学后的特色福利服务本身是针对儿童的一项福利，是一项惠民政策，福利事业的承担者设定为政府最为适合。其次，社区是居民生活区，在社区实施该类福利服务方便民众，也易于管理。再次，社区作为自治组织，承担的责任的能力有限，法律责任由政府承担最为合适。所以，在对儿童放学后的服务中，政府应该是活动发起者，也是法律责任承担者；社区受政府委托，是福利服务提供者；放学后需要这一服务的儿童是被服务者。在传统模式下，居委会只能在居民自助建立社区教育的过程中起到桥梁作用。而在“四点钟学校”服务模式建设中，居委会可以充分利用自身掌握的社区资源，根据社区居民的需求，重新配置这些资源，使居委会的功能从被动地根据居民要求提供服务转向主整合居民需求，并根据这些需求配置资源，有效地提升居委会这一社区自治组织的功能。①

3. 儿童放学后福利服务的其他参与者。吸引、鼓励热心儿童福利服务的机构和人员参与、支持。

（1）志愿者的参与。“四点钟学校”的服务对象、服务时间的有限，仅限于放学后父母无法照管的儿童，为了节约人力资源和经费，所以专职负责管理“四点钟学校”的人员有限。为了维护好“四点钟学校”良好运行，更好地服务儿童，需要志愿者参与。根据现有经验，志愿者可以划分为下列几类：一是本社区内的热心居民，这部分志愿者的管理和培训由社区居委会负责；二是高校的大学生志愿者，这部分志愿者由高校负责管理和培训；三是经由市少儿图书馆登记和培训的社会上的志愿者。结合厦门的政策，可鼓励社区退休居民、教师志愿者、大学生志愿者、巾帼志愿者的积极性共同参与。政府应建立为“四点钟学校”提供服务的志愿者的教育和培训制度。对于参与“四点钟学校”服务的志愿者提供必要的教育和培训，以便志愿者胜任其工作，提供志愿者发展的资源和机会。同时政府应建立志愿者奖惩激励评价制度。通过各种制度化的奖励措施，口头的、书面的、定期的、不定期的，激励更多的人参与“四点钟学校”志愿服务工作。“四点钟学校”应建立志愿者服务记录制度，建立志愿者服务记录档案，掌握其从事服务的整体状况和具体表现。②“四点钟学校”应为志愿

① 孙绥波：《城市化背景下新型儿童社区教育模式研究——宁波市四点钟学校的启示》，《中国教育学》2011 年第 4 期。

② 参见陈涛、巫磊、何志宇、谢景慧《中国社会工作与志愿服务的发展》，《广东工业大学学报（社会科学版）》2012 年第 4 期。

者提供参与服务的基本条件，如场地、设施等，以促进志愿服务的正常开展。对于参与这项服务的志愿者，应保障其合法权益，志愿服务时间较长的，可酌情给予一定补贴。

（2）其他参与服务的机构。第一，在有些社区，“四点钟学校”设在辖区内的小学内，利用小学放学后的教室供儿童学习，且有学校的老师和社区居委会的工作人员辅导儿童和管理。如此，儿童、辅导人员相互熟悉，又熟悉环境，既有助于“四点钟学校”对每个儿童提供因人而异的服务，辅导儿童功课和学习，又可避免发生儿童前往社区路上的安全问题。第二，公立的少儿图书馆在现有的“四点钟学校”都设有分馆，定期更新图书，并且有提供部分的志愿者。因此市少儿图书馆参与“四点钟学校”的服务时主要应保证图书的定期更新和其提供的志愿者按时参与服务。企业或个人如向“四点钟学校”捐助设施，应保证该设施的适用性安全性，以免对使用该设施的人造成伤害。第三，积极拓展妇联组织参与社会管理创新和社会公共服务的空间，由市政府授权妇联组织承接转移出来的与妇女儿童发展有关的部分职能，由市妇联牵头，与市委文明办、市民政局、市教育局等相关部门共同做好“四点钟学校”的推广工作，尽快出台相关管理办法，统一挂牌、统一管理。另外，参照党建指导员、工会组织员、计生协管员的模式标准，把为社区配备1名妇女儿童工作协管员的工作纳入政府购买社会公益岗位范围，有效解决人力不足问题。

4. 其他模式。除了上述多方合作模式外，也可考虑政府与民间机构的合作。即政府不以服务提供者的方式来承担福利的供给，而以向家长发放该项目的福利补贴，同时向举办课后托管服务的民间机构提供租金减免等优惠的方式来提供政府福利。这一做法将大大增加家长对托管机构的选择范围，同时鼓励民间机构参与福利活动，也减轻政府的负担。向家长补贴的费用标准可参照现有民间课辅机构的平均价位来决定，而民间机构的举办主体则不必限制营利性与否，只要符合机构建立的基本要求都可举办。

（三）这类服务机构及其服务的性质

“四点钟学校”可以以自己的名义实施民事活动，但尚不具有法人资格，故宜作为非法人组织。

《民法通则》第37条规定，法人应当具备下列条件：（一）依法成立；

（二）有必要的财产或者经费；（三）有自己的名称、组织机构和场所；（四）能够独立承担民事责任。四点钟学校具备了法人的条件中的前三项，对于第四项独立承担民事责任，基于四点钟学校的公益性质，如让四点钟学校独立承担责任会影响其负担的课后照管儿童的功能，所以应否认四点钟学校独立承担责任的资格进而认为其是非法人组织。根据《中华人民共和国民事诉讼法》第 48 条规定：公民、法人和其他组织可以作为民事诉讼的当事人。法人由其法定代表人进行诉讼。其他组织由其主要负责人进行诉讼。“四点钟学校”可以作为诉讼上的主体，由其主要负责人进行诉讼。

（四）相关法律关系及其法律责任承担

在服务课后儿童这一福利活动中，涉及提供者、服务对象以及不特定第三方。如果受托管的儿童受到伤害，该有相应主体为此承担法律责任，特别是服务提供者是否应该承担责任、应该承担哪些责任，需要先行界定参与这类活动的各方主体之间的法律关系。

“四点钟学校”提供服务的过程中主要涉及以下的几种法律关系：

1. 政府与社区居委会的关系为委托与被委托关系。政府有推进社区建设的职能和提供社会保障和福利的义务，“四点钟学校”建设既是社区建设的一部分，又是社会福利的一部分，属于政府职权范围内事项。社区是聚居在一定地域中的居民的共同体；居委会是基层民众自治组织，与该社区的居民联系紧密，故而具备适合承办、管理“四点钟学校”。政府可以将此福利供给这一行政给付项目委托给社区或居委会承办。根据《国家赔偿法》第 7 条第 4 款规定：“受行政机关委托的组织或者个人在行使受委托的行政权力时侵犯公民、法人和其他组织的合法权益造成损害的，委托的行政机关为赔偿义务机关。”[①] 这种委托与被委托关系的确定表明，在“四点钟学校”接受服务的儿童被侵权或者对他人造成侵害，“四点钟学校”构成侵权时，应该由委托方即政府对外承担责任。[②]而社区居委会也需要对受托行为负责，在建设、管理“四点钟学校”过程中，应当依法积极

---

① 曾勇：《论行政委托》，《法制与社会》2008 年第 11 期（中），第 41～42 页。

② 周威、付佳荣：《美国社区福利服务特点及启示》，《社会福利》2011 年第 6 期。

履行职责，并就自身的违法行为承担相应责任。

2. 政府与受“四点钟学校”托管儿童之间关系是服务提供者与服务享受者的关系。根据《未成年人保护法》第 29 条：“各级人民政府应当建立和改善适合未成年人文化生活需要的活动场所和设施，鼓励社会力量兴办适合未成年人的活动场所，并加强管理。”“四点钟学校”属于适合儿童文化生活需要的活动场所，政府有职责进行建设何改善，“四点钟学校”的儿童即为政府保护和服务的未成年人。《未成年人保护法》同时规定未履行《未成年人保护法》义务所需要承担的责任，第 61 条规定：“国家机关及其工作人员不依法履行保护未成年人合法权益的责任，或者侵害未成年人合法权益，或者对提出申诉、控告、检举的人进行打击报复的，由其所在单位或者上级机关责令改正，对直接负责的主管人员和其他直接责任人员依法给予行政处分。”也就意味着如果政府在保护儿童上未尽到必要义务，将被上级机关责令改正，国家机关相关工作人员会被给予行政处分。此外，当儿童在“四点钟学校”托管过程中权利受到侵犯时，应当由政府承担责任，给予赔偿。

3. 社区居委会和儿童的关系是服务与被服务的关系。其与政府和受四点钟学校托管的儿童之间的关系不同点在于政府应该是服务的举办者。社区居委会是被委托承办四点钟学校的组织，其履行受委托的行政给付义务时侵犯公民、法人和其他组织的合法权益造成损害的，由委托方对外承担责任，同时委托方可以行政追偿，以督促被委托方审慎、合法的履行被委托的事务。

4. 政府与“四点钟学校”的关系：政府是举办人，是“四点钟学校”的责任者。政府既要为“四点钟学校”提供资金支持，也要监督“四点钟学校”建设，确保该项福利服务安全、有效、利民。当“四点钟学校”的场所、设施、工作人员、志愿者履职过程中对儿童造成伤害时，相关法律责任应由政府承担。

5. 社区居委会是“四点钟学校”的承办人，享有对“四点钟学校”进行组织、建设和管理的权利和义务。在政府支持下，社区应当建设本社区的“四点钟学校”，满足本辖区居民对此项福利的需求。社区居委会在得到政府福利拨款后，负责具体的建设和管理工作。居委会要积极合法地履行受托义务，尽到承办人的责任，否则也应当承担相应法律责任。

6. “四点钟学校”与受照管儿童之间的关系是教育、保护和管理关系。“四点钟学校”与受照管儿童之间不是如学校与儿童之间的临时监护与被监护关系。首先，“四点钟学校”不是受其照管的儿童的监护人。根据《民法通则》，监护人的设定包括法定监护、指定监护、约定监护和委托监护。① “四点钟学校”既非法定监护人，也未被指定为监护人，同时与儿童的父母也未达成委托监护的明确的协议，在走访中也发现，家长与设置在社区内的“四点钟学校”具有共识，即“四点钟学校”不用履行监护职责，它更像一个社区内的露天游戏场，只是一个活动场所。儿童可自主或被家长送到四点钟学校，“四点钟学校”接收之，并提供场所或其他游戏活动供儿童选择，这个过程中并不发生监护职责的自动转移，因此“四点钟学校”无须承担监护职责和监护责任，也无须对因被监护人的侵权行为与监护人承担连带责任。其次，“四点钟学校”依据其自身的职责，需承担对学生进行教育、保护和管理的类似监护职责的责任，当其在教育、保护和管理方面因过错而给儿童造成损害时，需要承担相应的过错责任。而该责任的承担主体为政府。综上所述，“四点钟学校”是社会福利性质的组织，该组织的主要任务就是对儿童进行教育和管理，这种教育和管理并非在依法规定的教育教学时段，较为轻松和开放，同时，“四点钟学校”要保护儿童在其服务场所学习活动的安全。

“四点钟学校”是准教育机构，可根据《侵权责任法》厘清其与儿童、儿童监护人之间的法律关系。根据《侵权责任法》第 38 ~ 40 条的规定，无民事行为能力人在幼儿园、学校或者其他教育机构学习、生活期间受到人身损害的，幼儿园、学校或者其他教育机构应当承担责任，但能够证明尽到教育、管理职责的，不承担责任。限制民事行为能力人在学校或者其他教育机构学习、生活期间受到人身损害，学校或者其他教育机构未尽到教育、管理职责的，应当承担责任。无民事行为能力人或者限制民事行为能力人在幼儿园、学校或者其他教育机构学习、生活期间，受到幼儿园、学校或者其他教育机构以外的人员人身损害的，由侵权人承担侵权责任；

① 周俊华：《试论学校与学生的法律关系》，《职校论坛》2010 年第 35 期，第 928 页。

幼儿园、学校或者其他教育机构未尽到管理职责的，承担相应的补充责任。对于四点钟学校来说，只要按其章程规定提供相应的服务且无过错时，对儿童在“四点钟学校”受到的伤害不负法律责任。“四点钟学校”对于儿童在其场所活动受伤害包括因儿童自身原因受伤害或儿童遭受第三人伤害均不负法律责任。如“四点钟学校”提供服务过程中有过错，且因其过错造成儿童受伤害的，应按其过错程度负相应法律责任。儿童在“四点钟学校”受到第三人伤害（此处第三人包括其他儿童、“四点钟学校”工作人员和其他人)，“四点钟学校”如尽到管理职责就不负法律责任，儿童的家长作为监护人代表该儿童依法可追究该第三人的法律责任。但是，“四点钟学校”工作人员致儿童受伤害的，应认定“四点钟学校”为侵权主体，最终由政府承担责任。政府承担法律责任后可对该工作人员故意伤害行为实行追偿。该工作人员的行为符合“四点钟学校”的章程规定且无过错的话，则不可追偿。

7. “四点钟学校”与其工作人员的法律关系依工作人员性质分为两类。一类为社区工作人员在承担监管工作，一类为社区工作人员以外的志愿者。两者均是在没有法定责任和义务的条件下，基于道德、良知、社会责任等因素，经志愿服务组织安排，自愿为社会福利事业提供服务。[①] 当社区工作人员与四点钟学校的承办者即社区居委会有签订劳动合同，则依他们之间签订的劳动合同和《劳动法》《劳动合同法》等相关法律确定。当工作人员因失职对儿童侵权时，在政府履行过法律责任后，工作人员将有可能被追偿。而对于其他志愿者，四点钟学校应和来四点钟学校的志愿者签订志愿服务协议，规范彼此的权利义务。

为“四点钟学校”提供志愿者的志愿服务活动组织者应与志愿者、“四点钟学校”签订志愿服务协议。我国目前很少有签订志愿者服务协议的情况，志愿者的责任需要有法律的明确规定，但是，我国目前并没有统一的志愿者服务立法，各个省份制定自己的志愿者服务条例来规范其责任和义务。虽然《福建省青年志愿服务条例》（2003 年）中没有规定志愿服务协议的条款，但是，湖南省、江苏省、上海市、宁波市等省

① 袁文全、王文娟：《志愿服务行为的法律关系与法律责任解构》，《西南大学学报》，2011 年第 37 卷第 4 期，第 114 ~ 118 页。

市稍晚制定的志愿服务条例均有关于志愿服务活动组织者与志愿者之间、志愿服务活动组织者与志愿服务接受者之间签订书面协议的规定，[①]可以借鉴参照。

较为普遍的认识是，在志愿者服务过程中致害行为的法律责任由志愿服务组织承担民事责任，该责任承担方式的前提是志愿者未超越组织安排指示的范围活动，若超出安排范围活动，则该行为不属于志愿者组织的责任，由志愿者自身承担。同时，志愿服务组织在承担替代责任后，若志愿者是故意或者重大过失致损则志愿服务组织可以向其追偿。志愿服务组织是从事志愿服务活动的非营利性社会公益组织，[②] 我们认为，当志愿者是以社区居委会或四点钟学校的名义招聘而来的，则该志愿者的志愿服务组织为社区居委会，而志愿者是由其他社会团体或组织分配的，则由具体社会团体或组织为志愿服务组织。

“四点钟学校”提供服务过程中，应区分以下两种情形而确定其应承担的法律责任：其一，“四点钟学校”在服务中，侵害儿童、工作人员、志愿者的合法权益的，应根据《侵权责任法》相关规定确定侵权责任。其二，“四点钟学校”违反其与工作人员、志愿者之间签订的协议的，所应依法承担违约责任。如果“四点钟学校”具有独立法人资格，学校应自行承担责任；若学校不具有独立法律主体资格，则应由其创办者和所有人——政府承担相关责任。

（五）课后儿童福利服务的功能与作用

课后儿童福利服务是为促进儿童健康成长，减轻父母照管放学后儿童的负担及能安心就业而设立的。这类机构及服务应当主要包括以下几项

① 《湖南省志愿服务条例》第 19 条：“志愿服务活动组织者与志愿者之间、志愿服务活动组织者与志愿服务对象之间，应当就志愿服务的主要内容协商一致。任何一方要求签订书面协议的，应当签订书面协议。志愿服务活动组织者安排志愿者从事志愿服务活动，有下列情形之一的，应当签订书面志愿服务协议：（一）对人身安全、身心健康有较高风险的；（二）连续三个月以上专职服务的；（三）为大型社会公益活动提供志愿服务的；（四）组织志愿者跨市级以上行政区域开展志愿服务活动的”。《江苏省志愿服务条例》第 16 条第 3 款：“志愿服务组织可以与接受志愿服务的单位和个人签订书面协议，明确双方的权利”。

② 孔东菊：《从关系类型区分探析志愿者组织对志愿者服务侵权的责任》，《广东行政学院学报》，2011 年第 23 卷第 5 期，第 57～66 页。

功能：

1. 家庭支持与补充功能。家长因工作而不能照顾孩子的时间里，由课后照顾机构暂时为孩童提供良好的活动场所及空间，补充家庭正常照顾孩童之不足

2. 促成孩童发展功能。学龄孩童的课后照顾更强调提供教育及活动服务，以激发儿童生理、智能、情绪及社会性潜能的发展。透过教育、保健与生活照顾来促进儿童的发展。

3. 社会人际交往训练功能。课后照顾服务可以建立社区中的人群服务网络，不但提供孩童发展社区意识，顺利完成社会化，同时联络家长推广亲职教育。

4. 培养和满足兴趣的功能。配合各孩童的状况来发展其智能、体能、才艺等，以满足儿童的需求。

5. 矫正功能。课后照顾服务可针对各种弱势儿童而设计成具有治疗、矫正、复健功能的服务。对于发展迟缓、身心障碍儿童提供教育辅导以及生活起居照顾。

6. 补偿功能。若儿童所在家庭的亲人之间关系不和睦或者家庭环境不好，课后照顾中可使儿童体验良好人际关系的经验，正面引起其成长。这类服务也能减轻父母的照护负担，让父母不用在工作与家庭间疲于奔命。①

7. 预防犯罪受害的功能。社会治安日益恶化，孩童犯罪，或是让孩童成为犯罪受害者的可能性大幅增加，课后照顾服务，可帮助家长弥补学生放学后到家长回家之间的时间缺口，也能预防孩童遭受伤害。

（六）课后儿童福利服务的内容

这类福利服务，主要包括两大类：基本服务、拓展服务。

1. 基本服务

（1）课业辅导。可由退休老教师、高校志愿者、教辅机构志愿者等提供辅导、帮助学生制定学习计划并同家长合作监督学生完成学习计划，或

① 参见曾昱萤《各国课后照顾政策及对台湾“携手计划——课后扶助”政策之启示》，《网路社会学通讯》第 76 期，2009 年 1 月 15 日，http：//www. nhu. edu. tw/ ~ society/e – j/76/76 – 19. htm，访问时间：2013 – 06 – 18。

者在各个四点钟学校内倡导高年级学生在闲暇时对低年级学生进行课业辅导。目前，由于学校的课业任务重，放学后做作业就成为儿童首选的活动，调查问卷结果中也佐证了这一情况。针对儿童的调查问卷结果显示，66.9%的儿童选择做作业。课业辅导这也是家长最为看重的一个项目，在针对家长的调查问卷结果表明，有21.9%的家长认为“四点钟学校”应督促儿童做作业，另有7.4%的家长主张应有老师或者高年级的同学辅导功课。

（2）为儿童提供借阅图书的服务，培养阅读能力，丰富他们的课外知识。除了当前许多“四点钟学校”与厦门市少儿图书馆的合作借阅以及各个社会团体、组织的捐赠外，还可与社区及邻近大学图书馆充分结合，资源共享。也可安排志愿者讲故事等方式达到传播知识和引导价值观的目的。

（3）组织游戏活动。儿童的学习能力在游戏中得培养和锻炼。课后托管中心应当组织儿童集体进行游戏，培养儿童参加游戏活动的意愿和兴趣，提高儿童的团队意识和合作能力，帮助儿童的自主性、社会性和创造性的养成。游戏的设置也应当关注趣味性和知识性。许多工作人员及儿童都反应课后托管中心的吸引力之一就是独生子女有了可供一起活动的伙伴。组织集体游戏有利于进一步强化课后托管中心的这一优势，为儿童的互相交流和融合提供积极的帮助。

（4）应当根据儿童年龄而划分活动空间或场所，以保障活动的有秩与安全，满足不同年龄段儿童的需求。设立固定活动项目时，应当考虑儿童的年龄差异，而不同年龄的儿童由于能力区别，提供的服务项目也应当有所区分，高年级的同学可接受难度更高的活动，而低年级的同学则被安排进行简易的活动。还可以考虑不同性别儿童的喜好差异。

（5）“四点钟学校”的开放时间应当为放学后至晚上六点。小学不同年段学生放学时间不尽一致，但基本在四点到五点之间，家长的下班时间大多为五点半到六点之间。因此，“四点钟学校”的日常（周一至周五）开放时间应当保证持续到六点，才能解决家长下班前接送的困难。个别家长需要延时托管服务时，也应当为其提供，由此所生费用应当由政府承担，以保障福利供给的周到性。

（6）应当配备紧急医疗设备。至少应当在“四点钟学校”内准备急救箱，并定期更换和补充急救用品。“四点钟学校”内应当安排懂得急救措施的人员值班，在儿童遭受意外伤害时可提供第一时间的救助。或可与周边合格的诊所或医疗站签订协议，让其为“四点钟学校”提供急救服务。

（7）在社区功能完善的同时，指导社区整合“妇女之家”、绿色网吧、少儿图书室、科普工作室、道德讲堂等阵地资源开设“四点钟学校”，同时加挂儿童活动中心，实现省、市儿童发展纲要提出的目标要求。

2. 拓展服务

“四点钟学校”的拓展服务应当提供多元化项目，以弥补学生在课堂内所学局限性的，丰富知识，开阔视野，帮助儿童身心健全成长。通常学校的课程多重视语言能力、数学能力等基础能力的培养，而关于自然科学、艺术、科技、体育等方面不是小学教学的主流项目，在平时学校上课期间较少得到培养，但“四点钟学校”就可承担起此项任务，为素质教育添砖加瓦。有条件的“四点钟学校”提供以下拓展服务，将来可考虑所有的“四点钟学校”逐渐开设艺术、科技、社会、体育等服务。

（1）艺术课程的辅导。根据儿童的兴趣，可安排绘画、手工、舞蹈、音乐、戏剧等方面的培训。还可组织儿童撰写剧本，并安排人力组织演戏或演讲比赛。

（2）科技课程的辅导。“四点钟学校”有绿色网吧的，除了提供合适的电脑游戏及资料搜索功能外，同时也应当教会学童一些基本的电脑硬件、软件使用技能和网络使用技能。可以推广其他科技工具的使用。也可开办自然科学普及讲堂，安排科技小制作、科学小实验、种植小菜园、观察并记录生物的成长等主题活动，培养学生探索科学的兴趣。

（3）培养儿童的社会责任意识。可以组织儿童开展力所能及的社会志愿活动或参观一些志愿活动，培养他们的社会公德心。比如组织儿童帮忙美化社区环境、制作手工义卖后将收入捐赠出去、与孤寡老人、残疾人或孤儿互动，也可组织其与贫困山区儿童结交笔友或网友关系，互帮互助。

（4）安全知识教育或讲座。如防震、遇险自救、交通安全等方面讲座或教育，传授小朋友自我保护的知识和技巧，从小培养他们安全和保护的意识与能力。

（5）体育活动场所。可提供篮球、足球、跳皮筋等运动的活动场所，并且安排职业老师进行教学、指导和组织工作

（6）组织出行参观活动。可以组织儿童前往自来水公司、福利院、其他一些适宜的公司企业参观，同时也可组织儿童前往文化馆、博物馆、纪念馆等参观。目前已经有一部分四点钟学校已开展此类项目，反响较好。

（7）建立儿童心理咨询室。服务对象除了儿童，还包括在教育儿童方面存在疑惑的家长和相关人员。全方位保障儿童心理健康，防止其在人格和品格养成过程中被扭曲和玷污，或在儿童受到心理创伤后积极干预，抚慰其心灵。同时，与儿童的家庭保持联系，为儿童教育和成长向家长及相关人员、机构提出建议。没有条件设立心理咨询室的四点钟学校，也应当安排心理咨询师定期走访。

（8）寒假和暑假时可开展冬令营和夏令营。具体活动除了组织儿童参加艺术或科技类的比赛之外，还可以组织野营，野营的内容可包括训练游戏和各类竞赛项目，甚至可效仿美国童子军举办侦察救助训练，将侦察作为一种游戏，游戏是围绕侦察条例和法规的理念制定的。

（9）寒假和暑假的开放时段。可根据具体社区的需求和能力，在寒假和暑假全天开放，所增加的人力物力投入由政府承担。

（10）“及早认识大学”课程。该课程将大学的生活、学习方式、读大学的目的和意义介绍给小学生，提升小学生对大学的认识，增加小学生学习的动力。

（七）课后儿童福利服务供给与建设的管理和监督

1. 监管主体

“四点钟学校”的监管应由政府负主要责任。在民政部门主导下，卫生、消防、文化、财政等各个相关职能部门根据各自职责分别就相应领域实施监管，在职责分配时应当避免重复和疏漏。民政部门负责管理福利机构。“四点钟学校”的主办和主管单位应是厦门市民政局，当然各个社区的四点钟学校的具体主办和主管单位是各区民政局。厦门市民政局的职能第（八）条规定，市民政局负责拟订社会福利事业发展规划和政策并组织实施，负责社会福利事业机构的管理，指导老年人、孤儿

等特殊群体的权益保障工作，指导社会福利企业安置有劳动能力的残疾人就业工作，负责全市福利彩票销售和资金管理工作，指导和推进慈善事业发展，组织指导社会捐助工作。“四点钟学校”是具体实施儿童课后福利的机构，应由厦门市民政局来具体负责四点钟学校的登记成立和监督管理职责。

社区居委会应对“四点钟学校”承担一定监管，社区居委会了解、监管“四点钟学校”具有便捷的优势，作为居民自治组织监管“四点钟学校”也是为居民服务形式之一。社区居民和其他社会力量对“四点钟学校”可以提出批评或建议。“四点钟学校”应在社区公开栏上公开每季度的财政开支，接受社区居民监督。

2. 场所的设施与管理

“四点钟学校”既可设在社区，又可以设在小学内。社区的优势是离家较近，而学校的优势则是可利用放学后闲置的校内设施。应符合消防、卫生等方面要求，保证通风和采光，地板不湿滑、无尖锐物品，最好设在一层。应保证有 30～40 张桌椅供给儿童做作业用。安排一定场所作图书馆之用，由市少儿图书馆负责图书供应。绿色网吧有 20 台左右电脑即可。手工制作室或科普工作室应有 30～50 平方米，有相应材料，有专业人员指导儿童活动。“四点钟学校”应配备洗手间。“四点钟学校”内的场所应有各自的管理制度，如社区图书馆就应有图书馆管理制度、手工制作室应有手工制作室管理制度等。

“四点钟学校”应配置全球眼和监控探头，家长和监管机关通过社区网站登录或者是登录自己手机，可以及时了解儿童情况，同时，全球眼所录的录像也可作为证据，在发生意外时有利于确认事实，厘清责任。

3. 对儿童的具体管理规定

“四点钟学校”对儿童的管理主要是出入四点钟学校的登记、活动过程中的管理等。儿童出入四点钟学校的登记，可在儿童进入四点钟学校时要签名，同时离开时也要签名，四点钟学校应有专门的工作人员来负责签名事宜。至于儿童来四点钟学校和从四点钟学校回家的路程需不需要四点钟学校派人专门陪护？应认为一般情况下，儿童应是自己或家人送来“四点钟学校”和接回家。在特殊情况下，如确有需要在家长打电话来要求的时候，四点钟学校也可派专人护送儿童来四点钟学校或回家。

管理儿童在“四点钟学校”参与的活动，应针对活动的不同类型作出具有针对性的规定：

（1）儿童在“四点钟学校”内做作业，则应保证没有过大的噪声影响，同时应有与儿童人数成相应比例的辅导人员，比例可为10∶1。

（2）儿童在图书馆借阅图书，工作人员应主动帮儿童去拿高处的图书，防止儿童摔倒。

（3）在儿童上网时，应限制儿童上网的时间以免有损视力，同时在电脑上装有绿色软件防止儿童受网上不良信息的影响。

（4）做手工和科技小制作时，则应根据儿童的年龄进行一定的分类，让不同年龄段的儿童做相适应的手工和科技小制作。

（5）在儿童玩游戏时，应保证有工作人员在旁看护，防止年龄较大儿童欺凌年龄较小儿童，防止儿童受伤的情形出现。

（6）在组织儿童外出参观时，要注意儿童出行安全，不走丢、走失。儿童在室内活动时，注意不要过于拥挤，当在特定地方的儿童人数太多时，应注意引导部分儿童去别的地方，防止拥挤对儿童造成伤害。

4. 工作人员管理

工作人员应当在上岗前接受适当的专业培训，每隔一定的时间后应接受再培训，而对工作人员的选择也应当形成一套规范，如要求具有一年以上的儿童教育或培训经历、无犯罪前科、身体健康且无传染病。“四点钟学校”应制订工作人员管理制度，确定每个工作人员的职责。工作人员履行各自职责，在自己职责范围内指导志愿者提供志愿服务。工作人员和志愿者到达、离开“四点钟学校”工作时均应登记，社区居委会应不定时检查四点钟工作人员的工作状况。

（八）统一这类服务机构的名称或称谓

这类服务机构的名称，可以考虑统一称之为“社区儿童中心”或“社区乐学中心”或“社区学习中心”，其中不宜出现“学校”一词。从服务内容看，这类机构既提供学习辅导，又安排各类活动以拓展儿童素质、促进儿童交往，若称之为“中心”则涵盖面广，适应性强。

A Survey and Research on the Supply and Construction of Care Services of Welfare for Children Only after School

—Xiamen City as a Basic Model

Jiang Yue　Wang Youyi

Abstract: Where could a child get care when it is the existing 1 or 2 hours between parents at home and children after school? This is the " four o'clock problem" wondered for many parents who have a primary and middle school students because it might be called " gap" or " dangerous transition zone" far from any guardianship or care. In order to promote the healthy growth of children and alleviate the burden of their parents who take care of the children after school, some communities have built Four O'clock School to provide care for children after school in several cities such as Ningbo City of Zhejiang Province, Nanjing City of Jiangsu Province, and Xiamen City of Fujian Province. However, there is a large gap between welfare services in practical and the huge demand for child care services after school, due to the legal nature of these services, insufficient funds, large legal responsibilities and so on. In the developed countries, child care after school is welfare service provided by a government. The government have set up a variety of projects of family care or children care such as a lot of subsidies, let a family burdener women ' s press down, which are not only with of working hours of parents on employment in the United States, the United Kingdom, France and other industrialized countries. In order to improve the welfare services for children in China, through learn from the experience of foreign countries, we should build fee – for – service and free of charge for the children on different ages, the Central Government and local governments are charge for public or non – profit construction of child care services. It should regulate on the places, equipment, staff, service items, health, fire prevention and safety of the administrative organs, clarify the legal relations and legal responsibilities, and encourage and support the institutions involved in child welfare services by personnel and funds. It will help all children, especially children from disadvantaged families, to improve their studies, enrich their hobbies, broaden their horizons, and promote healthy growth better.

Key words: Children after School; Care Services; Public Welfare; Local Exploration; Institutional Construction

论养老保障的国家责任[*]

熊金才[**]

摘　要： 国家养老保障责任是社会化大生产的产物，其责任边界、内容与客体随工业化以及与工业化相伴随的城镇化进程不断拓展和丰富，历经国家有限责任、国家补充责任至国家主体责任的演变。不同责任形态适用于不同的社会类型和社会结构，具有历史局限性、物质制约性和结构差异性。国家责任过度因缺乏经济社会基础而无助于公平与效益、自由与秩序的平衡；国家责任不足则会加剧制度性社会分层与分化，阻却养老保障制度社会整合与社会团结功能的实现，进而损及个人发展与社会整体利益。

关键词： 养老保障　国家责任　社会形态

国家养老保障责任是指国家为公民养老权之实现所承担的与经济社会发展水平相适应的生存救助与安养福利供给责任。其权利主体是老年公民，义务主体是国家，内容是权利主体养老需求与义务主体养老服务供给形成的权利义务关系，客体是老年公民的经济供养权、生活照护权和精神安养权。国家养老保障责任的工具性价值是借助资源的二次分配弥合社会分层与分化，尤其是缩小制度性社会分层与分化，促进社会整合与社会团结；目标价值是通过公民养老权保障，特别是社会变迁过程中最少受益者的养老权保障，①实现个人与社会的全面发展。法理依据是社会公平与正义、社会权利与福利国家理论、养老保障的公益性与养老责任的社会连带

* 本文是作者主持的国家人文社会科学基金年度项目“社会养老服务体系建设的法律保障研究”（项目批准号：14BFX123）的部分研究成果。

** 熊金才，男（1964 - ），河南信阳人，汕头大学地方政府研究所研究员，汕头大学法学院教授，硕士生导师，法学博士。研究方向：民商法与社会保障法。

① 参见〔美〕约翰·罗尔斯《正义论》，何怀宏等译，中国社会科学出版社，2014，第12页。

性。国家养老保障责任的边界随社会类型演进和社会结构变迁不断扩张，具有历史局限性、物质制约性和结构差异性，如前工业化社会国家养老保障的有限责任、农业社会向工业社会转型期国家养老保障的补充责任以及工业化社会国家养老保障的主体责任。

一　前工业化社会国家养老保障的有限责任

国家养老保障的有限责任是指国家对符合特定条件的老人承担的不完全养老保障责任，如对“鳏寡孤”[①]等老人提供的临时经济救助，为一定级别之退休官员提供的经济供养和生活照护服务等。其特征是国家责任的有限性，即请求权主体仅限于符合特定条件的老人，具有明显的选择性和补缺型特征；保障内容仅限于维系被救济老人最低生活水准的物质需求和生活照护需要，而无涉更高层次的精神安养服务。我国先秦时期的“三老五更”制度所规定的国家养老保障责任的权利主体仅限于致仕而又留任的老年官员，[②]普通老人的养老责任则由家庭承担，对丧妻、丧夫、无子等三类无依无靠老人，国家提供有限的物质帮助。[③]唐代“给侍制度”[④] 的保障范围虽不分贫富等级，但权利主体仅限于80岁及以上的高龄老人，国家承担的同样是一种有选择的不完全责任。英国1601年《伊丽莎白济贫法》在英国历史上首次明确了地方政府救助特定老年群体的有限责任及救助内容和方式，结束了英国养老保障的国家无责任状态。该法将受救助者分为无助者、非自愿失业者、流浪者三类，并依据受助者的需要分别提供院外救

① 《孟子·梁惠王下》：“老而无妻曰鳏，老而无夫曰寡，老而无子曰独，幼而无父曰孤”，“此四者，天下之穷民而无告者”。

② 先秦时期，国家对老年官员采用致仕制度，类似于今天的官员退休制度。对于致仕的老年官员，国家为他们提供原俸禄的一半或三分之一作为养老保障。那些睿智而健康的老年官员可以继续留任朝中，或由国家安排至学校教育学生。这些留任官员被称为“三老五更”，国家为其提供特殊的养老保障。参见李玉洁《“三老五更”与先秦时期的养老制度》，《河南大学学报（社会科学版）》2004年第5期。

③ 参见潘剑锋、刘锋《论先秦时期我国养老敬老体系的初步成型》，《求索》2010年第5期。

④ “给侍制度”是唐代为80岁及以上老人提供生活照护服务的养老保障制度。参见崔恒展《基于唐代给侍制度的家庭养老支持政策思考》，《山东社会科学》2013年第8期。

济或院内救济。[①]其中，无助者是指对自己的困难无能为力的人，包括患病者、有严重的精神或生理缺陷者、残疾人、孤儿及年老体弱者。“救济院有床、食物及最低水平的身体保健，但除此之外什么也没有。”[②]

有限责任作为前工业化社会国家养老保障责任的典型形态与传统农耕社会的政治结构、经济结构和家庭结构相适应。从政治结构看，以压制型法律所维系的集权统治下个人权利不被尊重，[③]民主、法治、人权观念淡薄，养老保障的国家责任和法律保障缺失，养老义务的履行主要靠伦理、道德、宗教和习俗等非法律控制手段予以规范，[④]有限的国家责任承担不具有法律上的强制性。在传统中国，“孝”是规范子女赡养义务的基本规范。[⑤]为增强孝的强制力，早在周代，就有不孝入刑之规。[⑥]《孝经·五刑章·第十一》“五刑之属三千，而罪莫大于不孝”，将不孝列于“五刑”之首。秦汉时期有关不孝入刑的案例多与子女不尽赡养义务有关，如不善待祖父母、父母，有殴打、杀害、谩骂、诽谤、告发、不听教令、不赡养、

---

① 院外救济是指为那些能够独立生活的人在家里提供的救济，包括经济帮助、医疗保险及其他个人保健服务。院内救济包括救济院、济贫院和惩戒所。救济院为符合救济条件者提供最低生活保障；济贫院是为非自愿失业者提供的通过劳动使其基本生活得到满足的场所；惩戒所是收留罪犯、流浪者及在济贫院里违反规定的非自愿失业者的场所。

② 〔美〕威廉姆 H. 怀特科、罗纳德 C. 费德里科：《当今世界的社会福利》，解俊杰译，法律出版社，2003，第 169～170 页。

③ 法国法社会学家埃米尔·迪尔凯姆（Emile Durkheim，1858－1917）根据法律的特点将其分为压制型法律和协作型法律。前者对应的是机械团结型社会结构，即以社会集体意识所维持的社会团结。压制型法律通过制裁犯罪，发泄愤怒情绪，以平复心态，维护社会集体意识，保持社会秩序；后者对应的是有机协作型社会，即以契约关系维系的社会关系。协作型法律通过协调分工合作关系，恢复被破坏的秩序，以维护社会稳定。在协作型法律中，契约关系是最重要的社会关系形式，人与人通过契约进行交往协作。参见〔法〕埃米尔·迪尔凯姆《社会分工论》，梁东译，生活·读书·新知三联书店出版社，2013，第 32～92 页。

④ 社会控制是指社会生活的规范方面，它规定不轨行为并对不轨行为作出反应。法本身就是一种社会控制，即政府对其公民的社会控制，但“礼仪、习惯、伦理、官僚制和对精神病的治疗也是社会控制。”〔美〕唐纳德 J. 布莱克：《法律的运作行为》，唐越、苏力译，中国政法大学出版社，2004，第 123 页。

⑤ 孝指善事父老，是中国古人所倡导的处理父子关系的基本准则和子女对父母的应尽义务。其内容大致可以概括为以下几个方面：一是谨身节用、敬养父母；二是父母有疾、精心侍奉；三是家庭和睦、累世同居；四是容隐父母之过；五是父母丧，哀伤不已；六是延续家族、继承父志；七是为亲复仇。侯欣一：《孝与汉代法制》，《法学研究》1998 年第 4 期。

⑥ 《尚书·周书·康诰》：“王曰：封原恶大憝，矧不孝不友，子弗祗服阕父事，大伤厥考心”。

生病不能侍奉、父母在别籍、异财等行为。[①]《唐律疏议·名例·十恶》亦将“供养有阙”纳入“十恶”之罪。《大清律》规定：“子贫不能营生养赡其父，因致自缢死者，子以过失杀父律，杖一百，流三千里”。[②]

从经济结构看，在自给自足的自然经济主导的农耕社会，低下的生产力和不发达的商品经济决定国家养老保障责任能力的有限性，同时也决定了养老需求的低层次。农民在自然状态下对土地的占有、使用和收益以自给自足的方式或代际互济的方式解决养老问题，而国家往往通过制度设计以规范家庭养老责任的承担，或通过减免税赋和徭役等措施为养老提供政策支持。[③]对于哪些不占有土地的雇农或雇工，往往有雇主或富有者提供救济，因为互惠和交换为雇主和富人提供了救助他人的基础。[④]此外，农耕经济时代，社会分工少而简单，城镇化程度低，人口流动小，社会各部门、各地域之间的互动关系不密切、相互依赖度不高，社会分层与分化整体上不明显。国家通过资源的二次分配缩小贫富差距、弥合社会分层与分化并借此实现社会整合与社会团结的压力不明显。遇有重大变故的失依老人亦主要通过“相邻互济”或“亲族协力”等紧密关系互济的方式或宗教慈善救助的方式度过生存危机。

传统中国的养老是以家庭为基础、亲族与相邻为补充，伦理、孝道为规范的家庭养老模式，国家整体上处于无责任或有限责任状态。家作为个人生活的中心、生产的组织体以及社会制度的基础和国家治理的单位，是养老保障责任的核心乃至唯一主体，为家庭成员生、老、病、死等提供全方位的保障。“养儿防老”是传统中国养老保障的根本途径，“亲族协力”与“相邻互济”是传统中国对抗疾病死亡和抵御自然灾害等重大变故的主要手段。正因如此，中国传统文化中的亲情才如此根深蒂固，乡情才如此坚实浓厚，家理念才如此难以割舍。从现代社会保障的观点看，生育和抚养子女的花费，可以被看成是正值劳动年龄的父母为将来养老而缴纳的保

① 参见张功《秦汉不孝罪考论》，《首都师范大学学报（人文社会科学版）》2004 年第 5 期。

② （清）沈之奇撰，李俊、怀效锋点校：《大清律辑注》，法律出版社，1998，第 839 页。

③ 《礼记》曰：“五十不从力政，六十不与服戎，七十不与宾客之事，八十齐、丧之事弗及也。”《礼记·王制》：“八十者，一子不从政。九十者，其家不从政。废疾非人不养者，一人不从政。父母之丧，三年不从政。”《十三经注疏》，中华书局，1980，第 1346、1232 页。

④ See Morris, Robert, *Rethinking Social Welfare: Why Care for the Strangers?* White Plains, NY: Longman, 1986, pp. 86 - 99.

障基金。这笔基金随子女年龄的增长在逐年缴纳和积累，在子女的逐步成长中得以保值与增值。当父母年老、疾病或丧生劳动能力时，原先所缴纳的养老保障金就开始给付了，直至父母去世。这种以家庭为核心的养老模式是中华民族数千年来最为稳定的养老保障机制，迄今仍然是养老保障的核心责任主体。[①]国家只对少数符合条件的老人提供有限的生存救助且须经过严格的程序审查，如宋代建立的承担养老之责的“福田院”“居养院”“养济院”“孤老院”，元朝在各路设立的救助“诸鳏寡孤独、老弱病残、穷而无告者”的养济院，以及明、清官办“养济院”等，均规定由地方官对入院条件“从实取勘”。[②]

与传统中国“养儿防老”的反馈式家庭养老模式不同，西方社会受人与人的关系源于共同信仰（而非血缘和宗族）之基督教文化的影响以及社会治理模式的差异（如家长由选举产生，家庭成员不必是血亲关系等），其家庭、家族观念及亲子关系等相对淡薄，子女的赡养责任也相对较轻。家庭虽然是前工业化时代西方国家养老保障责任的核心主体，但亲属以及宗教团体和社区也发挥了非常重要的作用。古希腊的核心家庭在子女成年时往往便告终止，结婚析产之后的成年子女进入下一代的养育过程，子女对父母并不承担强制性赡养义务。[③]古罗马以家长权为特色的家庭结构中，老年父母通过掌控财产权获得养老的经济来源，因在古罗马的家庭中子女无独立的财产地位且在家父去世前不得析产。中世纪的欧洲农村地区，部分老年人通过与年轻人（包括非子女）签订退休协议的方式获得老年生活保障。[④]在城市社会，慈善救济与社会互济是家庭养老的重要补充。宗教团体不仅弘扬帮助他人的责任，同时也提供实际的养老服务，如教会和寺院为无依无靠的老人提供食品、衣物、住所甚至钱币。[⑤]基于血缘或其他相互联系的纽带而形成的社区也提供大量的养老服务。“美

① 熊金才：《家庭结构的变迁与家庭保障功能的弱化》，《太平洋学报》2006 年第 8 期。

② 清代对入院程序的规定十分具体：“令各保甲将实在孤苦无依者，开明里甲年貌，取具邻佑保结，呈报州县官。”《大清会典事例》卷 269。

③ 〔奥〕迈克尔．米特罗尔、雷英哈德．西德尔：《欧洲家庭史——中世纪的父权制家庭》，华夏出版社，1987，第 265 页。

④ 参见恩格斯《马克思恩格斯选集（第四卷）》，人民出版社，1995，第 18 页。

⑤ 参见〔美〕威廉姆 H. 怀特科、罗纳德 C. 费德里科《当今世界的社会福利》，解俊杰译，法律出版社，2003，第 149 页。

国独立战争前，穷人基本上是通过非正式管理体制——社区——获得救助的”。①

二　转型社会国家养老保障的补充责任

国家养老保障的补充责任是指国家对赡养有缺的老人提供生存救助与老年福利的责任，如对赡养缺位、赡养不能、赡养不力或不利等老人提供的经济帮助、生活照护和精神慰藉服务等。相较前工业化社会国家养老保障的有限责任，转型社会国家养老保障补充责任的边界得以拓展，内容趋向丰富，请求权主体范围更大，客体也更加开放。这是转型社会工业化进程和城镇化进程以及人权理念发展等多重因素共同作用的结果。国家养老保障补充责任的内涵是：对有赡养人且并无损害被赡养人利益之情形，国家只负有赡养监督义务，不替代承担养老保障责任；对有赡养人但赡养不力或不利之情形，国家除负有监督义务外，还需承担补充责任，以填补养老保障之不足；对赡养缺位、赡养不能等情形，如子女双亡、失踪或丧失赡养能力，国家直接代行赡养义务。赡养方式包括但不限于提供经济帮助、为失能或半失能老人购买养老服务或者安置在适当的养老机构中。

西方社会始于18世纪中叶的工业革命实质性提升了生产力，促进了人口、资本、技术的自由流动，带来经济制度和社会制度的根本性变革，推动西方社会由自然经济向商品经济、由传统农业社会向现代工业社会的转变。工业化带来的社会财富的增加为国家承担更多的养老责任奠定了物质基础，但工业化在促成经济结构和人口结构根本性变革的同时，也衍生了诸多新的社会问题，如农民失去了原有的土地养老资源、农村人口流动的加剧导致家庭结构小型化以及家庭养老保障能力的降低等。不仅如此，工业化对农业土地资源的占有甚至剥夺以及人们对工业化要素如资本、技术等占有的机会不平等和工业化促成的日益细化的社会分工加剧了社会分层和分化，产生了新的社会弱势群体以及贫困、失业、犯罪、流浪等严重社

① Reid, P. Nelson, *Social Welfare History*, *in Encyclopedia of Social Work*, *19th ed*, Washington D. C.: National Association of Social Workers, 1996, p. 2206.

会问题，导致社会福利需求的增长。[①]即便是工业化产物的工人阶层，由于其对“新的生活及工作条件的控制能力几乎丧失殆尽，而以前可以提供帮助的地主和教会的力量日益下降”,[②]由此推进国家养老保障责任整体上从有限责任上升为补充责任。

以美国为例，19 世纪后期至 20 世纪初期是美国由农业社会向工业社会转型的期间，也是美国由乡土社会向城镇社会快速发展的期间，亦是美国国家养老责任由无责任或有限责任向补充责任转变的期间。统计数据显示，1840 年至 1940 年的 100 年间，美国的城镇人口由总人口的 10% 增长至 56.5% （1920 年城镇人口首次超过农村人口）。[③]工业化与城镇化占用了大量农业用地，吸收了大量农业人口，越来越多的人依靠工资收入生活，[④]但也使得大量农业人口失去了赖以养老的土地资源和土地继承权，原有的土地养老模式已不再有效，由此促使美国最终选择了与其他工业化国家相同的道路，即着手建立国家社会保障体系，为工业化进程中的最少受益者的生存与发展提供底线保障。1935 年，美国社会保障法的颁布标志着困境老人救助的责任由地方组织、民间组织转向联邦政府。该法明确建立联邦老年津贴制度，授权州建立老年救助制度和老年福利项目，确立雇主与雇员共同缴费和基于个人退休前累计工资收入的全国统一的养老保险制度，标志着美国国家养老保障补充责任的正式确立。[⑤]

---

① 参见〔美〕威廉姆 H. 怀特科，罗纳德 C. 费德里科《当今世界的社会福利》，解俊杰译，法律出版社，2003，第 150 页。

② Samual Mencher, *Poor Law to Poverty Program*, Pittsburgh: University of Pittsburgh Press, 1967, p. 27.

③ Elizabeth M. Caucutt, Thomas F. Cooly and Nezih Guner, “The Farm, the City, and the Emergence of Social Security”, at DOI 10.1007/s10087 - 012 - 9086 - 5, 12 October, 2015.

④ See Scheiber, S. J. , & Shoven, J. , *The Real Deal: The History and Future of Social Security*, New Haven, CT: Yale University Press, 1999, p. 18.

⑤ 1939 年修正案增加了相关受益者，即退休人员的配偶和未成年儿童，使得社会保障项目成为以家庭为基础的保障项目。1950 年修正案扩大了社会保障覆盖的范围，并大幅提高了现存退休人员的保险金水平。1956 年修正案为年龄在 50 ~ 64 岁的残疾工作人员及其残疾子女提供补助金；允许女性工作人员在 62 ~ 64 岁之前退休领取减额退休金，1961 年把这一规定扩大到男性工作人员。1965 年增加了医疗保险和医疗救助，老年人获得医疗保障。1972 年修正案建立了补偿保障收入制度，引入了退休金调整机制。1977 年修正案增加了工资中社会保障税的征收幅度。1983 年修正案扩大了社会保障的覆盖范围，提高了社会保障税的税率，对社会保障保险金征税。1996 年修正案将退休人员的社会保障保险金收入免税的限额增加了一倍。

发展中国家由农业社会向工业社会的转型相对滞后。时至今日，全球范围内仍有超过半数的国家没有完成工业化进程，具有更多的传统农耕社会的特征。[①]这些国家因经济社会发展水平存在一定差距，国家养老保障责任的边界也不尽相同，但具有下列共性特征。首先，养老社会化的程度低。家庭养老是发展中国家的主要养老模式，有限社会养老服务的受益面小、覆盖不全，国家在老人救助与老年福利供给中整体上处于有限责任或补充责任状态。其次，养老权保障的法律化程度低，立法层级低且缺乏系统性、连贯性、强制性和可操作性，普遍存在无法可依和有法不依的现象。其三，较低层次的养老保障普遍采用长期基金的方式作为政策取向。据不完全统计，目前发展中国家有 21 个实行长期基金制度，有 72 个国家实行了社会保险计划。[②]其四，养老服务资源配置存在城乡差异、贫富差距和区域差异，农村人口普遍被排除在养老保障制度之外。第五，国家养老保障补充责任的承担在实践运行中存在供给不足、管理不善、资金与人才短缺、养老产品缺乏标准规范以及有限的社会养老服务运行绩效低等问题。

转型社会国家对养老保障承担补充责任是养老保障的历史局限性和物质制约性决定的。农业经济向工业经济、乡土社会向城镇社会的转变是一个长期的动态过程，经济结构的变革衍生的人口结构、家庭结构和社会结构（主要是指社会分层与分化）的转变以及家庭观念、家庭功能和养老文化的变迁是一个漫长的过程，养老制度改革，包括养老责任主体的变换具有滞后性。加之经济结构转型的初期往往注重经济效益而忽视社会公平，致使政府社会福利理念匮乏，政府自身在形成社会养老服务体系方面的制度创新能力和政策设计能力不足并最终导致国家养老保障责任的担当不够。且养老保障作为社会保障制度的核心内容之一，具有公益性和社会性

① 张晓群在《对传统社会和现代社会的四种分析角度》一文中认为，近现代欧洲所呈现出来的“现代社会”，大概是市场经济的、资本主义的、民主化的、福利主义的、城市化的、有机团结的、工商业的、科学思维流行的、多元化的这么一种社会形态。依据这些标准，公元 1000 年时，全世界属于“现代社会”的国家为零；公元 1900 年时，属于“现代社会”的国家有 20 个；公元 2000 年时，这样的国家则有 70 个。

② 长期基金方式，实际上是一种强制性储蓄制度，由雇主与雇员共同定期按工资收入的一定比例供款。其积累的资金用于雇员退休时一次性支付养老金，政府不予补贴。退休时一次性支付养老金额度相当于其供款额与利息之和，有专门机构进行管理。陈之楚：《发展中国家社会养老保障制度政策分析》，《天津社会保险》2007 年第 1 期。

特征以及调整收入分配的功能，国家责任承担因涉及公共资源的分配通常是不同社会分层政治话语权差异及其利益博弈的结果，并经由国家福利制度将其制度化。在民主、法治和人权理念尚未真正确立，社会公平与公正意识匮乏的社会转型期，国家养老保障主体责任的确立具有不确定性，因为“政治学家广为采用的理想主义路径认为，每一种福利国家都是意识形态冲突并最终出现制度化的主流意识形态后的产物”。①

三　工业化社会国家养老保障的主体责任

国家养老保障的主体责任是指国家替代家庭成为养老责任的核心主体或与个人、单位共同构成养老保障的多元责任主体之一，为老人生存与安养提供与经济社会发展水平相适应的经济供养、生活照护和精神慰藉服务。相较前工业化社会国家养老保障有限责任的有限性特征与转型社会国家养老保障补充责任的补缺性特征，工业化社会国家养老保障的主体责任具有无限责任的属性，体现为国家责任、权利主体、保障内容和权利客体等法律关系结构的诸因素均随经济社会发展而动态演进并呈现不断扩张的态势，国家养老保障责任没有静态固定的边界。国家以公平与普惠为原则，以经济社会发展状况为依据，以实质平等与区别对待为工具，对全体公民承担非歧视性养老保障责任。国家养老保障主体责任彰显社会本位和福利国家理念，折射养老保障的公益性和养老责任的社会连带性，是社会化大生产背景下家庭保障功能外移的结果，② 与工业化和城镇化是正向相关关系。

迄今为止，工业化社会国家养老保障责任的主体地位均已确立并完成了法律化进程，但因文化传承、经济结构和发展历程等方面的差异，部分工业化国家在国家养老保障责任的边界和立法的价值取向上不尽一致，如瑞典的社会民主主义福利制度、德国的市场经济福利制度、美国的法人市场经济福利制度和英国的自由集体主义福利制度等。③ 各国基于本国实际，通过分散

① 〔英〕诺尔曼．金斯伯格：《福利分化——比较社会政策导论》，姚俊、张丽译，浙江大学出版社，2009，第10～11页。

② See Rim linger, G. , Welfare Policy and Industrialization in Europe, America and Russia, New York: John Wiley, 1971, p. 107.

③ 参见〔英〕诺尔曼．金斯伯格：《福利分化——比较社会政策导论》，姚俊、张丽译，浙江大学出版社，2009，第32～205页。

式立法模式或专门立法模式或二者的结合，[①]构建了基本法、部门法与标准规范在内的较为完备的公民养老权法律制度保障体系和国家养老责任履行制度规范体系，内容覆盖老年人的经济供养、生活照护与精神赡养等各个方面，实现了由生存救助到安养福利、由“补缺”至“普惠”的实质性转变。国家养老保障责任研究的重心已经从必要性论证及法律体系构建转变至法律制度保障的程序规范以及调整效果的评估。与此同时，国家养老保障责任承担的方式和制度规范不断具体和深化，如美国的政府购买社区养老服务制度以及养老医疗援助制度、英国的社区养老服务志愿者制度、日本的生活照护收入认定制度以及瑞典的健康保险互助团体制度等。[②]

1942 年贝弗里奇发表的社会保险及有关服务报告的颁布，使英国形成了强制性和普遍性的福利保障体系，正式确立了国家养老保障的主体责任地位，开始了“从摇篮到坟墓”的福利国家立法。第二次世界大战后，英国相继颁布了社会保障的五大立法，即 1945 年的《家庭补助法》、[③] 1946 年的《国民保险法》、[④]《工业伤害保险法》、[⑤] 1948 年的《国民健康服务法》、[⑥]以及《国民救济法》。[⑦]上述五部法律共同构筑了英国福利国家的法

① 社会养老服务的立法主要包括两种模式：即分散式立法模式与专门立法模式。前者不是专门针对社会养老的单独立法，而是将社会养老权保护的条款分散于相关法律中，绝大多数国家都采用了这种模式。后者是专门的社会养老权立法保障模式，其将养老社会化所涉及的主要方面单独立法，如老年人保健法、老年人护理保险法、老年人就业促进法等。

② 迄今多数工业化国家构建了完善的社会养老服务法律保障体系，如美国的《社区发展法》（1989）、英国的《社区照顾法令》（1990）、日本的《社会福利士及看护福利士法》（1987）及《护理社会保险法》（2004）、丹麦的《生活援助法》（1973）与《家庭医生制度》（1974）、瑞典的《社会福利与社会救助法》（1957）等。

③ 该法规定对于有两个或两个以上儿童的家庭给予补助，以减少因子女众多而发生的生活困难。

④ 该法对养老金进行统一规范，建立均一费率的国家养老金制，即雇员不论其收入多少，均按统一的标准缴纳保险费，并按统一的标准享受保险待遇。

⑤ 工伤保险的对象覆盖所有雇员，但不包括自我雇佣者。工伤保险费由雇主、雇员和政府共同负担。其中，政府的负担为雇主和雇员缴纳的保险费总额的 1/5。享受工伤待遇没有具体的条件要求，主要包括暂时伤残待遇和永久残疾待遇。

⑥ 该法为全体国民提供综合性的医疗服务，财源主要来自于一般税收而不是缴费。NHS 在创立伊始就确立了三项基本原则：满足每一个人的需求；免费提供服务；根据医疗需要而非患者的支付能力提供服务。这三项原则历经 65 年依然沿用至今，是英国医疗体系的重要基础。在 NHS 体系下，凡是英国公民，包括在英国合法居住的外国人，都可以享受免费的医疗服务。

⑦ 主要任务是救助 16 岁以上，收入不够最低生活水平者。符合条件者均可向国民救助委员会申请救助。国民救济的所有经费均由国库支付。

律保障体系。1961年英国实行与工资挂钩的累进缴费制度，以补充标准较低的均一费率的国家养老金制。1966年《社会保障法》实施失业救济、疾病给付与收入挂钩的做法，改均一费率为劳资双方共同缴费，同时还改变了国民救助的方式，实行补充给付制。自1975年起，英国推出了“与收入相关的养老金计划”，为国民提供更多的选择。1975年通过了《社会保障退休金法》，1982年通过了《社会保障和房屋津贴法》，1992年颁布了《社会保障缴款和津贴法》，1993年颁布了《退休金计划法》。2013年，英国对养老金制度进行数十年来规模最大的一次改革，即取消现有的基本养老金、辅助养老金等类别，将其合并为均一的政府养老金，每周144英镑，但缴纳国民保险费的年限必须达到35年，而不是现在的30年。新的养老金制度从2017年4月开始实施。[①]

德国是世界上第一个建立正式养老金制度的国家，也是最早以立法形式确立国家养老保障主体责任的国家之一。早在19世纪，德国就颁布了《工人医疗保险法》（1883年）、《事故保险法》（1884年）和《养老保险法》（1889年）（1911年上述三部门法被编纂为《帝国保险法》）。1919年德国《魏玛宪法》规定了公民获取物质帮助的权利。[②] 1949年《德意志联邦共和国基本法》将公民的基本权利及国家尊重和保护人之尊严的职责放在首要位置并确立了国家制度的五项原则，即共和原则、民主制原则、联邦制原则、法治原则和社会福利原则。在社会福利原则的指导下，德国建立了惠及全体公民的包括生、老、病、死和失业救助在内的全方位的福利保障体系。国家不仅是养老保障的责任主体，也是最终责任者，为公民社会养老权的实现承担最终财政责任。[③] 此后的数十年间，德国养老保险（1957、1989、1992、1996、1997）、医疗保险（1989、1992、1995、1996、1997）均进行了根本的改革或重大调整，国家养老保障的主体责任地位不断得到强化。2005年1月生效的《老年收入法》从根本上改变了传统的由法定养老保险、企业补充养老保险和个人储蓄性养老保险构

① 新的方案只适用于2017年4月达到领取养老金年龄的人，目前已经在领取政府养老金的人将不受影响。政府统计数据显示，目前有1150万人领取政府养老金。按计划，领取政府养老金的最低年龄将于2020年提高到66岁。

② 《魏玛宪法》第161条规定：“为保持健康及工作能力，保护产妇及预防因老病衰弱之生活经济不生影响起见，联邦应制定概括之保险制度，且使被保险者与闻其事。”

③ 参见刘翠霄《社会保障制度是经济社会协调发展的法治基础》，《法学研究》2011年第3期。

成的"三支柱模式"养老保险体制而进入了"三层次模式"时代。第一层次的基本养老保险为投保人提供终身的基本养老保障，享受政府税收优惠。第二层次的养老保险由企业补充养老保险[①]和里斯特养老金构成，[②]两者均为非强制性养老金计划，均采用资本积累制。第三层次的养老保险为个人储蓄性养老保险，个人自愿参加、自愿选择经办机构，但缴费阶段不享受政府的优惠政策。[③]为缓解人口老年化和养老金压力，解决劳动力结构失衡问题，德国从 2012 年开始实行退休制度改革法案，将法定退休年龄从 65 岁延长至 67 岁。

日本的 1959 年《国民年金法》（国民养老法）的颁布确立了国家养老保障的主体责任地位，并于 1961 年建立了覆盖全民的养老金制度。[④] 其中，1959 年的《国民年金法》、1963 年的《老人福利法》（1986、1989、1990 年先后 3 次作了修订）以及 1982 年的《老人保健法》共同构筑了日本老人基本福利保障体系。在此法律框架下，日本不断深化和细化国家养老保障责任的相关法律、法规与政策，构建了国家养老保障服务供给到质量评估等系统连贯的制度规范并健全了老人经济供养、生活照护与精神安养等全方位的社会养老服务法律保障体系，包括 1987 年的《社会福利士和介护福利士法》、1989 年的《推进老年人保健福利 10 年战略》和 2000 年的《老人介护保险法》（这是继 1995 年德国以来世界上第二个由政府为老人护理设立的社会保险制度）等。2010 年 6 月日本发表了"新养老金制度的 7 原则"，即养老制度统一规划原则、最低保障原则、明确缴费与支付原则、可持续原则、"不消失的养老金"原则、无人不缴费不参保原则以及国民能讨论的原则，目标是实现"养老金制度不分例外实行一元化管理，实现全民参保的以

① 德国企业补充养老保险共有五种类型，即：直接承诺、援助基金、直接保险、退休保险和退休基金。具体采用何种方式，由雇主单方面决定。

② 里斯特养老金以德国前劳动部长瓦尔特·里斯特（Walter Riester）的名字命名，是一项可以享受国家资助的个人储蓄性养老保险计划。里斯特养老金可以同时享受两种方式的国家资助：一种是直接的财政补贴，一种是将参加里斯特养老金计划的储蓄额作为"特别支出"免征个人所得税。

③ 参见于秀伟、侯迎春《德国养老金税收政策改革及启示》，《国际税收》2013 年第 3 期。

④ 1959 年《国民年金法》颁布之前，日本的国家养老保障责任具有明显的有限责任特征。如 1923 年《抚恤法》规定公务员或军务上有贡献者退休后终生领取一定比例的工资。1941 年养老保险制度的保险范围只限于工厂的男性工人，1944 年《厚生年金保险法》的范围扩大至事务职员和女性职工。参见赵林等《日本如何应对超高龄社会——医疗保健·社会保障对策》，知识产权出版社，2014，第 100 页。

‘所得比例的养老金’和‘最低养老金的保障’为骨架的新养老制度”。①

四　国家养老保障责任演变的启示意义

国家养老保障责任因社会化大生产而产生，随工业化进程而发展，具有历史局限性、物质制约性和结构差异性。国家养老保障责任的边界只有与特定历史时期的经济社会发展水平相适应，方能有效平衡公平与效率、自由与秩序的关系，保障老年公民合理充分享有经济社会发展的成果，促进经济社会持续健康发展。超越经济社会基础的国家责任承担无助于公平与效益、自由与秩序的平衡，且不可持续。新中国成立初期借鉴苏联的“国家保险”模式，②实行国家养老保障制度，即由国家作为唯一责任主体对企业职工的养老承担全部责任，不仅包括现行“五险一金”所涵盖的全部内容，还包括生活照护与精神安养服务。但这是一种缺乏经济基础的“秩序优先，忽视效率”的国家养老保障责任承担的非常态责任形式，其关注的是社会主义制度公平与秩序的优越性，而忽视了工业化所需要的以自由和区别对待为动力的创造性和效率，其在最大化发挥养老保障制度社会稳定功能的同时，亦在一定程度上延迟了我国的工业化进程。

另一方面，国家养老保障责任不足则会加剧制度性社会分层与分化，阻却养老保障制度社会整合与社会团结功能的实现，进而损及个人发展与社会整体利益。我国自20世纪80年代实行改革开放，着手经济体制改革，并逐步淡出了国家养老保障的“国家保险”模式。③ 改革开放以来，我国长期实行的城乡分割的二元经济政策和以户籍为身份标志的城乡二元社会保障制度导致城乡发展不平衡、城乡人口结构和生产力结构失衡，城乡差距扩大，使得农村居民处于养老保障的边缘，这种“效率优先，忽视公

① 赵林等：《日本如何应对超高龄社会——医疗保健·社会保障对策》，知识产权出版社，2014，第1223~125页。

② 前苏联“国家保险”模式的主要特点是：就业有可靠保障；国家承担社会保障的全部责任；国家在社会保障事务中发挥主导作用，国家既是社会保障法的制定者和实施者，又是社会保障法实施的监督者。刘翠霄：《社会保障制度是经济社会协调发展的法治基础》，《法学研究》2011年第3期。

③ 1998年7月3日，国务院发布《关于进一步深化城镇住房制度改革加快住房建设的通知》明确取消延续了半个世纪的福利分房制度，实现居民住宅货币化、私有化。

平”的养老保障制度有违社会公平与公正，亦背离了养老保障制度所追求的社会整合与社会团结目标，不利于社会稳定、社会和谐和可持续发展。迄今为止，我国城镇养老保障制度已基本建立，并且在一定范围和一定程度上涵盖了经济供养、生活照护和精神安养等项目。而农村养老保障仅包括五保供养，低保、特困户老人基本生活救助和优抚安置等，社会养老服务在一些农村地区基本处于空白状态。截至 2014 年底，城镇职工基本养老保险参保人数为 34124 万人，当年城镇职工养老保险基金收支总规模达到 47065 亿元。[①] 2014 年全国农民工总量达到 27395 万人，但截至当年年底，参加城镇职工基本养老保险的农民工人数仅为 5472 万人，占农民工总数的比重不足 20%（19.97%）。[②]目前，全国城乡居民基本养老保险基础养老金最低标准为每人每月 70 元，但这种形式上的平等掩盖了实质上的不平等，[③]国家对农村老人养老保障的责任承担与城镇退休老人的责任承担差距整体上在 10 倍以上。

除城乡差别和区域差异外，当下我国国家养老保障责任的承担整体上也明显滞后于经济社会发展，与工业化、城镇化水平不相适应。自 1950 年至今的 60 余年间，我国完成了美国社会自 1840 年至 1940 年 100 年间完成的工业化和城镇化进程，城镇人口由 1950 年的 10.64% 上升至 2014 年的 54.77%（1940 年，美国城镇人口比重为 56.5%），我国已整体进入城市化社会阶段。城镇化快速发展的同时，人口的老龄化进程进一步加快。截至 2014 年底，60 周岁及以上人口 2.12 亿人，占总人口的 15.5%，65 周岁及以上人口 1.37 亿人，占总人口的 10.1%。[④] 与此同时，家庭结构的多元化和小型化趋势日趋明显，户均人口由 1973 年的 4.81 人、1990 年的 3.97 人

① 中华人民共和国人类资源与社会保障部：《中国社会保险发展年度报告（2014）有关情况》，http://www.mohrss.gov.cn/gkml/xxgk/201507/t20150702_213521.htm，发布日期：2015 年 7 月 2 日。

② 中华人民共和国人类资源与社会保障部：《2014 年度人力资源和社会保障事业发展统计公报》，http://www.mohrss.gov.cn/gkml/xxgk/201507/t20150702_213546.htm，发布日期：2015 年 5 月 28 日。

③ 人力资源社会保障部 财政部：《关于提高全国城乡居民基本养老保险基础养老金最低标准的通知》，http://www.mohrss.gov.cn/SYrlzyhshbzb/ldbk/shehuibaozhang/yanglao/201501/t20150114_148917.htm，发布日期：2015 年 1 月 14 日。

④ 数据来源：中华人民共和国国家统计局.http://www.stats.gov.cn/tjsj/pcsj/rkpc/6rp/indexch.htm. 访问日期：2015 年 9 月 27 日。

减少至2010年的3.10人。[①] 户均人口规模愈益接近美国、加拿大等西方国家户均3人左右的水平。

工业化、城镇化加剧了人口流动和社会分层与分化，老龄化和家庭结构小型化加大了家庭的养老压力。经济结构、社会结构、人口结构和家庭结构的变迁也促成了价值观念、生活方式、家中心理念的转变，削弱了家庭的养老保障功能，致使家庭养老面临日渐严重的经济供养不足、生活照护缺位和精神安养缺失等问题。对汕头鮀浦P村、重庆市及河南新县X村三地1265户家庭养老现状的实证调查显示，66.9%的调查对象存在精神赡养缺失问题，如老人与子女缺乏情感沟通或交流不畅，子女对老人尊重不够，关怀不足，老人的情感需求难以得到满足等，严重影响了老年生活品质甚至危及老年生命安全。[②]生活照护方面，子女对老人日常生活照护缺位的比重达38.8%，主要集中于空巢家庭、隔代家庭和部分老人自居养老家庭。[③]子女对老人经济供养不足的比重为36%，包括但不限于子女不给付赡养费，不按时给付赡养费或给付的赡养费数额过低等三种情形。[④]

但是，迄今为止，我国尚未建立家庭养老功能外移的有效对接机制，养老的社会化进程缓慢。居家养老依然是全国城乡最主要的养老模式，占比达94.2%；机构养老及其他养老方式仅占5.8%。[⑤]截至2010年底，全国

① 中华人民共和国国家统计局：《2010年第六次人口普查主要数据公报》，2011年4月28日发布，http://www.gov.cn/gzdt/2011-04/28/content_1854048.htm，访问日期：2015年9月27日。

② 近年来发生在西安、宝鸡等7个市、13个县区的50例老年人非正常死亡案例中，老人因精神赡养缺失导致精神严重障碍而自杀和死亡的达23例，占老年人非正常死亡案例的46%。北京市心理危机研究与干预中心的研究也显示，我国55岁以上的自杀者每年超过10万名，占全部自杀者比例的36%。在老年患者中，50%~80%源自老年人的心理疾病，而其中大约70%的心理疾病由老年人缺少精神关怀所致。

③ 生活照护，是指赡养人对被赡养人的日常生活照顾，尤其是对失能老人的照护。按照国际通行的日常生活活动能量表（ADL）“吃饭、穿衣、上下床、上厕所、室内走动和洗澡”六项指标，一到两项“做不了”的为“轻度失能”；三到四项“做不了”的为“中度失能”；五到六项“做不了”的为“重度失能”。失能老人中，84.3%的为轻度失能，中度和重度失能的比例分别为5.1%和10.6%。全国老龄办发布的《全国城乡失能老年人状况研究》根据调查预测，2010年年末我国城乡部分失能和完全失能老年人约3300万，占总体老年人口的19%。

④ 熊金才：《家庭养老问题实证研究》，《家事法研究》，社会科学文献出版社，2012，第321~342页。

⑤ 熊金才：《家庭养老问题实证研究》，《家事法研究》，社会科学文献出版社，2012，第321~342页。

各类收养性养老机构 4 万个，养老床位 314.9 万张。含日间照料功能的综合性社区服务中心 1.2 万个，留宿照料床位 1.2 万张，日间照料床位 4.7 万张，[①]远远不能满足老年人对社会养老服务的需求。不仅如此，有限的社会养老服务供给还存在顶层设计与法律制度保障缺失，人、财、物支撑不足以及管理不善和运行绩效低等问题。如公办养老机构床位严重不足，设施简陋、功能单一，布局不合理，区域之间、城乡之间发展不平衡且管理费用高、服务质量差。民办养老机构受制于资金、场所与人才等因素发展迟缓，缺乏系统、连贯和持续的政府引导、政策支持和法律保障，在服务规范、行业自律和市场监管等方面均存在诸多问题。

在养老保障的责任承担方面，个人或家庭依然是核心责任主体，单位承担有限责任，国家承担补充责任。就国家养老保障的补充责任而言，其至少存在下列两个方面的不足：第一，补充责任与经济社会发展水平不适应。国家养老保障的补充责任是自然经济向商品经济转型期的一种责任形态，目前我国已基本完成了这一转变，我国的工业化程度和城镇化水平具有更明显的现代商业社会的特征。当下我国社会的转型是一种更深和更高层次的社会转型，即经济体制处于计划经济与市场经济协同发展的磨合期，经济形态处于由传统商品经济向现代商业模式的转型期，经济增长方式由粗放型增长方式向集约型增长方式转变的攻坚期，其效果有赖于上层建筑领域的转型进程，如集权政治体制向民主政体转型，人治向法治转型，压制型法律向协作型法律转型等。第二，补充责任制度设计存在诸多缺陷。从权利主体看，主要是三无、五保老人及部分处于困境中的老人。那些有赡养人但赡养不能、不力或不利的老人通常不能及时获得合理救济，国家也没有充分履行赡养监督义务。工业化与城镇化进程中的农业人口，尤其是农民工和失地农民亦基本不在国家养老保障补充责任的范围，而这部分人往往是工业化过程中的最小受益群体。从保障内容看，权利主体与义务主体的权利义务关系不明确，刚性法律保障不足，司法底线救助缺位，执法保障确定性不够。从权利客体看，其保障的主要是经济供养权，而生活照护权和精神安养权保障乏力，且存在不合理的城乡差异和区

① 数据来源：《国务院办公厅关于印发社会养老服务体系建设规划（2011～2015 年）的通知》（国办发〔2011〕60 号）。

域差异以及服务内容单一和服务质量低等一系列问题。

国家养老保障主体责任的滞后以及现行国家养老保障补充责任的缺失加剧了工业化和城镇化进程中的社会分层与分化，扩大了城乡差距、贫富差距和区域差距并固化了制度性不公产生的社会不平等。究其根源，不是物质基础的制约，而是国家责任意识的淡薄和社会福利理念的匮乏。国家责任意识的淡薄强化了养老保障的个人责任和家庭责任，延迟了国家责任主体地位的确立。社会福利理念的匮乏致使由上而下的政府制度化能力，尤其是制度创新能力和政策设计能力的不足，其产生的结果是制约我国社会养老服务体系发展的体制机制壁垒以及被固化的不公平的城乡、贫富以及区域养老制度始终不能有效破除。另外，国家养老责任的承担也缺乏自下而上的变革动力，如社会工作者以及“道德支持者”①推动的养老制度的变革等。这是改革开放几十年以来我国经济迅速发展而国家养老保障责任仍然处于不完全的补充责任形态的内在原因。

国家养老责任的不同形态涉及国家、社会与家庭养老责任边界的重新划分和社会公共资源的配置，其价值追求是弥合社会转型过程中的制度性社会分化和减少制度不公产生的社会不平等，促成社会政策的社会整合和社会团结功能的实现。要实现上述目标，我国必须尽快完成国家养老保障责任由补充责任向主体责任的转变，即通过立法明确国家养老保障责任的主体地位，厘清个人、单位和国家各自的责任边界，明晰国家在养老服务供给中的制度设计、组织与管理、监督与财政支持等责任。通过司法为公民社会养老权纠纷提供底线救济，包括确立社会养老权纠纷的司法原则，社会养老权的诉讼程序保障与实体权利保障以及司法建议制度、回访考察制度、法律援助制度等救济机制。通过政府行为法律化为社会养老权的实现提供执法效能保障和执法程序保障等。诚然，中国国家养老保障责任由补充责任向主体责任的转变还有赖于社会公平与公正理念的确立。缺乏公平、公正的社会理念，养老保障制度的设计难以真正使得中国社会转型过程中的最少受惠者获益，养老保障制度的社会整合与社会团结功能将难以实现。

---

① “道德支持者”是指非受益于某项社会改革活动的人，其代表穷人或受压迫者群体的利益，受利他主义而非眼前利益的驱动成为“道德支持者”，如中产阶级社会工作者或教职人员。参见〔美〕威廉姆 H. 怀特科，罗纳德 C. 费德里科《当今世界的社会福利》，解俊杰译，法律出版社，2003，第 181 页。

On State Liability for the Aged Care

Xiong Jincai

Abstracts: State liability for the aged care is the result of mass production. The status, contents and objects of state liability for the aged care keep changing with the progress of industrialization and urbanization, in which it moves from limited liability to complementary liability and then to main subject liability. Each type of liability is compatible to its correlated social type and social structure, which explains its nature of historic and material limitations as well as structural diversity. Excessive state liability for the aged care does little contribution to the balance of fairness and efficiency as well as the balance of freedom and order due to its lacking the support of a solid economic and social basis, while insufficient state liability is likely to intensify social stratification and gaps which might as well in turn affect social integration and social solidarity, and consequently detracts individual development as well as the overall interests of the society.

Key words: The Aged Care; State Liability; Social Conditions

域外社会法观察

北欧劳动法的未来*

〔芬兰〕尼克拉斯·布鲁恩**

李海明 译*** 李文佼 校****

摘　要： 北欧劳动法以集体谈判为基础，曾经连续稳定数十年而不变。但是，2002年之后，全球化、欧盟扩张、向知识社会转型、人口变化、家庭模式变化使得北欧劳动法所处的社会环境快速发生了变化。这些多面性、复杂事实导致原先统一而简单的劳动法律制度难以继续通行，催生了制度的"碎片化"趋势。现在，北欧国家的劳动法，是一个由多种渊源和多层规则组成的复杂体系。北欧劳动法具有保证劳动和平、合理平衡个体利益和效率之关系等传统优势。但也有许多改革者主张深度革新北欧劳动法。为适应快速变化的社会，传统的北欧集体劳动法面临欧共体劳动法中的个体导向路径、劳动法法治化等结构性挑战。在风险社会，劳动法的任务是顺畅个体角色转化；劳动法的范式也发生了转换，越来越强调作为个体的雇员。个体劳动法与集体合同相互支撑，是北欧劳动法未来的重

---

* 本文译自尼克拉斯·布鲁恩教授于2002年出版的论文集《北欧劳动法的传承与挑战》(Stability and Change in Nordic Labour Law) 中的最后一篇同名论文。该文最早以《北欧劳动法的传承与挑战》为题，发表在2002年出版的《斯堪的纳维亚法律研究》第43卷，第375~385页 (Bruun, Niklas. "The future of Nordic labour law" Stability and Change in Nordic Labour Law, Scandinavian Studies in Law 43 (2002): 375-385.) 此文代表着在2002年时北欧学术界对劳动法未来的权威认知。此时译介这篇《北欧劳动法的未来》，更多并不是因为其在学术推理和文献资料上备受推崇，而是在今天看来其所提及的诸多节点是那么地让我倍感亲切，并惊呼其在十多年前所做的诸多论断。征得作者同意，将该文译成中文，在中国大陆地区出版，既是有意让我国学界认识声誉远播的北欧劳动法教授尼克拉斯·布鲁恩教授，又是欲引介北欧劳动法学，这是一个与福利制度密切相关的劳动法学体系。——译者注。编辑该译文时，按照本书刊用稿格式增加了摘要，并考虑到中文阅读习惯，对文中的个别小标题的标序、段落和部分文字作了一定调整。——编者注。

** 尼克拉斯·布鲁恩，赫尔辛基大学法学院教授，汉肯经济学院教授。

*** 李海明，中央财经大学法学院，副教授；赫尔辛基大学法学院博士后研究人员。

**** 李文佼，中央财经大学法学院，硕士研究生。

大挑战。法律教义和学术影响为北欧集体劳动法的构建发挥了重要作用。在欧盟引入新元素之后，促进劳动法律体系内部的合理性、一致性，未来也将成为挑战性的问题。

关键词：北欧　劳动法　传统优势　革新诉求　新挑战

导　言

读完“这本书”后的整体印象可能是，北欧劳动法具有是连续性和稳定性的特色。读者可能还会注意到，北欧劳动法的重要基础在迄今为止的几十年里都是同样的。适用欧盟法规带来的喧嚣没有改变这个基于集体谈判而运行良好的传统的产业关系制度的几乎牧歌般的基本图景。

当我们关注北欧劳动法时，其制度和结构框架的确如此。但是，不能忘记，北欧劳动法所处的经济和社会框架正发生着巨大变化，这在未来必然会对劳动法的内容和形式产生重要影响。“本卷当代北欧劳动法”的最后一篇旨在展望北欧劳动法之未来，并指出可能影响未来的一些政策。最后，作为劳动法律人，我们也在塑造北欧劳动法的未来，作者不认为北欧劳动法之命数是业已注定的。

一　北欧劳动法身处的社会环境变化

我们生活在一个快速变化的世界。下面，我试图勾画出评估劳动法未来所处经济和社会环境时应认真考虑的若干重要趋势。全球化、欧盟扩张、向知识社会或信息社会转型、人口变化、以及家庭模式变化等构成了我要阐述的框架。

（一）全球化和欧洲化

当今，跨国资本的发展促成了一个普遍共识，即全球化是一个非常重要的趋势。其背后的变化是，大型跨国公司在世界经济中的关注度和影响与日俱增。同时，随着外国投资和交叉投资的增长，限制资本和金融服务自由流通的障碍也被消除。而且，全球主义还会影响文化模式、消费行为等。

对此，有不同认识。瑞典的拉尔斯·曼格娜瑟区分了下列三种情形。[①]第一，超全球主义，其代表经济和政治制度的革命性转型。据此，全球主义意味着当下我们所了解的国家之终结。第二，对正发生的变化中的实际相关性保持怀疑。据此，全球化仅仅是观念上的，是经济自由主义的政治工具。[②]该观点认为经济在一百年前就已经全球化了，而后事实上变化很小。第三，是中间情形，似乎代表了曼格娜瑟自己的观点，即转化论：全球化是一个重要变化，但其仍然是民族国家的重要部分，尽管国家必须适应正在发生的变化。

在全球化对福利国家和国内劳动关系的影响评估上，也有非常不同的观点。我们发现，就反对国内劳动市场去管制问题，就有非常多样的见解。持保守态度者努力保留福利国家的国内控制，而其他人则认为这是不可能的，工会和劳动关系必须跨国和全球化。其他人则主张在严峻的国际竞争环境中，新国家政策，如“竞争性社团主义”，才是解困之路。[③]

但是，很显然，北欧经济中的领导者是全球性玩家。北欧国家可为在世界范围经营的大玩家提供良好的大本营。在银行、保险、电信、纸浆等行业，大型北欧公司间兼并是很常见的。这种全球公司的制度视野绝非仅是国家层面的。不管怎样，产业关系下的传统北欧模式仍把国家层面预设为一重要层面。但是，至少对加入欧盟的国家，欧洲这个层面也已变得非常重要。

在评估劳动关系全球化和欧洲化时，在制度层面上最显而易见的是：所谓欧洲公司中的欧洲职代会，欧盟的社会对话，经济货币联盟的工资协调，等等。几年后，我们会有一种新型公司，即欧洲公司，其经营遍布欧盟却并不在各成员国设立任何子公司。[④]其结果，即激烈竞争的间接结果，将会更难估计。

---

① *See* Magnusson（2000）at 36－48.

② Hyman refers to the same position as seeing globalisation as a myth. *European Journal of Industrial Relations*（1999）at 90－93.

③ Rhodes（1998）at 178－203.

④ *See* the Council Regulation（EC）No 2157/2001（8. 10. 2001）on the Statute for a European company（SE）and the supplementing Directive 2001/86/EC with regard to the involvement of employees.

（二）欧盟扩张

欧盟扩张对欧盟成员国的劳动关系有重大影响。新成员国为基于欧盟的公司经济活动提供了竞争机会，特别是在劳动成本差距明显时更是如此。

我们将见证欧盟内更频繁的工人流动；特别是跨国临时派遣工作将会增加。

申请加入欧盟的国家中，其劳动关系如何演进还是一个悬而未决的问题。加入欧盟就必须遵守欧盟的基本规范，但是其靠近美国模式之选择也非没有可能。

（三）知识社会

无须阅读欧盟的许多官方文件，就能发现我们生活在信息社会、网络社会、知识社会等等。这是由于技术和组织经济的方式发生了变化。其要点是商品生产所需要的人数减少，而从事服务业的人数不断增加。从事信息生产和置身数据环境的人数一直在增加。

认识到这点，很重要。有理由认为，有关劳动力市场行为和作为当今劳动关系内容的主要范式是来自于服务业而非工业。在一个信息重要甚至具有关键性作用、知识必须不断更新的环境中，诸如终身学习、就业能力等因此成了互相关联的概念。

（四）新家庭模式和人口趋势

欧洲面临自北向南的人口老龄化和新家庭模式的蔓延。该模式由单代家庭构成，并假设有两个人挣工资、儿童由公共服务照护。而一人挣工资和一人为全职主妇的家庭模式明显在回归。

还有证据显示，现今有效的工作生涯明显给一些人带来了问题。病假的显著增长揭示了一个严肃的事实，即竞争而紧张的现代工作方式伴随着非常高昂的代价。①

---

① *See* SOU 2002：5，Handlingsplan för ökad hälsa i arbetslivet.（State Committee for Health in Working Life）.

结　论

在此背景下，只可能暗示着上述简要提出的各种趋势背后蕴藏着的争论和发展。

如上简要提纲的要点在于强调在相对统一的北欧劳动关系规制模式的背后是碎片化而多面的事实。我们的确生活在变化的世界中，在劳动力市场中，可以同时并存新旧两种模式。

这个出发点有助于我们理解为什么很难通行一个统一而简单的劳动法律制度。复杂事实也造成了制度的“碎片化”趋向。对于这种趋向，有不同的解决方式：可制度去中心以获得灵活性；也可为劳动力市场中的不同群体制定不同的规则。我们可区分工人和企业（包括自雇）的诸多类型。

其结果是现在的劳动法，包括在北欧国家在内，是一个建立在多种渊源和多层规则上的复杂系统。可以发现在一国司法中的确同时存在若干劳动法体系的情形。当然，这使得进行立法和政策讨论变得很难，因为不同群体自始即站在不同的法律立场上。

二　北欧传统的优势

有许多改革者主张对北欧劳动法进行深度革新。通常，他们指的是劳动组织和劳动法制环境已发生的根本变革，而当今北欧的劳动法却是立足于一个与当今社会非常不同的工业社会的这一事实。

不可否认的是，北欧劳动法制度在当今的变革中已表现出很强的适用性，其有几个相对优势必须要强调。第一，该制度在很大程度能保证劳动和平（labour peace）。特别是在瑞典和挪威，相对来说解决劳动市场冲突的成本是很低的。在所有北欧国家，很高的入会率似乎造就了负责任的劳动市场组织，诉诸产业行动并不容易。第二，经济政策和就业政策的联系是一手，劳动法律制度是另一手，两者似乎在北欧国家有着合理的定位。劳动法律制度分明是允许不盈利的公司关闭的，其并没有为防止工厂关闭采取太多的措施，这成为促进市场经济有效的重要因素。另一方面，积极的劳动市场政策会照顾那些因经济结构调整遭受损失的个体。[①] 第三，在劳动法律规范和集体协议的实施中，北欧制度似乎合理平衡了个体和效率的法律保护。组织在集体协议相关程序中的强大作用似乎造就了一个有效的系统，其中集体协议中约定的权益也经由有效的执行系统而落实给雇员。虽然存在工会无视个体的风险，但是极少发生工会强烈否定法律保护的案例。整体上，集体谈判制度似乎明显节约了交易成本。

进而，我要强调的是北欧劳动法制度似乎相对有利于在工作场所管理上的变更。通常可通过集体协商来处理该变更，无须考虑作为修订个别劳动合同的每个细小变更。[②] 最后，北欧劳动法制度在两个途径上是非常灵活的：一是集体谈判制度承认去管制和去中心化。在最近几年，北欧劳动法的最重要变化之就是劳动法律制度去中心化。二是地方在决定工资、工时等事项上的作用越来越大。可能很难摆脱早先约定的“旧流行”方案是雇主经常强调集体谈判中的问题。强烈的协商文化意味着新利益应该照顾旧利益。

比较北欧劳动法模式与其他模式，我们发现前者拥有若干比较优势。但是，该制度明显存在激变的风险，例如，为了限制工会的权力而导致立法的大量增加等等。因此，应该留心劳动法基本原则的变化。笔者相信，可称之为“可持续的劳动法”，即劳动法有广泛的可接受性和正统性，可创造信任、公平的工作氛围。

三　为什么及如何适应这种变化？

（一）概述

对传统劳动法的必要更新也可以同时建立在传统之上。更新是重要而必要的，但是，我愿意强调，我们应该很大程度上回归到早期的北欧传统。

① *See* Hellsten (2001) 6 and Arbetsmarknadsstyrelsen i samverkan med Arbetslivsinstitutet. Kartläggning av det europeiska rättsläget vad gäller arbetsgivarens ansvar vid företagsnedläggelser (2002).

② 在这点上，芬兰传统可能与北欧模式并不完全一样。

北欧劳动市场是多面的。这是必要时采取特殊方案的重要理由。

大范围的适应问题将涉及由国际业务与国内劳动法有关决策之间的关系而产生的那些问题。这是一个很广的范畴，仅与大型跨国公司（其可以有不同的法律形式）相关的问题就会产生许多类型问题。谁应该被视为雇主，这是目前能够指明的这个领域的基本问题。

（二）集体劳动法与个体劳动法

在90年代，传统的北欧集体劳动法面临着若干结构性挑战。国际化创造了一些个体元素，却很难将其纳入国内法律传统中。须谨记，北欧各国之间的差异造成了许多方面的不同，如芬兰与丹麦之间的不同。

该问题符合欧共体劳动法中个体导向的路径。以同工同酬或同值同酬的原则为例，传统的北欧路径是，在同一个集体协议内才有这种对比，如果适用不同的集体协议，则应该有可接受的理由才能有不同工资。在这方面，欧洲法院走向了另一个方向。[①] 类似的情况，诸如北欧工会采取同情行动的权利与个人公司能够排除或者行使条约（特别是有关货物和服务自由流通的）赋予的基本自由的权利之间也有冲突。

在另一个领域，问题可追溯至北欧传统与欧洲大陆及欧盟传统在劳动法基本宪法权上的冲突。劳动法的北欧路径向来主要是私法合同概念，集体协议的规制被视为是“独具一格”的对“第三方”或会员有非常特殊的法律效果的私法合同。在北欧国家中，集体协议的宪法地位已经很少发挥作用了，但是，其影响在各种国际路径中尤可感知。因此，北欧集体主义传统与基本权话语的个体路径之间也有冲突。[②]

第三种趋势是劳动法的广泛司法化。在丹麦，尤其形成了避免立法而青睐通过集体协议寻求有利的解决办法之传统，同时，在很多情形下，也有必要立法了。新领域已经得到规制，如雇员的数据保护和个人诚信，以及禁止一系列歧视的歧视法等等。这些规制需要国内立法。而要将其整合融入国内法明显是个问题；我们看到频繁而零碎的新指令带来的是新的国内单行法，而其与之前的有关国内法之间的关系并不清晰。

---

① *See* ECJ Case C – 127/92 Enderby v. Frenchay Health Authority and the Secretary of State for Health [1993] ECR I – 5535.

② *See* Bruun (2000) at 114.

（三）风险社会的劳动法

第二次世界大战后的工业社会是以建立福利国家为标志的。劳动法和福利国家都是坚信稳步增长和欧洲重建的主要国家计划和重要政策要素。

在这期间，统一劳动法和长期稳定的雇佣合同以及劳动关系构成了现代劳动法的基础。劳动法的任务是保护弱者、雇员免受雇主恣意妄为的损害，保障其基本利益（带薪休假的权利、加班工资等等）。然而，立法到位时，我们已步入后现代风险社会，或者使用另一个受青睐的术语，即环球信息社会。如若干学者所言，该转型给劳动市场的运行方式带来了根本性变化。一些学者把这种新的劳动市场称之为转型劳动市场。[①] 据我所知，该描述是非常准确的，因为它表明这是公司即雇主正在经历的一个永久性变化和重组。该变化也会对雇员及其法律地位产生严重后果。在此种情形下，很难保障雇员的真正安全和稳定，因为非营利公司不能承担雇主责任。

转型劳动市场中雇员的宿命就是通过雇主和福利国家提供的各种选择来适应变化。因此，雇员可从雇员转为业主，从受雇变为失业，从兼职变为全职，从完全或部分自由地照顾孩子到重返工作，从退休到工作或反之，以及从职业培训到工作或如从失业到职业培训。

此中，劳动法的任务是顺畅个体的角色转化。进而，劳动法会为雇员提供不同情形下可供选择的真正选择权。为此，劳动法会为雇员提供一般原则和指南以使其能够通过终身学习或其他途径持续保持其“就业能力”。

（四）北欧劳动法范式的变化

有人会产生疑问：北欧劳动法的变化是如何自我感知的？其可归为范式变化吗？劳动法的基本原则是否适应了已发生的变化？

劳动立法总是从规范视野来审视劳动市场以及雇佣关系中的人如何行为、待遇如何。

北欧劳动法的第一次范式转换把组织作为集体协议的当事人并认可集

① *See* the Report of the High Level Group on Industrial Relations and Change in the European Union (2002) at 14 - 15.

体协议和集体谈判，把集体行动规定为劳动法上的合法手段，并创立了劳动法院等新机构。所有这些发生在上世纪的上半期，最早是在20世纪之初的丹麦，芬兰则由于环境特殊而相当晚。

第二次范式转换发生在七十年代，当时把民主和参与思想引入劳动法并在集体层面创立了相应的机构和制度。瑞典等国家使用了“共决”这一术语。在北欧国家，“共决”与集体谈判制度紧密联系在一起，不存德国建立的双通道“参与”制度。

第三次范式转换已部分发生，但笔者以为未来几年内会有突破。我们注意到在北欧国家，个体劳动法在一般原则上很少有变化。当然，随着引入打击违法解雇和其他类似举措的保护性现代立法，保护水平有显著提升。然而保护弱者并不是新观点，在一百年前早期之北欧劳动法就已接受以此为之起点。

然而，其新颖之处是如何评价雇主与雇员之间的个体关系。至今一般认为，两者之间明显是从属关系，雇员必须依附于雇主，由雇主监督其工作。此点如此重要以致其成为劳动合同的重要特征。露丝·尼尔森（Ruth-Nielsen）在其博士学位论文中争辩说，禁止歧视妇女已经限制了雇主的自由裁量权，雇主不再是完全自由地选择受雇人。①随着禁止各种歧视的种种立法实施，现在的雇主自由受到了重大限制。但是，迄今工作监督权和遵守指示之义务仍被视为是个体劳动关系之精髓。

现在这个出发点正在快速变化。这并不意味着雇主的决定权或做决定的资格被否定或受质疑，但其表明雇主做决定的方式必须满足现代回应性和沟通性的一些基本要求。其出发点是在工作场所也应该尊重雇员作为人的尊严。雇佣关系的当事人有义务相互尊重，也有义务为了最佳结果而相互合作。最好的结果不仅是生产效率和高质量，还包括工作质量和雇员获得职业培训、再培训、以及晋升的机会。

在把雇佣关系认定为沟通对话与尊重的相互关系时，劳动法中的程序内容就变得日益重要。这暗示着雇主在做决定之前必须与雇员展开对话，必须给个体工人提供表达其观点的真正机会。这还暗示着如下要求：当事人必须考虑对方处境、重视对方利益。

① Nielsen (1996, this volume is an English shortened version of the dissertation).

上述思想实际上与北欧劳动法中的思想非常类似。但是，其主要是一些特别案例中单独作出的规定。在工作短缺时，雇主必须尽力培训雇员从事新工作任务或将雇员调任公司其他部门。北欧劳动法有若干类似的例子。其通常表现为一般规则的例外，而据此雇佣关系的当事人只须遵守其直接义务和责任。以我所见，范式转换使得这些例外成为主要规则和一般的标准行为模式。而背离该行为者则须单独证明其特殊理由。

所预测之范式表明越来越强调作为雇员的个体。这是不可避免的趋势。不过，据我个人之见，把个体和集体因素衔接在一起也并非不可能，若能如此，个体劳动法和集体合同还可相互支撑。但是，这是北欧劳动法在未来的重大挑战。

四　法律教义

劳动法研究在未来的作用将如何呢？一个有意思的现象是近来在北欧国家很少有集体劳动法领域的研究成果。这在集体劳动法唱主角的背景下是很奇怪的。

似乎该制度的司法适用度相对较低，其似乎是一种集体层面的协商制度，双方的专家就可以寻得合法的、具有高度可行性的冲突解决方案。

我们应铭记在心的是，尽管国内背景有所不同，但是，法律教义和学术影响确为北欧集体劳动法的构建发挥了重要作用。如卡尔·尤斯（Carl Ussing），克努兹·伊录姆（Knud Illum），彼·伯格（Per Berg）和福尔克·施密特（Folke Schmidt）都是北欧劳动法的鼻祖。可能哈坎海顿是对的，按其主张，法律教义在转型期的角色是对策研究，在稳定期则是集中于法律解释和体系化。①

我同意卡尔罗·图奥里所主张的，在劳动法律实践中，法律教义最重要的任务很大程度上是保持和促进法律体系内部的合理性和一致性。②而现今，特别是通过欧盟引入了新元素之后，这在北欧劳动法中是颇受挑战的。

---

① Hydén, Retfaerd 94（2001）at 3 – 19.

② *See* Tuori Svensk Juristtidning 2002 at 332.

主要参考文献

Bruun, Niklas (2000) The Challenge of Europeanisation and Globalisation in the Field of Labour Relations: The Nordic Case. In "Social Law and Policy in an Evolving European Union" (ed. Shaw) Oxford - Portland 2000. 103 - 118.

Hellsten, Jari (2001) Provisions and Procedures Governing Collective Redundancies in Europe. With Special Emphasis on Cross - Border Mergers. Finnish Metalworkers' Union. Helsinki 2001.

Hydén, Håkan (2001) Manuel Castells och förebadandet av en ny rättskultur. Retfaerd 94 (24 årgång 3/2001) 3 - 19.

Hyman, Richard (1999) National Industrial Relations Systems and Transnational Challenges: An Essay in Review. European Journal of Industrial Relations 1999, 5: 1. 90 - 103.

Arbetsmarknadsstyrelsen i samverkan med Arbetslivsinstitutet. Kartläggning av det europeiska rättsläget vad gäller arbetsgivarens ansvar vid företagsnedläggelser (2002) Report in Swedish published on the website www. niwl. se.

Magnusson, Lars (2000) Den tredje industriella revolutionen. Stockholm 2000.

Nielsen. Ruth (1996) Employers Prerogatives - in a European and Nordic Perspective. Copenhagen.

European Commission. Directorate - General for Employment and Social Affairs. Report of the High level group on industrial relations and change in the European Union (2002) .

Rhodes, Martin (1998) The Future of European Welfare: A new Social Contract? In Rhodes and Mény (eds) The Future of European Welfare Macmilian, London.

SOU 2002: 5. Handlingsplan för ökad hälsa i arbetslivet. Stockholm 2002.

Tuori Kaarlo (2002) Rättsvetenskapen och lagstiftningsarbetet. Svensk juristtidning 3/2002. 330 - 332.

The Future of Nordic Labour Law

Niklas Bruun

Abstract: The Nordic labor law was based on collective bargaining, with the characteristic features of continuity and stability did not changed for decades. However, since 2002, huge changes such as globalisation, enlargement, the transformation towards a knowledge society or information society, demographic changes, and changes in family patterns are taking place in the economic and societal framework in which Nordic labour law develops. These complexities and complex facts lead to the fact that this will have an important impact in the future, on both its content and form of labor law, and it is going to " fragmented" trend of the system. Labor law today, including the Nordic countries, is a complicated system built on multiple sources and layers of rules. This is no reason to deny that the Nordic labour law system of today has shown an important capacity to adapt to changes and that it has several comparative advantages. Firstly, the system has been able, to a large extent, to guarantee labour peace. Secondly, the link between economic policy and employment policy on one hand, and the labour law regime on the other, seems to function in a reasonable way. Thirdly, the Nordic system seems to strike a reasonable balance between the need for legal protection for the individual and efficiency in the implementation of the rules in labour law and collective agreements. Finally, the Nordic labour law system is quite flexible in two different ways, one of them is the collective bargaining system allows for deregulation and Decentralization. Therefore, one should be cautious about changing the fundamental principles of labour law.

We should draw heavily on earlier Nordic traditions. Collective v. Individual Labour Law relates to the individual oriented approach of EC labour law. Another area where we can trace friction between the Nordic traditions and the continental European and EU traditions concerns the significance of fundamental constitutional rights within labour law. The third tendency is the far – reaching juridification of labour law. The task of the labour law was to guarantee the weaker party, the employee, some protection against arbitrariness and some basic benefits. We had, however, already been transformed into the post – modern risk society. This transformation brought about a fundamental change in the way the labour market functions. It is very difficult to guarantee real security or stability for the employees in such situations. There have Paradigmatic Changes in Nordic Labour Law.

The *first paradigmatic shift* in Nordic labour law brought in organisations as parties to the collective agreement and accepted collective agreements, collective bargaining, and also regulated collective action as a legitimate means of labour law. New institutions were created such as the labour courts. The *second paradigmatic shift* took place during the seventies when the ideology of democracy and participation was brought into the labour law creating institutions and tools on a collective level. The *third paradigmatic shift* has partly taken place, and it will make its breakthrough during the coming years. The individual relationship between the employer and employee should be assessed. The starting point is that the dignity of the employee as an individual human being is also respected at the workplace. The predicted paradigmatic shift indicates a shift towards more emphasis on the individual person as an employee. This is an inevitable development. To link the individual and collective element of labour law together so that they support each other, is the big challenge for future Nordic labour law. And legal doctrine and academic impact played a significant role in the constructive phase of collective labour law. The most important task for legal doctrine in the division of labour for legal practice at large is to maintain and promote the internal rationality and coherence of the legal system. This is a very challenging task today within Nordic labour law where new elements are introduced, especially through the European Union.

Key words: Nordic; Labor Law; Traditional Advantage; New Challenge

征稿启事

为促进学术交流、繁荣社会法学研究，《社会法论丛》诚挚欢迎国内外的研究者、实务工作者向本刊投稿社会法学研究成果。

一、征稿范围

本刊现设立“理论探索与争鸣”“劳动法研究”“社会保障法研究”“社会福利法研究”“域外法观察”栏目，未来可根据稿件主题和内容增设相应专栏，还可灵活设立若干专题。凡符合本论坛之栏目或专题的投稿，皆受欢迎。

二、征稿要求

1. 本刊以学术性水平作为选稿的基本标准。要求来稿论点鲜明，无政治性错误；立论客观、论述新颖，说理通畅，论据充分，资料详实，数据可靠。

2. 来稿请用 WORD 排版。按标题（不超过 20 字，必要时可加副标题）、作者、单位、摘要（200~300 字）、关键词（4~5 个）、正文之顺序撰稿。若是基金项目，请注明课题全称和批准文号，文章注释请参考本刊注释体例。

3. 来稿文责自负。切勿一稿多刊，严禁抄袭剽窃。文稿中摘编或引用他人作品，请在注释中标明其作者和文献来源。本刊有权对拟用文稿作文字上的修改、删节，对图表有权按规范、标准等要求作技术处理，凡不同意者，请在来稿时申明。

4. 投稿请注意：邮件主题包含“投稿《社会法论丛》”之文字。

5. 凡投稿，无论是否被刊用，本刊均会予以回复。

6. 作者请自留底稿。刊用与否，恕不退稿。

投稿邮箱：maggie@ xmu. edu. cn

欢迎赐稿！欢迎向本刊提出意见和建议。

《社会法论坛》编辑部

注释体例

为便于学术交流和推进本刊编辑工作规范化，本集刊对注释体例作以下规定，敬请留意。

一、一般规范

1. 采用脚注，注释标序号使用圈起来的阿拉伯数①，②，③……，置于相关语句标点后的右上角。每页重新编号。若该注释位于段落结尾，则标识于标点符号之前。

2. 引用书籍，应说明作者、著作名、出版社、年份；若是译著，应在作者姓名之前加方括号说明其国别。如果被引用书籍属于再版书籍，要注明“修订版”或“xx 年版”等。

3. 引用期刊论文须注明作者姓名、论文名称、期刊名称、期刊年份与期号。

4. 引用未公开发表的资料，须注明作者、资料来源与年份。

5. 引用网络资讯，须注明作者、文献名称、网站名称、访问路径、访问时间。

6. 若引用资料非引自原始出处，须加注“转引自”。

7. 引用外文类资讯，遵从其语种自有的注释规范。

二、注释例

（一）著作类

例如，刘剑文：《财税法专题研究》，北京大学出版社 2007 年版，第 148 - 149 页。

（二）论文类

例如，姜颖：《无固定期限劳动合同立法完善之探讨》，《中国劳动关系学院学报》2008 年第 5 期。

（三）文集、教材类

例如，王全兴主编：《劳动法学》（第二版），高等教育出版社 2008 年版，第 500、502 页。

余少祥：《什么是社会法》，蒋月主编《社会法论丛》2014 年卷，社会科学文献出版社 2014 年，第 45 页。

（四）译作类

例如，〔英〕内维尔·哈里斯 等著：《社会保障法》，李西霞、李凌译，北京大学出版社 2006 年，第 15 页。

（五）报纸类

例如，林晓琪：《要先确保阿婆能吃饱饭》，《海峡导报》2015 年 11 月 14 日第 17 版。

（六）古籍类

例如，〔清〕沈家本：《沈寄簃先生遗书》甲编，第 43 卷。

（七）辞书类

例如，《辞海》，上海辞书出版社 1979 年版，第 932 页。

（八）港台著作

例如，钟秉正：《社会保险法论》，台北：三民书局 2005 年版，第 80 - 83 页。

（九）外文类

书籍：

Ellis Evelyn, *European Community Sex Equality*, Oxford: Clarendon Press, 1988.

期刊：

Bermann George A., "The Single European Act: A New Constitution for the Community?" *Columbia Journal of Transnational Law*, 27 (2), 529 - 587, 1989.

判例：

United States v. Liss, 137 F. 2d 995 (2d Cir, 1943)

法条：

National Environmental Policy Act of 1969, §102, 42 U. S. C. § 4332 (1970)

（十）网络资料类

例如，降蕴彰：《劳动合同法今年修改，重点规范劳动派遣用工》，网址：http：//www. doc88. com/p－999957147610. html，访问日期：2012 年 3 月 26 日。

（十一）未公开出版物类

例如，阮华燕：《广东省社会保险费改税研究》，厦门大学硕士学位论文，2006 年，第 20 页。

图书在版编目(CIP)数据

社会法论丛．2016 年卷：总第 2 卷 / 蒋月主编．--北京：社会科学文献出版社，2017.5

ISBN 978-7-5201-0740-2

Ⅰ．①社… Ⅱ．①蒋… Ⅲ．①社会法学-文集 Ⅳ．①D90-052

中国版本图书馆 CIP 数据核字（2017）第 088084 号

社会法论丛 2016 年卷(总第 2 卷)

主　　编 / 蒋　月

出 版 人 / 谢寿光
项目统筹 / 刘骁军
责任编辑 / 王雯雯　关晶焱

出　　版 / 社会科学文献出版社 · 集刊运营中心(010)59367161
地址：北京市北三环中路甲 29 号院华龙大厦　邮编：100029
网址：www.ssap.com.cn
发　　行 / 市场营销中心（010）59367081　59367018
印　　装 / 三河市尚艺印装有限公司

规　　格 / 开　本：787mm × 1092mm　1/16
印　张：19　字　数：296 千字
版　　次 / 2017 年 5 月第 1 版　2017 年 5 月第 1 次印刷
书　　号 / ISBN 978-7-5201-0740-2
定　　价 / 78.00 元